[監修] 東京税理士会 調査研究部
[著] 税理士・弁護士 石井亮／税理士 加藤悦子
　　 税理士 菅納敏恭／税理士・弁護士 坂田真吾
　　 税理士 清水鏡雄／税理士 朴木直子
　　 税理士 松沼謙一

納税者の権利を守るための
税理士が使いこなす 改正国税通則法

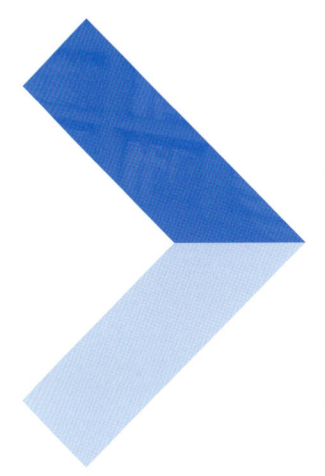

清文社

巻頭の辞

　本書は、公正性の向上、使いやすさの向上、納税者の権利救済手段の充実の観点から不服申立手続が抜本的に見直された改正国税通則法について、不服申立実務のスペシャリストである国税審判官経験者がわかりやすく解説を行った税理士のための実務解説書である。
　納税者の適正な権利救済実務のため、税理士会の会員各位には座右の書として活用していただけることを願う。

　平成28年2月

日本税理士会連合会
会長　神津　信一

監修のことば

　行政不服審査法の抜本的改正が、52年ぶりに行われた。行政不服審査法に合わせ、国税通則法も今般改正され、国税の不服申立手続は、次に掲げる所要の規定の整備が行われた。

① 処分に不服がある者は、現行2段階の不服申立前置を改め、直接審査を請求することができるものとする。なお、現行の審査請求に前置する「異議申立て」は「再調査の請求」に改める。
② 不服申立期間を処分があったことを知った日の翌日から現行2月以内を3月以内に延長する。
③ 審理関係人（審査請求人、参加人及び処分庁）は、担当審判官の職権収集資料を含め物件の閲覧及び謄写を求めることができることとする（現行：審査請求人及び参加人の処分庁提出物件の閲覧のみ）。
④ 審査請求人の処分庁に対する質問、審理手続の計画的遂行等の手続規定の整備を行う。
⑤ 国税庁長官の法令解釈と異なる解釈等による裁決をするときは、国税不服審判所長は、あらかじめその意見を国税庁長官に通知しなければならないこととする。国税庁長官は、国税不服審判所長の意見を相当と認める一定の場合を除き、国税不服審判所長と併せて国税審議会に諮問することとする。国税不服審判所長は、その議決に基づいて裁決しなければならないこととする。

　本書は、国税の不服申立ての現場で民間登用の国税審判官を実際に経験した執筆者の面々が、改正国税通則法の手続規定の変更や納税者の権利救済手続の概要と実務についての注目裁決事例を丁寧かつ非常にわかりやすく解説

している。

　平成28年4月より改正後の不服申立てが導入されるにあたって、本書が新制度を理解する上で、多くの実務家の役に立つことを切に期待して、監修のことばとする。

　平成28年2月

東京税理士会
調査研究部長　土屋　栄悦

目次 CONTENTS

第1章 納税者の権利救済の概要

第1節 権利救済制度の意義 — 3
1. 租税の特質　3
2. 租税法律主義　4
3. 行政救済制度　6
4. 不服申立前置主義　8
5. 国税不服審判所　9
6. 職権探知主義　11
7. 行政訴訟　12

第2節 国税の権利救済制度 — 13
第3節 地方税の権利救済制度 — 15
1. 行政不服審査法の改正　15
2. 地方税の不服申立手続　17
3. 固定資産の価格に関する審査申出　19

第2章 課税要件論及び納税義務の確定

第1節 納税義務の成立 — 25
第2節 納税義務の確定 — 27

- 1 確定の方式　27
- 2 納税申告の種類　28
- 3 納税申告の瑕疵　30
- 4 課税庁の二次的決定権限　31
- 5 納税義務の確定方式と是正（救済）手段　35

第3節　課税要件論──42
- 1 課税要件の確定　42
- 2 課税要件事実の認定　45

第4節　納付及び徴収手続──52
- 1 国税債権の給付　52
- 2 任意の履行としての納付　52
- 3 滞納処分の概要　53
- 4 督　促　56
- 5 財産の調査　57
- 6 滞納処分による差押え　57
- 7 財産の換価　58
- 8 配　当　59

第5節　地方税の審査請求──60
- 1 地方税の種類　60
- 2 地方税の納税義務の成立と確定　60

第3章　税務調査

第1節　税務調査手続の明確化──75
- 1 税制改正の意義と実務の対応　75
- 2 税務調査手続の流れ　78
- 3 地方税の税務調査　80

第2節　事前通知の手続 ——————— 85
- 1 概　要　85
- 2 対象物件　86
- 3 対象者　87
- 4 調査日時の変更　88

第3節　実地の調査 ——————————— 89
- 1 調査時の手続　89
- 2 一の調査・課税期間の意義等　89

第4節　質問検査権 ——————————— 92
- 1 概　要　92
- 2 調査の意義　94
- 3 調査に該当しない行為（行政指導の明示）　95
- 4 所得税、法人税または消費税の調査に関する質問検査権　99
- 5 相続税・贈与税の調査に関する質問検査権　101

第5節　提出物件の留置き ——————— 103
- 1 概　要　103
- 2 対象物件　104
- 3 返　還　105

第6節　調査終了の手続 ———————— 106
- 1 概　要　106
- 2 修正申告、更正決定等、更正の請求　107
- 3 申告内容の誤りの有無　111
- 4 修正申告等の勧奨　112
- 5 調査の再開・再調査　114
- 6 新たに得られた情報等　116

第7節　税務代理人 —————————— 117
- 1 意　義　117

- **2** 事前通知　118
- **3** 調査結果の説明等　119

第8節　理由附記 ——————————————————— 122
- **1** 理由附記　122
- **2** 個人の白色申告者に対する理由附記の見直し　124

第4章　再調査の請求

第1節　国税における「再調査の請求」——————————— 129
- **1** 「再調査の請求」とは　129
- **2** 異議申立前置の廃止　133
- **3** 再調査の請求ができる場合　135
- **4** 再調査請求　140
- **5** 形式審理　148
- **6** 補　正　149
- **7** 実質審理　151
- **8** 決　定　152
- **9** 取下げ　154
- **10** 3月後の教示　154
- **11** 再調査の請求と審査請求の違い　155
- **12** 「再調査の請求」は必要か　156
- **13** 設　例　157

第2節　地方税における「再調査の請求」——————————— 162

第5章 審査請求

第1節 審査請求制度と審査機関 ── 165
1 | 行政不服審査法の見直しに伴う
　　国税不服申立・審査請求制度の見直し　165
2 | 審査請求機関とその位置づけ　167

第2節 審査請求手続 ── 171
1 | 審査請求手続の流れ　171
2 | 審査請求の申立て　171
3 | 実質審理　182
4 | 国税庁長官への意見の申出　199

第3節 地方税の審査請求 ── 200
1 | 地方税の審査請求の構造　200
2 | 実際の審査請求の流れ　201
3 | 固定資産の価格に関する審査申出　203

第6章 国税不服審判所の裁決とその後の対応

第1節 裁　決 ── 211
1 | 裁決とは　211
2 | 裁決の時期　212
3 | 裁決の種類　212
4 | 通達の法令解釈と異なる解釈をする場合　219
5 | 裁決の効力　220
6 | 一般的な裁決書の読み方　221
7 | 公表裁決について　230

第2節 裁決への対応 ── 231

- 1 ｜ 一部取消しの場合　232
- 2 ｜ 全部取消しの場合　233
- 3 ｜ 却下の場合　233
- 4 ｜ 裁決固有の瑕疵　234

第3節　行政訴訟 ——————————————— 235
- 1 ｜ 行政事件訴訟法と国税通則法の関係　235
- 2 ｜ 不服申立の前置等　235
- 3 ｜ 訴えの提起　237

第4節　地方税に係る行政訴訟 ——————————— 239

第7章　事例研究

――裁決の調べ方・読み方――

第1節　名義預金・株式関係 ——————————— 247
- 1 ｜ 預貯金が相続財産か否かが問題となった事例　248
- 2 ｜ 公表裁決における判断　252
- 3 ｜ 株式・出資　258
- 4 ｜ 公表裁決における認定　262

第2節　広大地 ——————————————— 268
- 1 ｜ 相続税法22条（評価の原則）　269
- 2 ｜ 広大地の評価　271
- 3 ｜ 広大地が問題となった裁決事例　275

第3節　契約書がなくても主張が認められる場合 ——— 287
- 1 ｜ 問題の所在　287
- 2 ｜ 契約書がある場合の事実認定が問題となった事例　288
- 3 ｜ 契約書がない場合の事実認定　300
- 4 ｜ 結論にかえて　307

第 4 節　国境をまたぐゲームソフトの役務提供取引契約─── 309
- 1 ┆ 国境を越えたソフト開発作業と課税関係　310
- 2 ┆ 本件の対立する課税関係　310
- 3 ┆ 本件開発委託契約に基づく金員の判断　311
- 4 ┆ 本件からの留意点　315

第 5 節　不当の主張とその判断─── 321
- 1 ┆ 処分の不当に係る審理　321
- 2 ┆ 裁量不当の主張と審判所の判断の概観　322
- 3 ┆ 処分の不当が認容された事例　324

第 6 節　隠ぺい仮装─── 333
- 1 ┆ 国税通則法68条の納税者　334
- 2 ┆ 平成23年 7 月 6 日裁決事例　338

索　引─── 341

＊　本書は平成27年12月末現在の情報によって作成されています。

凡　例

■法令等の略記

「行政不服審査法の施行に伴う関係法律の整備等に関する法律」（平成26年法律第69号）第99条関係を受けて改正された国税通則法	改正通則法
上記国税通則法施行令	改正通則令
上記改正に該当する部分の改正前国税通則法	旧通則法
上記第99条関係を受けて改正された以外の国税通則法	通則法
同法施行令	通則令
同法施行規則	通則規
行政不服審査法（平成26年法律第68号）	新行審法
行政不服審査法（昭和37年法律第160号）	旧行審法
行政手続法	行手法
法人税法	法法
法人税法施行令	法令
法人税法施行規則	法規
所得税法	所法
所得税法施行令	所令
所得税基本通達	所基通
消費税法	消法
相続税法	相法
租税特別措置法	措法
租税特別措置法施行令	措令
登録免許税法	登免法
国税徴収法	徴収法
行政事件訴訟法	行訴
民事訴訟法	民訴
民法	民

国税通則法第7章の2（国税の調査）関係通達の制定について（法令解釈通達） ……………… 調査通達

不服審査基本（審査請求関係）通達 ……………… 審査請求関係通達

不服審査基本（異議申立関係）通達 ……………… 異議申立関係通達

税務調査手続に関するFAQ（一般納税者向け）…… 税務調査FAQ（一般向け）

＊国税通則法第16条第1項第1号……… 通則法16①一

■判例等の略記

最判昭和49年4月18日訟月20巻11号175頁
　……………… 最高裁判所昭和49年4月18日判決（訟務月報20巻11号175頁）

大阪高判平成25年1月18日判時2203号25頁
　………… 大阪高等裁判所平成25年1月18日判決（判例時報2203号25頁）

京都地判昭和45年4月1日行集21巻4号641頁
　… 京都地方裁判所昭和45年4月1日判決（行政事件裁判例集21巻4号641頁）

国審平成18年3月15日裁事71・505頁
　………… 国税不服審判所平成18年3月15日裁決（裁決事例集No.71・505頁）

国審平成15年12月16日（TAINS J66-1-06）
　………… 国税不服審判所平成15年12月16日裁決（税理士情報ネットワークシステムJ66-1-06）

　＊最高裁判所民事判例集……………… 民集
　　最高裁判所裁判集民事……………… 集民
　　最高裁判所刑事判例集……………… 刑集
　　行政事件裁判例集………………… 行集
　　行政裁判所判決録………………… 行録
　　税務訴訟資料……………………… 税資
　　裁決事例集………………………… 裁事
　　訟務月報…………………………… 訟月
　　判例時報…………………………… 判時
　　判例タイムズ……………………… 判タ
　　税理士情報ネットワークシステム…… TAINS

第 1 章
納税者の権利救済の概要

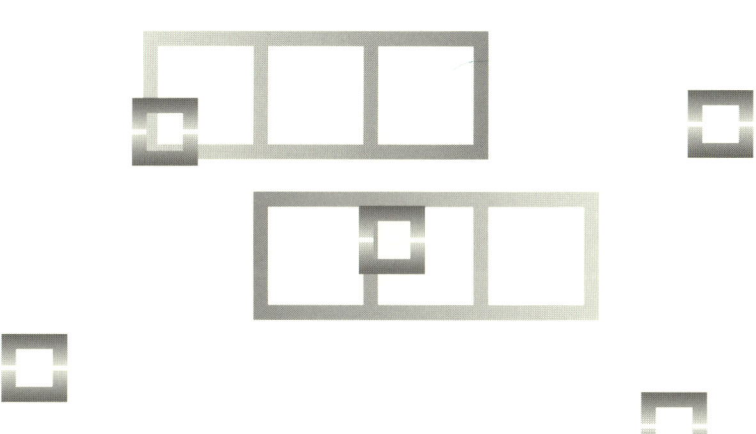

第1節

権利救済制度の意義

1 • 租税の特質

　ロックやルソーの社会契約論は、国家社会の前に独立した個人を想定し思考実験を展開する。そこでは個々人は自己の利益を求め合理的な行動を採る。その結果、人は社会秩序を維持するために権力を認め、国家をつくると考える。

　日本国憲法も前文で「そもそも国政は、国民の厳粛な信託によるものであつて、その権威は国民に由来し、その権力は国民の代表者がこれを行使し、その福利は国民がこれを享受する。これは人類普遍の原理であり、この憲法は、かかる原理に基くものである。」とする。これも国家権力より前に国民が存在するという思想に淵源を持つものであろう。

　独立した"理性的な個人"を前提としたこうした思想が経済に反映すると自由主義経済となり、自由市場では「神の見えざる手"an invisible hand"」（Adam Smith『国富論』1776年）によって財の適正な分配がなされることになる。

　もちろん、個々人が自由な意思を持ち必要な情報を基に理性的に行動する自由経済市場が効率的な財の分配を実現する役割は大きい。しかし、自由主義の政治思想が、結局、社会秩序のために権力を認めるように、経済においても自由経済市場による財の分配がいつも正しいとは限らない。

　自由経済市場が扱い損ねるもののひとつに、公共財・公共サービスがある。公共財・公共サービスとは、道路の整備やその夜間の照明、あるいは海の航行を見守る灯台など、社会の構成員なら誰でも享受できる財・サービスである。このような財・サービスが社会にとって必要不可欠であることは何人も

認めるであろう。

　しかし、こうした財・サービスは、効用をひとり独占し他人に使わせないということができないものである。市場は人がその財・サービスの効用を独占し他に享受させないことを前提に交換する場である。したがって、市場に任せては、100年待っても必要な公共財・公共サービスは提供されないことになる。

　例えば、何年かに一度氾濫する暴れ川があるとする。ひとたび氾濫すれば周囲の集落は尋常でない被害を受ける。個々の家々の被害は数十万円、数百万円であるが、合わせると億の単位の被害となるものとしよう。そこで、氾濫を防ぐには堤防が必要である。この堤防に億のお金がかかるとしても集落全体で大きくみたときは帳尻は合う。しかし予想される自分の被害が数十万円、数百万円のときに1人で億のお金を出そうという者は誰もいない。堤防が果たす防災という効用は周囲の集落全体に及ぶ。つまり個々の費用対効果により機能する自由経済市場は堤防建設のような公共財・公共サービスについては機能しない。

　そこで、こうした公共財・公共サービスは国・地方公共団体が提供せざるを得ない。そのための原資を賄うものとして租税が存在する。つまり租税は自由経済市場が果たし得ない部分を補完するものであり、市場における交換の外に存在するものである。

2・租税法律主義

　租税は対価により負担が配分されるものではなく、市場経済の外にある財の移転である。しかも誰もが享受し得る公共財・公共サービスの原資であり、「ただ乗り」は許されない。そのため租税負担には有無を言わせない強制力が与えられている。また強制的な負担であるゆえに公平であることが求められる。

　租税負担は強制的なものであるため、租税の賦課・徴収は法律に基づくこ

とが必要とされる。日本国憲法も「あらたに租税を課し、又は現行の租税を変更するには、法律又は法律の定める条件によることを必要とする。」（憲法84条）と「租税法律主義」を規定し、納税義務の根拠を国会の定める法律に求めている。国は法律の根拠なしに租税を賦課・徴収することはできず、換言すれば国民は法律に基づかず租税の納付を求められることはない。

　歴史的には、租税法律主義は市民革命において君主の恣意的な課税を制約する理念として登場した。アメリカの独立戦争は英国の課税に対する抵抗から始まったものであるし、フランス革命もまた財政問題と課税を背景にしているといわれる。そのため近代憲法はそろって租税法律主義を掲げる。権力者の恣意による租税の賦課・徴収は許されず、租税を負担する国民の同意が必要とするものである。

　租税負担には負担する側の国民の同意が必要であるとすれば、その租税法規の内容が十分に明確であり、国民の経済活動に支障がないよう予測可能性が確保されなくてはならない。特に今日の経済社会においてはこれから行おうとする経済取引の租税公課が予測可能でなくてはならない。租税法律主義は課税権の限界を規定するところに基本的機能があるが、同時に租税負担があらかじめ法定されることにより、経済行動に予測可能性を与えていることも重要である。

　また、法律で定められれば納税義務の内容の是非を問わないということではない。租税負担は公平でなくてはならないし、憲法が保障する財産権を不当に侵害するものであってはならない。このことは、租税法規の立法のみならず解釈適用においても求められる。

　租税負担が国民一般に等しく適用される法律で規定されるという租税法律主義の理念は重要であるが、同時に根本的な問題がある。

　1つは、租税の賦課・徴収は課税権の行使であり、国民の利益を侵害する行為であることである。権力行使には適正性が強く求められる。納税義務の内容にかかわらずその手続が問われることがある。

　もう1つは、法律は一般規定であるが、社会の経済事象は様々であり、租

税法規の適用場面は個別具体的である。そのため個々の納税義務は必ずしも納得される結果にならない。一般に法の解釈適用は普遍的合理性とともに個別的妥当性を実現すべきであるが、ことに租税法規の適用対象は広く国民の経済活動一般であり、適用対象の事実関係はまちまちであるため、具体的事案において普遍的合理性と個別的妥当性の両方を求めることが難しいことも少なくない。この2つの面から租税の賦課・徴収は法的紛争が生じやすい領域である。

3 行政救済制度

　租税の賦課・徴収は法律または法律の定める条件によることが憲法上の原則であるとしても、もし租税行政がこれに反して違法に行われたときにそれを是正し、侵害された納税者の権利の救済が図られなければ、租税法律主義も単に理念にとどまり「画にかいた餅」[1-1]になってしまう。その意味で納税者の権利救済制度が確実に機能することは、租税法律主義の重要な裏づけである。

　明治憲法においても租税法律主義が規定され[1-2]、納税者の権利救済制度も設けられていた。

　明治憲法の下では訴願法により、違法な行政処分は上級官庁への不服申立である訴願が認められていた。また行政官庁の違法処分により権利を侵害されたときは訴訟ができることとされてはいたが、憲法で「司法裁判所ニ於テ受理スルノ限ニ在ラス」[1-3]とされ、行政裁判所の管轄とされていた。この行政裁判所は行政内部の組織であり、しかも一審制で上級裁判所への訴えを提起ができないものであった。

[1-1]　金子宏『租税法〈第20版〉』(弘文堂、2015年) 941頁
[1-2]　大日本帝国憲法21条、62条
[1-3]　同法61条

現行憲法ではすべての司法権は最高裁判所以下の通常裁判所に属し特別裁判所を認めていないので、行政裁判所は廃止された。現在、違法な行政処分に関する争いも行政事件として最高裁判所を頂点とする通常裁判所の管轄に属する。しかしながら裁判所での訴訟は時間と労力を要するものであり、また紛争はその生じたところで解決を図るほうが簡易迅速であり効率的である。そのため、違法な行政処分の是正、権利救済の制度が行政組織においても設けられている。

したがって納税者は、違法な租税行政処分に対して通常裁判所に出訴して保護救済を求めることができるとともに、行政機関に不服申立をすることもできるものとされている。

行政不服審査制度は、簡易迅速な手続による国民の権利利益の救済を図るとともに、行政の適正な運営を確保することを目的に、行政庁の違法または不当な処分その他公権力の行使にあたる行為に関し、国民に対して広く行政庁に対する不服申立のみちを開くこととしている（行審法1）。この行政不服審査法は、①公正性の向上、②使いやすさの向上、③国民の救済手段の充実・拡大の観点から、平成26年に全文改正がなされた。

行政不服審査法は、不服申立に関する一般法であり、租税行政にも適用があるが、国税にかかる納税者の権利救済手続については、国税通則法に詳細な規定があり、国税通則法の規定が優先して適用されるが、国税通則法に規定する納税者の権利救済に関する条文も行政不服審査法の全文改正に合わせて改正された。

一方、地方税においてはこの行政不服審査法が全面的に適用されることになる。

ただし一連の改正法の施行は公布日（平成26年6月13日）から2年を超えない範囲で政令に定める日とされ、具体には平成28年4月に施行されることとなった。

4 ・不服申立前置主義

　行政処分の取消しを求める訴訟について、不服申立手続を経てからでないと裁判所への出訴を認めないとする制度を「不服申立前置主義」という。

　行政事件訴訟法は、不服申立前置主義を廃止し、法令の規定により審査請求をすることができる場合においても、直ちに提起することを妨げないとして、行政不服申立の手続をとるかどうかは原則として自由な選択とした（行訴8①）。しかし、国税通則法は国税に関する法律に基づく処分については不服申立前置主義を採用している（通則法115）。また地方税法も同様である（地法19の12）。

　従前は、国税に関する取消訴訟についての不服申立前置主義は、異議申立と審査請求の2段階の不服申立手続を経ることとされていた。行政不服審査法の改正に際して異議申立（改正後は「再調査の請求」という）をするかどうかは選択に委ねられ、直ちに審査請求することができるようになり、不服申立前置主義も一段階になった。従来異議申立を経ることを原則としていたのは、処分に理由附記が求められておらず、異議申立に対する決定によってはじめて処分理由が明らかになるという機能があったことによる。

　しかし、この点は行政手続法の適用除外が廃止され、原則としてすべての申請に対する拒否処分および不利益処分に対して理由の提示ないし附記が要求されるようになったので、異議申立を前置しなければならない理由はなくなった。異議申立は、処分を行った原処分庁自体に申し立てるもので審理に客観性が保障されるとはいえない。また原処分庁への申立てでは対立構造になりえないので申立人にとって相手側の主張が見えない。

　そこで異議申立は権利救済制度としては不十分な点があり、この制度を利用するか否かを納税者の選択としたことは妥当であろう。

　しかし、一段階とはいえ租税に関する処分の取消訴訟に関して不服申立前置主義が存置された。これは租税に関する処分は毎年大量で、しかも専門性、

技術性が高いため訴訟提起の前にスクリーニングする必要があるためであるといわれている。

5・国税不服審判所

　明治憲法下において租税行政への不服申立は訴願法で行われていたが、シャウプ勧告は、「現在は、趣旨においては、国税局への異議申立が認められているが、われわれの一般的印象はそこまで事件を押し進めるだけの価値があると考えた納税者は少い」とし[1-4]「協議団」制度を提案し、それを受けて昭和25年に協議団制度が設けられた。納税者の不服申立は各国税局長宛になされることとされていたが、国税局長は審査裁決にあたっては各国税局に設けられた協議団の協議官3人の合議体の議決に基づかなければならないものとされた。

　この協議団制度は多少とも第三者性を持つ機関であり、不服申立の審査裁決に際してここに諮問するとされたことは従来より一定の進歩であった。またこの議決には複数の者の合議を要するものとされたことは権利救済制度として評価できる。しかし協議団は国税局長の下にあり、法令解釈においては通達に拘束されており、また裁決権はあくまで執行機関である国税局長にあることなど権利救済制度としての限界が指摘された。そこで協議団に代わる権利救済機関として昭和45年に国税不服審判所が創設され、国税にかかる不服審査の手続も整備された。

　国税不服審判所は、内国税に関する不服申立の審査裁決機関である。国税不服審判所自体は国税庁の組織で、所長は租税の賦課・徴収の執行機関である国税庁長官が任命することとされているが、その任命に際しては財務大臣の承認を要するものとして、第三者性に配慮している。国税不服審判所所長

1-4　シャウプ使節団日本税制報告書 第14章「更正決定に対する異議申立権」

は裁判所判事が任命されるのが通例である。

　国税不服審判所には全国の国税局ごとに12の支部が設けられている。それぞれ東京国税不服審判所、仙台国税不服審判所のように呼ばれる。広域の審判所の下にはさらに新潟支所、京都支所のように支所が設けられている。審判所では原則としてその管轄区域内における審査請求の調査・審理を行うので、審査請求は処分を行った原処分庁の管轄区域を管轄する審判所に審査請求書を持参あるいは送付して行うことになる。電子申請も可能ではあるが例は少ないようである。

　国税不服審判所は、国税審判官（定数181名）、国税副審判官（定数87名）のほか、審判官の命により事務にあたる国税審査官（定数181名以内）で構成されている（国税不服審判所組織規則）。

　国税審判官には、「弁護士、税理士、公認会計士、大学の教授若しくは准教授、裁判官又は検察官の職にあつた経歴を有する者で、国税に関する学識経験を有するもの」（通則令31一）と一定以上の公務員等が任命される資格があるが、創設以来その多くは国税職員が任命されてきた。この点、国税不服審判所の第三者性に沿わないとの意見があり、平成19年から特定任期付職員として一般からの募集が始まった。現在、調査審理にあたる国税審判官の半数が民間登用の任期付職員となっている。

　国税不服審判所に審査請求がなされると、担当審判官1名参加審判官2名以上が指名される。つまり審査請求の調査審理は、国税審判官3人以上で構成する合議体で行うことになる。副審判官は担当審判官にはなれないが、合議体の構成員にはなりえる。

　審査請求の裁決は、合議体の議決に基づいて国税不服審判所所長が行うこととされているが、所長の権限の多くは首席審判官（各国税不服審判所（支部）の所長）に委任されており（通則法113）、審査請求の調査審理は実際上それぞれの国税不服審判所で行われる。

　協議団と異なり、国税不服審判所は通達に拘束されず、通達で示された法令解釈と異なる解釈で裁決することができる（通則法99）。また裁決は関係行

政庁を拘束するとされ（通則法102）、裁決が原処分を取消しまたは変更するものであれば、その範囲で原処分は当然に取り消されまたは変更されることになる。

　裁決は拘束力を持つので原処分庁は裁決で排斥された理由と同じ理由で再更正等をすることはできない。また国税不服審判所の裁決は行政の最終判断であり、原処分庁が裁決に納得できないとしても司法等で争うことはできない。

6・職権探知主義

　行政訴訟は基本的に民事訴訟を基盤としており、行政事件訴訟法では「行政事件訴訟に関し、この法律に定めがない事項については、民事訴訟の例による」（行訴7）とされている。その民事訴訟では条文上の明確な根拠はないものの私的自治の原則から審理は「弁論主義」が採られている。弁論主義とは、裁判の基礎となる事実や証拠は当事者が収集し裁判所に提出し、裁判所はそれに基づき判決をするという原則である。裁判所自ら証拠を収集することはなく、当事者の主張しない事実は裁判の基礎とすることはできない。また裁判所は当事者間で争いのない事実に反する判決ができない。

　これに対し国税不服審判所では、担当審判官は審理を行うため必要があるときは、職権で関係人その他に質問し、また帳簿書類その他の物件を調査できることとされ（通則法97）、いわゆる質問検査権が認められている。つまり国税不服審判所での審理には「職権探知主義」が採用されている。したがって、担当審判官は自らの判断で原処分庁調査を行ったり、また第三者にいわゆる反面調査に赴くこともある。また職権探知主義なので当事者の主張していない事実に基づき判断することもありえる。

　しかし極端な職権探知主義を採ると当事者が想定していない事実を基に裁決が出されることになりかねない。このような場合「裁決による不意打ち」になりかねず、また当事者に反論の機会が与えられないまま裁決がなされる

ことになる。このようなことが生じないように国税不服審判所では審査請求人が主張する争点を中心に調査審理をする方針が採られている。また改正後の国税通則法では、審理関係人は担当審判官の職権収集資料を含め閲覧を請求することができることとされる。

7 ・行政訴訟

　行政の行った処分については最終的に司法に判断を求めることができる。
　租税をめぐる訴訟には、無効確認訴訟や不作為の違法確認訴訟、義務付け訴訟などもあるが、多くは取消訴訟である。取消訴訟の出訴期間は処分あるいは裁決があったことを知った日から6月であり、また処分あるいは裁決のあった日から1年を経過したときは訴訟提起できない。また国税に関する訴訟については不服申立前置主義が維持され、改正後も審査請求を経ていなければ訴訟を提起できない。
　出訴期間等の要件を満たしていないなど取消訴訟の訴えが訴訟要件を欠く場合には、本案の審理に入ることなく訴えは却下される。処分が違法でないと判断されると請求棄却の判決が、違法であると判断されると請求認容の判決となる。一部認容の判決はその判決により減少した税額以外の部分の納税義務に影響を与えない。取消判決は一般的形成力を持ち、また処分をした行政庁その他関係行政庁を拘束することとされている。

第2節 国税の権利救済制度

国税の権利救済制度に関しては、次の図表が参考になる。

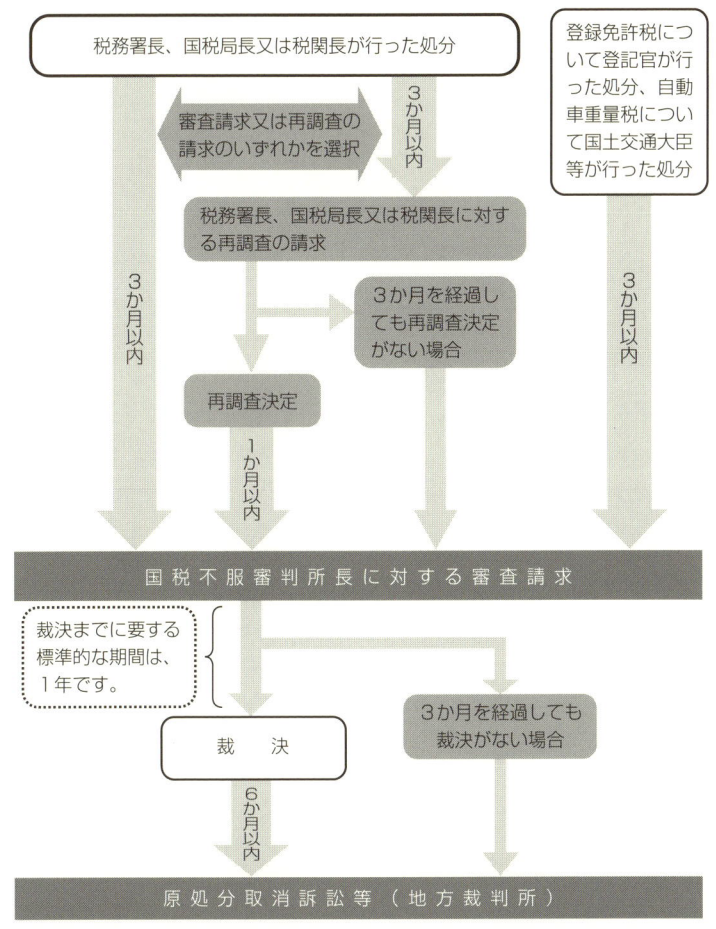

（注）1　国税庁長官が行った処分に不服がある場合は、国税庁長官に対する異議申立てを経て、訴訟を提起することができます（国税不服審判所長に対する審査請求をすることはできません。）。
　　　2　国税徴収法第171条第1項又は第2項の適用があるときの不服申立期間については、上記の期間と異なる場合があります。

＊1　前頁図表は、平成28年4月1日以降にされた処分に対する審査請求用
＊2　出所：国税不服審判所パンフレット「「審判所ってどんなところ？～国税不服審判所の扱う審査請求のあらまし～」を一部改変（http://www.kfs.go.jp/introduction/pamphlet/pdf/pamphlet.pdf）

第3節 地方税の権利救済制度

1 行政不服審査法の改正

　地方税に係る行政上の不服申立は、国税とは異なり、基本的に行政不服審査法が規律している。

　そして、行政不服審査法（昭和37年法律第160号）については、改正が検討され、第186回国会で行政不服審査法関連三法（行政不服審査法、行政不服審査法の施行に伴う関係法律の整備等に関する法律及び行政手続法の一部を改正する法律）が成立し、平成26年6月13日に、新しい行政不服審査法（平成26年法律第68号）等が公布された。

　新行政不服審査法は、平成28年4月1日から施行される。同法の概要等については、総務省が次頁の概要図を作成している。

○審理員による審理手続・第三者機関への諮問手続の導入
　・処分に関与しない職員（審理員）が両者の主張を公平に審理
　・有識者からなる第三者機関が大臣等（審査庁）の判断をチェック

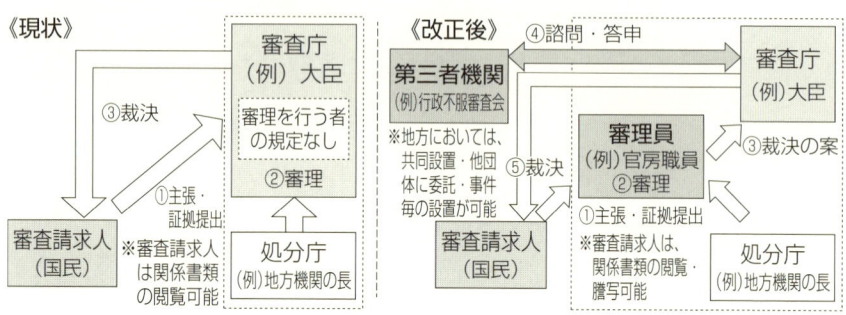

○不服申立ての手続を「審査請求」に一元化
　・「異議申立て」手続きは廃止し、手続保障の水準が向上
　※不服申立てが大量にされる処分等については「再調査の請求」（選択制）を導入
○審査請求をすることができる期間（審査請求期間）を3か月に延長（現行60日）など

＊1　法律施行5年経過後に法律の見直しを検討
＊2　出所：総務省「行政不服審査法関連3法の概要（平成26年6月13日）」リーフレットを一部改変(http://www.soumu.go.jp/main_content/000297540.pdf)

2 地方税の不服申立手続

① 旧行政不服審査法下における地方税の不服申立手続

　旧行政不服審査法下における地方税の不服申立手続は、次の概略図のような構造とされていた。

```
県税事務所等に処分権限が委任されている場合        処分権限が委任されていない場合
　　例：都道府県・政令指定都市                  　例：一般的な市町村

┌─────────────────────────────────────────────┐
│　　　　　　　　　　　納　税　者　　　　　　　　　│
└─────────────────────────────────────────────┘
        │                         │ 60日以内（行審45）
        │                         ▼
┌──────────────────┐          ┌──────────────┐
│県税事務所長等（処分庁）│         │　異議申立て　│
└──────────────────┘          └──────────────┘
   60日以内                          │
   （行審14①）                       ▼
     ▼                        ┌──────────────────┐
┌──────────────┐              │市町村長（処分庁）│
│　審査請求　　│              └──────────────────┘
└──────────────┘                    │
     ▼                              ▼
┌──────────────┐              ┌──────┐  ┌──────────────┐
│知事・市長　　│              │決　定│  │3か月を経過し │
│（原権限庁）　│              └──────┘  │ても決定なし　│
└──────────────┘                         │等（行訴8②）│
     ▼                                   └──────────────┘
┌──────┐  ┌──────────────┐      6か月以内
│裁　決│  │3か月を経過し │      （行訴14①）
└──────┘  │ても裁決なし　│          │
6か月以内  │等（行訴8②）│          │
（行訴14①）└──────────────┘          │
     │                                  │
     ▼                                  ▼
┌──────────────┐              ┌──────────────┐
│　訴　訟　　　│              │　訴　訟　　　│
└──────────────┘              └──────────────┘
┌─────────────────────────────────────────────┐
│　　　　　　　　　　　裁　判　所　　　　　　　　　│
└─────────────────────────────────────────────┘
```

＊　出所：総務省「地域の自主性・自立性を高める地方税制度研究会」（第8回）配布資料2「税務執行面における地方団体の責任について」17頁（http://www.soumu.go.jp/main_content/000167281.pdf）

　すなわち、不服申立手続は審査請求と異議申立に分けられ、①県税事務所等に処分権限が委任されている場合には知事・市長（原権限庁）に対して審査請求を行い、②処分権限が委任されていない場合には市町村長（処分庁）に対して異議申立を行う、こととされていた。

これは、旧行政不服審査法3条2項では、審査請求は処分をした行政庁（処分庁）以外の行政庁に対してするものであり、異議申立は、処分庁に対してするものとされているからである。

② 新行政不服審査法下における不服申立制度

　以上に対し、新行政不服審査法は、不服申立手続を審査請求制度に一本化し、また、不服申立期間を処分があったことを知った日の翌日から3月以内に延長（現行は2月以内）するなどの改正を行っている。

　また、平成26年度税制改正大綱では、次のとおり、地方税法の改正が行うべきこととされ、地方税法の改正がなされた。

　地方税に関する不服申立て手続について、行政不服審査法の見直しに伴い、次に掲げる所要の規定の整備を行う。
(1)　督促に欠陥があることを理由とする不服申立期間を、差押えに係る通知を受けた日（その通知がないときは、その差押えがあったことを知った日）の翌日から3月以内（現行：30日以内）に延長する。
(2)　固定資産の価格に係る不服審査について、審査の申出をすることができる期限を、納税通知書の交付を受けた日後3月以内（現行：60日以内）に延長する。
(3)　その他所要の措置を講ずる。

　以上により、新行政不服審査法の下では、地方税の不服申立手続は次の概略図の構造となる。

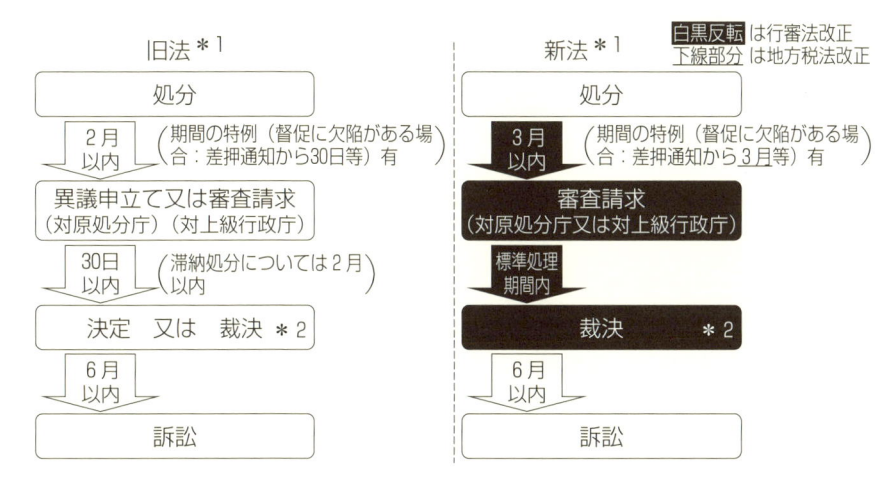

```
       旧法*1                         新法*1           白黒反転 は行審法改正
                                                    下線部分 は地方税法改正
      ┌─────┐                    ┌─────┐
      │ 処分 │                    │ 処分 │
      └──┬──┘                    └──┬──┘
    2月  ↓  (期間の特例(督促に欠陥がある場    3月  ↓  (期間の特例(督促に欠陥がある場
    以内    合：差押通知から30日等)有)    以内    合：差押通知から3月等)有)
  ┌────────────┐              ┌────────────┐
  │異議申立て又は審査請求│              │   審査請求    │
  │(対原処分庁)(対上級行政庁)│            │(対原処分庁又は対上級行政庁)│
  └──────┬─────┘              └──────┬─────┘
   30日  ↓  (滞納処分については2月)      標準処理 ↓
   以内    以内)                    期間内
  ┌────────────┐              ┌────────────┐
  │  決定 又は 裁決  *2│              │    裁決    *2│
  └──────┬─────┘              └──────┬─────┘
    6月  ↓                         6月  ↓
    以内                           以内
  ┌─────┐                    ┌─────┐
  │ 訴訟 │                    │ 訴訟 │
  └─────┘                    └─────┘
```

* 1　固定資産税の賦課についての不服のうち固定資産課税台帳に登録された価格についての不服は固定資産評価審査委員会に申し出ることとされている。
* 2　3月以内に決定・裁決がない場合は、決定・裁決を経ないで、訴訟をすることができる。
* 3　出所：沖縄県HP掲載資料を一部改変（http://www.pref.okinawa.lg.jp/site/kikaku/shichoson/zeisei/documents/04kikakukakankeisetumeisiryou2.pdf）

3 固定資産の価格に関する審査申出

① 不服申立に関する手続

　地方税の不服申立のうち、固定資産税に係る固定資産の価格についての不服申立は特別の手続が用意されている。

　すなわち、地方税法423条は、固定資産課税台帳に登録された価格に関する不服を審査決定するために、市町村に、固定資産評価審査委員会を設置すると規定し、同法432条1項は、固定資産税の納税者は、固定資産課税台帳に登録された価格について不服がある場合には、納税通知書の交付を受けた

後、固定資産評価審査委員会に審査の申出をすることができる旨規定する。
　そして、同条2項は、固定資産の賦課についての不服申立においては、固定資産課税台帳に登録された価格についての不服を当該固定資産税の賦課についての不服の理由とすることはできない旨規定する。

② 審査申出期間に関する改正

　このような固定資産の価格についての不服についても、新行政不服審査法にあわせた地方税法改正によって、審査の申出をすることができる期限が、納税通知書の交付を受けた日後3月以内に延長（改正前は60日以内）された。

第3節・地方税の権利救済制度

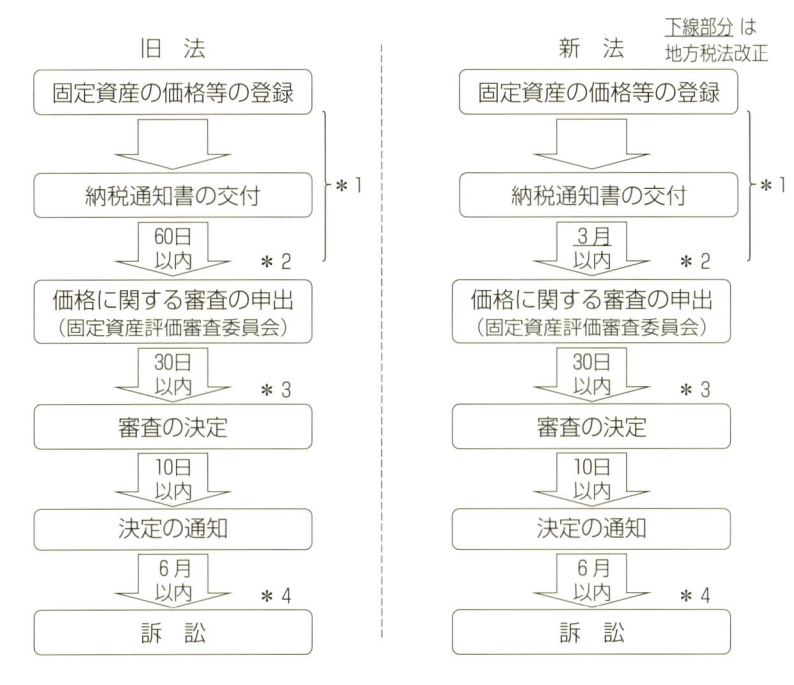

```
        旧 法                          新 法    下線部分は
                                              地方税法改正
┌─────────────────┐              ┌─────────────────┐
│ 固定資産の価格等の登録 │              │ 固定資産の価格等の登録 │
└─────────────────┘              └─────────────────┘
         ↓                              ↓
┌─────────────────┐  ⎫          ┌─────────────────┐  ⎫
│  納税通知書の交付    │  ⎬ *1       │  納税通知書の交付    │  ⎬ *1
└─────────────────┘  ⎭          └─────────────────┘  ⎭
        60日                            3月
        以内  *2                        以内  *2
         ↓                              ↓
┌─────────────────┐              ┌─────────────────┐
│ 価格に関する審査の申出 │              │ 価格に関する審査の申出 │
│ (固定資産評価審査委員会)│              │ (固定資産評価審査委員会)│
└─────────────────┘              └─────────────────┘
        30日                           30日
        以内  *3                       以内  *3
         ↓                              ↓
┌─────────────────┐              ┌─────────────────┐
│    審査の決定      │              │    審査の決定      │
└─────────────────┘              └─────────────────┘
        10日                           10日
        以内                           以内
         ↓                              ↓
┌─────────────────┐              ┌─────────────────┐
│    決定の通知      │              │    決定の通知      │
└─────────────────┘              └─────────────────┘
        6月                             6月
        以内  *4                       以内  *4
         ↓                              ↓
┌─────────────────┐              ┌─────────────────┐
│      訴 訟        │              │      訴 訟        │
└─────────────────┘              └─────────────────┘
```

*1 審査申出が可能な期間は、固定資産の価格等を固定資産課税台帳に登録した旨の公示の日から納税通知書の交付を受けた日後3月以内（旧法60日以内）

*2 天災その他やむを得ない特別の事由がある場合には、その理由が止んだ日の翌日から起算して1週間以内

*3 30日以内に審査の決定がない場合には、審査の申出を却下する旨の決定があったものとみなして、訴訟を提起することができる。

*4 審査の決定があったことを知った日から6月を経過したときは訴訟を提起することができない（行政事件訴訟法）。

*5 出所：沖縄県HP掲載資料を一部改変（http://www.pref.okinawa.lg.jp/site/kikaku/shichoson/zeisei/documents/04kikakukakankeisetumeisiryou2.pdf）

第2章 課税要件論及び納税義務の確定

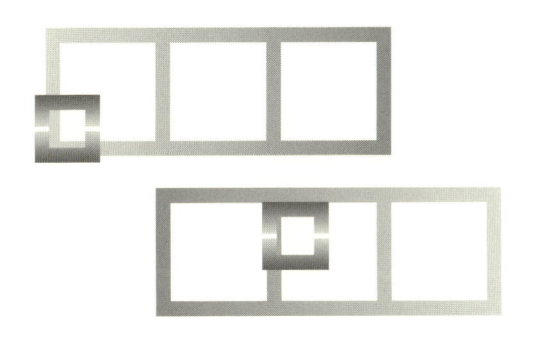

第1節 納税義務の成立

　納税義務の成立とは、国の側から見れば抽象的な租税債権の発生であり、納税者の側から見れば抽象的な租税債務の発生である[2-1]。

　租税法律主義（憲法84）の下では、租税債権は、法律の定める要件、すなわち課税要件の充足によって、発生する。しかし、民法上の債権と異なり、発生した租税債権の履行を請求するためには、原則として、税額の確定が、別途、必要となる。それゆえ「抽象的」な租税債権と表現される。

　注意が必要なのは、「納税義務の成立」を定めたとされる、国税通則法15条2項の位置づけである。同項は、各国税に係る納税義務について、同項各号に定める時に「成立」すると規定している。だが、この規定は、繰上保全差押（通則法38③）などを考慮して規定されたものであり、課税要件の充足時期、言い換えれば、課税要件の判定時期を規定したものではない[2-2]。

　例えば、法人税法52条1項は、一定の法人の有する一定の金銭債権については、貸倒引当金への繰入額を、所得の金額の計算上、損金の額に算入することができる旨を規定し、同条3項は、同条1項が、確定申告書に、貸倒引当金繰入額に係る明細の記載がある場合に限り、適用される旨規定している。

　この規定からして、申告における明細の記載が、課税要件であることが明らかであるが、当該要件を満たすか否かを、国税通則法15条2項3号の規定する法人税の納税義務の成立時点、すなわち事業年度の終了の時で、判定できない。

[2-1] 志場喜徳郎他『国税通則法精解（平成25年改訂）』（大蔵財務協会、2013年）250頁
[2-2] 例えば、東京高判平成16年7月21日訟月51巻8号2176頁

要するに、国税通則法15条2項が妥当する範囲は、それほど広くはない。

納税義務の「成立」

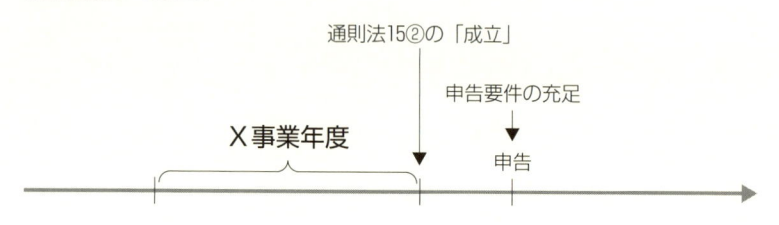

```
                              通則法15②の「成立」
                                    ↓       申告要件の充足
                                            ↓
                                            申告
   ├─────  X事業年度  ─────┤
───┼──────────────────┼────┼──────────→
```

第2節

納税義務の確定

1 確定の方式

　成立した納税義務は、特別の手続を要しないものを除いては、別途、納付すべき税額を確定する手続が必要とされる（通則法15①）。
　成立した納税義務が、特別の手続を要しないで確定する場合を、「自動確定方式」という。源泉徴収による所得税（源泉所得税）、印紙税の多く、登録免許税、延滞税などで、自動確定方式が採られている（通則法15③）。

自動確定方式
　予定納税に係る所得税、源泉所得税、自動車重量税、印紙税（申告納税方式による印紙税及び過怠税を除く）、登録免許税、延滞税及び利子税

成立 ＝ 確定

　他方、納付すべき税額の確定の手続としては、2つの方式がある（通則法16①）。
　1つは「申告納税方式」である。申告納税方式とは、納付すべき税額が納税者の納税申告によって確定することを原則とする方式である。源泉所得税等以外の所得税、法人税、相続税、贈与税、消費税（の大半）など、国税の多くで、申告納税方式が採られている。
　もう1つは「賦課課税方式」である。賦課課税方式とは、納付すべき税額がもっぱら税務署長等の処分により確定する方式をいう。過少申告加算税、無申告加算税、不納付加算税、重加算税、過怠税などで、賦課課税方式が採

られている。

申告納税方式

予定納税に係る所得税以外の所得税、法人税、上記以外の消費税の大半、相続税・贈与税など

```
     成立              申告 ＝ 確定
──────⊗───────────────⊗──────────────→
```

賦課課税方式

加算税、消費税等のうち特殊なもの。例えば関税など

```
     成立            賦課決定 ＝ 確定
──────⊗───────────────⊗──────────────→
```

　なお、本来的な納税義務以外に、確定手続の要否が問題となることもある。相続税法上の連帯納付義務（相法34）は、本来の納税義務の確定によって、法律上当然に生ずるものであり、格別の確定手続を要するものではないと解されている[2-3]。ただし、不意打ちを避けるために、①連帯納付義務者に対する通知、督促（同条⑤から⑦）、②期間経過（履行を求める通知がないまま申告期限から5年を経過）、本来の納税義務に係る延納・納税猶予があった場合の連帯納付義務の不適用（同条①各号）といった制度が設けられている。

　審査請求との関係でいえば、確定の方式によって、争訟の手段または対象が異なるという点が重要である。詳細は、後述する。

2 納税申告の種類

　「納税申告」には、提出時期との関係で、3つに分類される。
　納税申告のうち、法律に定める法定申告期限までに行われるものを「期限

[2-3]　最判昭和55年7月1日民集34巻4号535頁

内申告」、期限内申告をなすべきであった者により法定申告期限後に行われるものを「期限後申告」という（通則法17・18）。そして、納税申告または後述する更正・決定によって確定した税額が過少である場合に税額を修正するなど、確定した税額を自己に不利に変更する申告を「修正申告」という（通則法19）。

納税申告

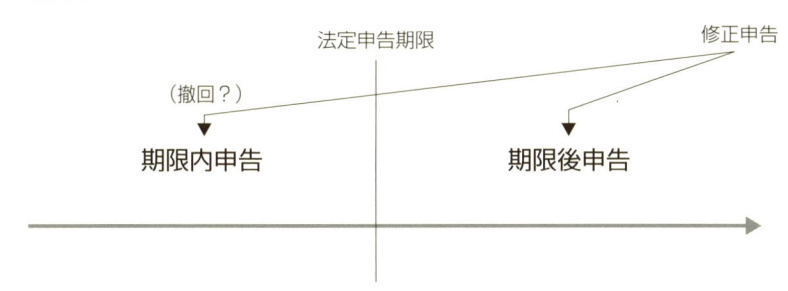

```
                        法定申告期限              修正申告
          （撤回？）
              ↓                           ↓
           期限内申告                    期限後申告
   ─────────────────────────────────────────────→
```

主な法定申告期限は、次のとおりである。

各国税の法定申告期限

- 所得税………翌年の2月16日から3月15日
- 法人税………事業年度（連結事業年度）の終了の日の翌日から2月を経過する日。ただし、会計監査等の関係で決算が確定しないことが常況となっている場合には、さらに1か月延長
- 相続税………相続の開始があったことを知った日の翌日から10月を経過する日
- 贈与税………翌年の2月1日から3月15日
- 消費税………法人は課税期間の末日の翌日から2月を経過する日、個人は翌年の3月31日まで

期限内申告により確定した税額を、法定申告期限内に再度、変更する場合には、法律上は、後述する修正申告または更正の請求によらなければならないこととされている（通則法19、23）。

ただ、所得税基本通達には、法定申告期限内に同一人から申告書が提出された場合には、特段の申出がない限り、最初に出された申告書は撤回された

ものとして、還付申告で還付処理が行われたときを除き、最後に提出された申告書が期限内申告として扱われる旨定められている（所基通120－4）。

3・納税申告の瑕疵

　申告納税方式は、納付すべき税額が納税者のする納税申告によって、原則として、確定する。つまり、納税申告は、納税者という私人による行為だが、納付すべき税額の確定という公法的な効果を有することから、私人による公法行為ともいわれる[2-4]。

　納税申告は、このような公法的な効果が生じることとされているために、原則、私的自治に委ねられた民法の意思表示とは、異なるルールが採用されている。

　まず、納税申告は、法律で定められた所定の要式、手続を踏まなければならない。例えば、第三者の名義でされた申告は、外見上一見して納税者本人の通称ないし別名と判断できる場合でない限り、納税義務者の本人の納税申告として、その納税義務の確定の効果は生じない[2-5]。

　また、納税申告に、民法の意思表示に関する規定が、そのまま適用されるわけではない。審査請求等で比較的よく争われるのは錯誤無効(民95)だが、錯誤があるだけでは足りず、錯誤が客観的に明白かつ重大であって、更正の請求以外にその是正を許さないならば、納税義務者の利益を著しく害すると認められる特段の事情がある場合でなければ、納税申告の無効を主張できないと解されている[2-6]。実際にこの特段の事情が認められる事例はあまりない[2-7]。

2-4　金子前掲書（注1-1）808頁
2-5　最判昭和46年3月30日刑集25巻2号359頁
2-6　最判昭和39年10月22日民集18巻8号1762頁
2-7　誤指導があった場合に、特段の事情を認めた事例として、京都地判昭和45年4月1日行集21巻4号641頁、東京地判昭和56年4月27日訟月27巻9号1746頁、札幌地判昭和63年12月8日訟月35巻5号900頁

4 課税庁の二次的決定権限

① 課税庁に二次的決定権限が付与される場合

　申告納税方式は、納付すべき税額が納税者のする申告によって確定することを原則とする方式であるが、例外的に、税務署長等による処分によって、税額が確定する場合もある（通則法16①一）。

　まず、納税者の申告がない場合である。この場合は、税務署長は、その調査により、当該申告書に係る課税標準等及び税額等を決定する（通則法25）。

　次に、納税者の申告があったが、申告に係る税額の計算が法律の規定に従っていなかった場合その他当該税額が税務署長等の調査したところと異なる場合である。この場合は、税務署長は、その調査により、当該申告書に係る課税標準等または税額等を更正する（通則法24）。

　さらに、決定または更正をした後、その課税標準等または税額等が過大または過少であることを知った場合である。この場合は、税務署長等は、その調査により、当該更正または決定に係る課税標準等または税額等を更正する（通則法26）。これを「再更正」という。

決定、更正、再更正

- 納税者による申告がない場合……………………………………決　定
- 納税者による申告があった場合…………………………………更　正
- 課税庁による決定・更正があった場合…………………………再更正

② 更正等の主体、調査

　更正等をすることができるのは、原則、更正等を行う時点の納税地を所轄する税務署長である（通則法30①。例外的に同条②）。当該税務署以外の者が行った更正等は、違法となる（源泉所得税の告知処分ではあるが、所轄庁以外の税務署長が行った処分を違法としたものとして、国審平成25年8月13日）。

　更正等は、調査に基づくものでなければならない（通則法24から27参照）。青色申告書を提出している場合には、申告書及び添付書類に記載された事項によって、課税標準等の計算に誤りがあることが明らかな場合を除き、帳簿書類の調査が必要である（所法155①、法法130①）。

　ここでいう調査は、実地の調査に限られず、いわゆる机上調査を含む。国税犯則取締法に基づく調査を含まないが、課税庁が、国税犯則取締法に基づく調査により収集された資料を、利用することはできる[2-8]。

　調査手続に違法があった場合、例えば、質問検査権の行使に違法がある場合であっても、重大な場合でない限り、更正等が違法にはならないと解されている[2-9]。国税通則法下で、法定化された調査手続に違反した場合の取扱いについては、実例の積重ねを待つ必要がある。

③ 理由の附記

　更正等は、所定の記載をした更正通知書または決定通知書を送達して行う。更正通知書には、①更正前の課税標準等及び税額等、②その更正後の課税標準等及び税額等、③その更正に係る増減する部分の税額等を記載する必要があり（通則法28②）、決定通知書には、その決定に係る課税標準等及び税額等を記載する必要がある（同条③）。

　さらに、更正通知書または決定通知書には、理由を附記する必要があり（所

[2-8] 最判昭和63年3月31日訟月34巻10号2074頁
[2-9] 東京高判平成3年6月6日訟月38巻5号878頁など

法155②、法法130②。通則法74の14、行手法14)、理由附記に不備がある場合には、更正等は違法となる[2-10]。

(1) 理由の附記の程度

理由附記の程度については、青色申告書等を提出している場合で、帳簿書類の記載を否認して更正する場合においては、単に更正に係る勘定科目とその金額を示すだけではなく、その更正をした根拠を帳簿記載以上に信憑力のある資料を摘示することによって具体的に明示することを要する。他方、青色申告書等を提出していない場合及び青色申告書等を提出しているが、帳簿書類の記載自体を否認することなしに更正をする場合においては、更正の根拠と処分行政庁の恣意抑制及び不服申立の便宜という理由附記制度の趣旨目的を充足する程度に具体的に明示すれば足りると解される[2-11]。

なお、更正等の理由は、通知書の記載自体から明確にわかるものでなければならず、更正の理由を納税者が推知できるか否かにかかわりなく、附記すべき理由の程度が緩和されるものではない[2-12]。

昭和60年の最高裁の基準に照らせば、帳簿書類の記載自体を否認する場合と、そうでない場合で、理由附記として要求される程度が、相当に違ってくる。ただ、両者の区別は必ずしも容易ではない。

(2) 近時の裁判例等の傾向

理由附記の程度について、最近の裁判例・裁決例は、厳格に判断する傾向にある。例えば、帳簿書類の記載自体を否認する類型として、減価償却の対象となる附属設備が架空であるとして、減価償却費の損金算入を認めなかったことは、固定資産台帳の記載を認めないことなので、帳簿の記載自体を否認する場合にあたり、どのような根拠で架空の資産であると判断したのかに

2-10 最判昭和37年12月26日民集16巻12号2557頁
2-11 最判昭和60年4月23日民集39巻3号850頁
2-12 最判昭和38年5月31日民集17巻4号617頁

ついて資料が一切摘示されず、そのように判断した判断過程の具体的な説明が記載されていないとして、理由附記に不備があるとした裁決例[2-13]、帳簿書類の記載自体を否認しない場合であっても、法の適用について課税庁と納税者との間で見解が対立するとき等においては、課税庁の恣意の抑制や納税者の不服申立の便宜等の要請は、法の適用判断の過程について生ずるとして、「法人税法2条13号に規定する収入事業の収入に該当する」との結論のみ記載したのでは、理由附記として不備があるとした裁判例[2-14]などがある。

④ 更正の期間制限

　確定した税額を、いつまでも変動できるとすると、法的安定を害することから、確定した税額を変更する手続に関しては、期間制限が設けられている。

　まず、更正、決定、再更正は、原則、法定申告期限から5年を経過する日以後においては、することができない（通則法70①）。法人税の純損失等の金額については、欠損金の繰越期間9年（平成27年税制改正後は10年）であることから、5年ではなく、9年（10年）を経過する日以後とされている（同条②）。

　ただし、偽りその他不正の行為によりその全部もしくは一部の税額を免れ、もしくはその全部もしくは一部の税額の還付を受けた国税（加算税、過怠税を含む）についての更正等については、例外的に、法定申告期限から7年を経過する日以後とされている（通則法70④）。

　ここでいう「偽りその他不正の行為」とは、一般的には、逋脱犯の構成要件としての「偽りその他不正の行為」（所法238等）と同義で、「逋脱の意図をもって、その手段として税の賦課徴収を不能もしくは著しく困難ならしめるようななんらかの偽計その他の工作を行なうこと」と解されている[2-15]。

2-13　国審平成24年4月9日
2-14　大阪高判平成25年1月18日判時2203号25頁
2-15　逋脱犯の構成要件に関するものとして、最判昭和42年11月8日刑集21巻9号1197頁。
　　　これを援用したものとして、最判昭和48年3月20日刑集27巻2号138頁

ただ、一方は刑罰法規の構成要件、他方は更正の期間制限と、制度の趣旨が相当に異なることから、意図まで必要かどうかについては、議論がありうるところである。最近の公表裁決を見る限り、法令解釈として、「偽りその他不正の行為」の意義を明示しないことも多いようである。

「偽りその他不正の行為」は、納税者本人が当該行為を行った場合に限られず、例えば、税務申告の委任を受けた者が行い、これによって納税者が税額の全部または一部を免れた場合も含む[2-16]。

なお、修正申告は、法律上、期間制限が定められていないが、実務では、更正等の場合と同様に、法定申告期限から5年を経過する日の前まで、提出できることができるとされている。

5 納税義務の確定方式と是正（救済）手段

確定した税額が、法律上正しい税額と必ず一致するわけではない。法律上正しい税額を算出するためには、法律の解釈（課税要件の確定）、事実認定（課税要件事実の認定）、いずれについても誤りがないことが必要であるが、納税者、課税庁ともに、法律の解釈、事実認定を誤ることがある。

確定した税額を是正する手段は、税額の確定方法によって異なる。

① 特別の確定手続を要しない場合（自動確定方式の場合）

源泉所得税、貼付による印紙税、登録免許税、延滞税など、特別の手続を経ないで、税額が確定する税金について、法律上、特段の是正手段は定められておらず、民法上の債権と同様に、訴訟により（過誤納金返還請求訴訟、債務不存在確認請求訴訟など。行訴4に規定する当事者訴訟）、正しい税額が確定す

2-16　最判平成17年1月17日民集59巻1号28頁、最判平成18年4月25日民集60巻4号1728頁

ることになる。

　ただ、源泉所得税については、このような当事者訴訟とは別に、滞納処分の前提となる告知処分に対して、審査請求、取消訴訟をして、そこで、納税義務の存否・範囲を争うことができる[2-17]。登録免許税についても、還付通知（登免法31①）を拒否する通知に対して、審査請求、取消訴訟をすることができる[2-18]。

自動確定方式に係る国税の救済手段

- 過誤納金返還請求訴訟、債務不存在確認請求訴訟など当事者訴訟の提起
  ＝ 審査請求等を経ないで、訴訟提起が可能
- 告知処分等の審査請求、取消訴訟

② 特別の確定手続を要する場合（自動確定方式以外の場合）

　申告納税方式及び賦課課税方式の国税については、確定した税額を変更する場合にも、原則として、特別の手続を経る必要があり、直ちに過誤納金返還請求訴訟などの当事者訴訟を提起することはできない。

　確定した税額を変更する手続に関し、かなり複雑な仕組みが置かれている。税額を変更する手続は、いつまでもできるものではなくて、所定の期間を経過すれば、誤った金額を変更できなくなる。それゆえ、この複雑な仕組みを正確に理解しておく必要がある。

　まず、申告または更正・決定で確定した税額が法律上正しい税額よりも過少である場合には、納税者は修正申告によって（通則法19①各号、同条②）、課税庁は更正または再更正によって（同法24）、確定した税額を増額できる。

2-17　最判昭和45年12月24日民集24巻13号2243頁
2-18　最判平成17年4月14日民集59巻3号491頁

確定した税額が過少である場合の是正手段

- 申告によって確定している場合
  - 納税者によるもの → 修正申告　　課税庁によるもの → 更　　正
- 更正等によって確定している場合
  - 納税者によるもの → 修正申告　　課税庁によるもの → 再 更 正

　他方、確定した税額が法律上正しい税額よりも過大である場合については、申告で確定したか、更正・決定で確定したかで、手続が異なる。

　申告により確定したときは、納税者は更正の請求によって（通則法23①等）、課税庁は更正または再更正によって（同法24、26）、確定した税額を減額できる。ただ、更正の請求の場合は、更正の請求によって直ちに税額は確定せず、課税庁の更正を待って、税額が確定する。課税庁が、更正の請求に理由がないと解した場合には、更正をすべき理由がない旨を納税者に通知し（同法23④）、その場合は、確定した税額は減額されない。理由ない旨の通知については、争訟による取消しを求めることになる。

　例外的に、納税申告の記載内容が客観的に明白かつ重大な過誤があり、上記のような方法以外にその是正を許さない場合には、直接、過誤納金返還請求訴訟等の当事者訴訟を提起できる[2-19]。

　他方、更正・決定により確定したときは、納税者は更正・決定の取消訴訟によって、確定した税額を減額できる。なお、決定の場合は、国税通則法23条2項各号に規定する事由（いわゆる後発的事由）があるときには、更正の請求をすることができる（通則法23②には「決定」を含んでいる）。

　例外的に、更正・決定の内容に課税要件の根幹についての過誤があり、徴税行政の安定とその円滑な運営の要請を斟酌してもなお、不服申立期間の徒過による不可争的効果の発生を理由として被課税者に同処分による不利益を甘受させることが、著しく不当と認められるような例外的な事情のある場合

[2-19]　最判昭和39年10月22日民集18巻8号1762頁

には、直接、過誤納金返還請求訴訟等の当事者訴訟を提起できる[2-20]。

確定した税額が過大である場合の是正手段

- 申告によって確定している場合
    納税者……《原則》更正の請求（の上、課税庁の更正）
          《例外》過誤納金返還請求訴訟等の当事者訴訟
    課税庁……更正
- 更正等によって確定している場合
    納税者……《原則》不服申立（例外的に、決定に対する更正の請求）
          《例外》過誤納金返還請求訴訟等の当事者訴訟
    課税庁……再更正

③ 更正の請求

　申告により確定した税額が過大であっても、原則として、更正の請求以外の是正手段を認めないと解されていることから、更正の請求の可否は、非常に重要な問題である。

　まず、更正の請求にも、更正等と同じく、期間制限がある。更正の請求は、原則、法定申告期限から5年を経過する日後においては、することができない（通則法23①柱書。いわゆる、通常の更正の請求）。ただ、法人税の純損失等の金額については、欠損金の繰越期間9年（平成27年税制改正後は10年）であることから、5年ではなく、9年（10年）を経過する日以後とされている（同条①括弧書）。要するに、更正・決定の期間制限と同じ内容である。

　この場合、更正の請求の理由として、「課税標準等若しくは税額等の計算が国税に関する法律の規定に従っていなかったこと又は当該計算に誤りがあったこと」が必要である（通則法23①各号）。

　例えば、消費税の仕入税額控除について、一括比例配分方式により確定申告をした後に、個別対応方式で計算したほうが有利であったとしても、「法律の規定に従っていなかったこと又は当該計算に誤りがあったこと」にはあ

2-20　最判昭和48年4月26日民集27巻3号629頁

たらないから、更正の請求をすることが認められない[2-21]。また、会計上、当期に前期損益修正として処理される場合や過年度遡及修正をする場合であっても、過年度においては「法律の規定に従っていなかったこと又は当該計算に誤りがあったこと」にはあたらないと、一般的には、解されている[2-22]。

この通常の更正の請求とは別に、納税申告書の提出後または決定後に、一定の事実が生じた場合にも、その事実が生じてから一定期間内は、更正の請求をすることができるとされている（通則法23②）。法定申告期限内に、これらの事実が生じたときの取扱いには議論がある[2-23]。

国税通則法23条2項に規定する事由

> - その申告、更正または決定に係る課税標準等または税額等の計算の基礎となった事実に関する訴えについての判決（判決と同一の効力を有する和解その他の行為を含む）により、その事実が当該計算の基礎としたところと異なることが確定したとき……………………その確定した日の翌日から起算して2月以内
> - その申告、更正または決定に係る課税標準等または税額等の計算にあたってその申告をし、または決定を受けた者に帰属するものとされていた所得その他課税物件が他の者に帰属するものとする当該他の者に係る国税の更正または決定があったとき…………………当該更正または決定があった日の翌日から起算して2月以内
> - その他当該国税の法定申告期限後に生じた前二号に類する政令（上記2つ）で定めるやむを得ない理由があるとき……当該理由が生じた日の翌日から起算して2月以内

個別税法には、さらに、この国税通則法23条2項の特例が定められている（所法152、153、167、法法80の2、82、145、相法32、消法56等）。

[2-21] 福岡地判平成9年5月27日行集48巻5＝6号456頁
[2-22] 東京高判昭和61年11月11日行集37巻10＝11号1334頁、「法人が『会計上の変更及び誤謬の訂正に関する会計基準』を準用した場合の税務処理について（情報）」参照
[2-23] 東京高判昭和61年7月3日訟月33巻4号1023頁

なお、更正の請求ができない場合であっても、職権で減額更正を求める「更正の申出」（従来は「嘆願」と呼ばれていた）をすることができるが、更正の申出に対する更正をする理由がない旨の通知は、更正の請求の理由がない旨の通知処分と異なり、審査請求、取消訴訟の対象とならない[2-24]。

④ 複数の確定行為と争訟の対象

複数の確定行為が重複して行われる場合、どの確定行為を争えばよいか。この判断を誤った場合には、審査請求の利益または訴えの利益がないものとして、審査請求または訴えが却下される。却下の時点では、通常、本来争うべき行為の不服申立の期間を経過し、救済を求めることができなくなっている可能性が高い。

まず、更正・決定の後に、再更正があった場合である。再更正が増額更正であった場合には、取消訴訟では、再更正を争うべきであって、従来の更正・決定の取消訴訟は訴えの利益を欠くものとして、却下するものとされている[2-25]。しかし、審査請求では「併せ審理」という特別の規定があることから、訴訟の場合と異なり、従来の更正・決定は却下されないばかりか、再更正については、審査請求をしなくても、取消事由があるときは、取消裁決ができる（通則法104②③）。

注意が必要なのは、この併せ審理があったとしても、取消訴訟の訴訟要件としての、審査請求の前置は、原則、満たさないと解されていることである。したがって、取消訴訟を見据えるのであれば、増額の再更正があった場合には、増額再更正についても審査請求をしておくべきである。

次に、再更正が減額更正だった場合である。減額再更正は、更正の一部を取り消す、納税者に有利な効果をもたらす処分であるとして、審査請求の訴

[2-24] 国審平成25年1月17日裁事90
[2-25] 最判昭和32年9月19日民集11巻9号1608頁、最判昭和55年11月20日集民131号135頁

え、訴えの利益がないと解されている[2-26]。したがって、この場合には、従来の更正・決定を争うことになる。

　更正の請求に対する理由がない旨の通知処分と増額更正の問題もある。この場合も、更正・決定と増額再更正の場合と同様に解すべきであろう[2-27]。

[2-26]　最判昭和56年4月24日民集35巻3号672頁
[2-27]　理由がない旨の通知処分に対する取消訴訟について、訴えの利益がなくなるとしたものとして、東京高判平成4年6月29日訟月39巻5号913頁

第3節 課税要件論

　租税債権は、法律の定める要件の充足によって発生する。言い換えれば、法律の定める要件に（大前提）、該当する具体的な事実が存在することによって（小前提）、租税債権の発生という法律効果（結論）が生じる（法的三段論法）。

法的三段論法

> 大　前　提：課税要件の確定 ＝ 法律の解釈
> ↓
> 小　前　提：課税要件事実の存在 ＝ 事実の認定
> ↓
> 法律効果：租税債権の発生

1 課税要件の確定

　租税債権の発生等[2-28]のために必要な、法律の定める要件を「課税要件」という。通常、課税義務者、課税物件、課税物件の帰属、課税標準及び税率の５つが、各税目に共通する課税要件とされている[2-29]。

　課税要件の具体的な内容は、自明ではない。そのため、法律を解釈して、課税要件を確定する作業が必要となる。

　例えば、相続税法１条の４は、次のとおり、規定している。

2-28　発生、障害、消滅、阻止等の区別については、ここでは立ち入らない。
2-29　金子前掲書（注1-1）146頁

> **【相続税法】**
>
> (贈与税の納税義務者)
> 第1条の4　次の各号のいずれかに掲げる者は、この法律により、贈与税を納める義務がある。
> 　一　贈与により財産を取得した個人で当該財産を取得した時においてこの法律の施行地に住所を有するもの
> (以下略)

　ここでいう「贈与」の意義については、相続税法上、定義がない。相続税法に、無償による経済的利益の享受等を、わざわざ「贈与」とみなすとの規定があることなどを併せて考慮すれば、ここでいう「贈与」とは単に無償の行為を指すのではなくて、民法549条に規定する「贈与契約」を意味すると解される。したがって、受贈者を個人とする「贈与契約の締結」が、贈与税の課税要件となる。

　さらに、相続税法21条の3は、次のとおり、規定している。

> **【相続税法】**
>
> (贈与税の納税義務者)
> 第21条の3　次に掲げる財産の価額は、贈与税の課税価格に算入しない。
> 　一　法人からの贈与……
> (以下略)

　したがって、贈与税の課税価格に算入されるのは、個人からの贈与に限られるということになる。つまり、「贈与者が個人であること」も、贈与税の課税要件となる。

　以上を整理すると、「個人間で贈与契約が締結されること」が、贈与税の課税要件ということになる。

　このように、課税要件の確定は、法律の解釈にほかならない。そして、問題となる規定の解釈について、先例となる判決や裁決があれば、それらを参酌すべきであろう(なお、非公開裁決は、先例性を有しない場合があるので、要注

意である）。

例えば、相続税法1条の4第1項1号は、次のとおり定める。

【相続税法】

（贈与税の納税義務者）
第1条の4　次の各号のいずれかに掲げる者は、この法律により、贈与税を納める義務がある。
　一　贈与により財産を取得した個人で当該財産を取得した時においてこの法律の施行地に住所を有するもの
（以下略）

ここでいう「住所」の意義についても、相続税法上、定義はない。そうすると、民法22条に規定する「住所」と同義であり、生活の本拠を意味するようにみえる。ただ、法律の趣旨に照らして、相続税法独自の「住所」概念がある、との解釈も不可能ではないだろう。

では、どちらの解釈を採用すべきであろうか。この点について、最高裁は、相続税法上の「住所」とは、「生活の本拠、すなわち、その者の生活に最も関係の深い一般的生活、全生活の中心を指すものであり、一定の場所がある者の住所であるか否かは、客観的に生活の本拠たる実体を具備しているか否かにより決すべきものと解するのが相当である」との判断を下している[2-30]。

したがって、この最高裁判決に基づいて、相続税法上の「住所」の規定を解釈し、贈与による財産を取得した時点で、「日本国（この法律の施行地）に、生活の本拠を有すること」が、贈与税の課税要件と解するのが相当であろう（なお、相法1の4①二及び三を参照）。

[2-30]　最判平成23年2月18日集民236号71頁

2 課税要件事実の認定

① 課税要件と課税要件事実

　課税要件に該当する事実が、「課税要件事実」である。課税要件事実が存在すると、課税要件が充足することになり、租税債権の発生という法律効果が生じる。

　先ほどの例でいえば、「個人間で贈与契約が締結されること」が、贈与税の課税要件であったが、当該課税要件の該当する具体的事実、例えば、「X（個人）が、平成25年12月31日に、Y（個人）に対して、100万円を贈与する旨の合意をした」という事実が、課税要件事実となる。

課税要件と課税要件事実

> 《課 税 要 件》個人間で贈与契約が締結されること
> 　　　　　　　　　⬇ 具体化
> 《課税要件事実》X（個人）が、平成25年12月31日に、Y（個人）に対して、100万円を贈与する旨の合意をした（多くの場合、時的要素を含む）

② 課税要件事実と争点

　課税要件事実の存否に関して、納税者と原処分庁・国との間で、見解が一致しない場合がある。納税者と原処分庁・国との間で、課税要件事実の存否に争いがある部分を「争点」という。

　争点が、審査請求・税務訴訟における、主たる審理の対象である。審査請求については、いわゆる弁論主義の適用はないから、法的には、納税者と原処分庁・国のいずれも主張していない課税要件事実を審理の対象とすることは可能である。ただ、納税者への不意打ちを防止するために、争点を中心とし

て審理をすることとされている[2-31]。

③ 事実認定の方法

　では、課税要件事実の存否をどのように判定するか。言い換えれば、どのような場合に課税要件事実が認定できるのか。この点について、租税法は、ほとんど触れるところがない。

　民事訴訟の一般的な考え方によれば、証拠調べの結果等によって、課税要件事実が存在する高度の蓋然性が認められる場合、すなわち証明があった場合に、裁判官は、当該事実を認定するとされている[2-32]。税務訴訟の場合は、当然、この考え方が妥当する。

　審査請求においても、事実認定について、特に、税務訴訟と異なる考え方を取る理由はないから、疎明（一応は確からしいとの推測を得た状態）や推測では、許されず、税務訴訟と同様に、課税要件事実の証明が必要というべきであろう[2-33]。

証明、疎明

| 証　明……事実が存在する高度の蓋然性が認められる状態 |
| 疎　明……一応は確からしいとの推測を得た状態 |

　では、具体的に、どのような証拠があれば、証明があったとされるのか。最終的には、経験則に照らして、個別的に判断するほかないが、いくつか、基本となる考え方がある。

　まず、「直接認定型」と「間接推認型」との区別である。

2-31　争点主義的運営。昭和45年3月24日の参議院大蔵委員会の附帯決議参照
2-32　最判昭和50年10月24日民集29巻9号1417頁
2-33　税務調査の段階においても、疎明、推測では足りないとするものとして、渡辺伸平『税法上の所得をめぐる諸問題』（司法研究報告書第2第19輯第1号）100頁

直接認定型とは、ある証拠から、直接、課税要件事実を認定する方法である。XとYの贈与契約書から、XからYへの贈与の事実を認定する、というやり方がこれにあたる。直接認定型の場合、その直接証拠が信用できるものであれば、直ちに、課税要件事実を認定できる。それゆえ、直接証拠の信用性が、重要となる。先の例でいえば、贈与契約書が信用できるか否かが、事実認定上、重要である。

直接認定型

> X（個人）が、平成25年12月31日に、Y（個人）に対して、100万円を贈与する旨の合意をした（課税要件事実）
> ↑認定
> 平成25年12月31日付のXとYとの贈与契約書 ← 信用性が問題（直接証拠）

間接推認型とは、証拠から、課税要件事実とは別の事実（間接事実）を認定し、その別の事実（間接事実）に経験則を適用して、課税要件事実を推認する方法である。Yの預金通帳から、Xの預金口座にYの預金口座から振込みがあったという事実を認定し、その事実から、XとYの間の贈与を推認する、というやり方である。直接認定の場合と異なり、証拠が信用できるか、という点だけではなくて、経験則による間接事実から課税要件事実を推認することができるか、また、それとは別の間接事実によって推認が妨げられないか、という点も問題となる。

間接推認型

> X（個人）が、平成25年12月31日に、Y（個人）に対して、100万円を贈与する旨の合意をした（課税要件事実）
> ↑推認：推認の可否の問題 ← 同日にXY間で売買契約がある
> 　　　　　　　　　　　　　　反証：反証の可否の問題
> 同日に、Y名義の口座からX名義の口座に100万円の振込みがある
> ↑認定
> X名義の預金通帳 ← 信用性が問題

④ 立証責任と推定

　課税要件事実の存否が真偽不明の場合でも、審査請求、訴訟では、判断を避けることができない。課税要件事実の存在または不存在を擬制することになる。したがって、納税者または原処分庁・国のいずれか一方は、課税要件事実の存在または不存在が擬制されることによって、自らに有利な法律効果を受けることができない、という不利益を受ける。

　このような不利益を「立証責任（客観的立証責任）」という。立証責任は、各課税要件ごとにあらかじめ定まっており、当事者の立証活動によって、移動することはない。

　相手方の立証活動の結果、自ら立証しなければ、課税要件事実の存在が立証され、そのままでは自らに有利な法律効果を受けることができないような状況に陥ることもある。しかし、これは「立証の必要」が生じたのであって、立証責任（客観的立証責任）が移動したわけではない。ただ、立証の必要を、主観的立証責任と表現することもあり、紛らわしい。

立証責任と立証の必要性

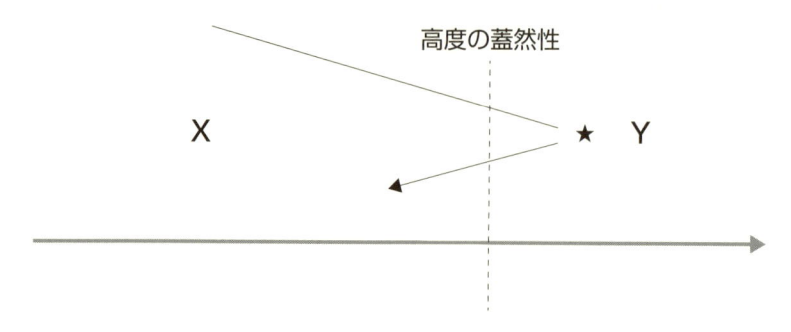

　立証責任がYにある。しかし、Yの訴訟遂行によって、★まで達すると、Xが立証をしないと、Xに不利な法律効果が生じてしまう。

　各課税要件事実について、納税者が立証責任を負うのか、それとも原処分庁・国が立証責任を負うのかは、解釈に委ねられている。基本的には、原処

分庁・国が、立証責任を負うことを前提に、個々の規定の趣旨・構造、当事者間の公平等を考慮して、立証責任の所在を決定していくべきであろう[2-34]。

ただ、租税法が、例外的に、立証責任に関連した規定を設けている場合がある。いわゆる「推定」といわれる規定である。

例えば、所得税法（平成26年改正前）7条1項は、次のように規定している。

【所得税法】

（課税所得の範囲）
第7条　所得税は、次の各号に掲げる者の区分に応じ当該各号に定める所得について課する。
　一　非永住者以外の居住者　すべての所得
　二　非永住者　第161条（国内源泉所得）に規定する国内源泉所得（以下この条において「国内源泉所得」という。）及びこれ以外の所得で国内において支払われ、又は国外から送金されたもの
　三　非居住者　第164条第一項各号（非居住者に対する課税の方法）に掲げる非居住者の区分に応じそれぞれ同項各号及び同条第二項各号に掲げる国内源泉所得
（以下略）

居住者、すなわち、「国内に住所を有し、又は現在まで引き続いて1年以上居所を有する個人」にあたるか否かによって、課税所得の範囲が異なるから、国内に住所を有することは、課税要件（のひとつ）ということになる。

そして、所得税法施行令14条1項は、次のように規定している。

【所得税法施行令】

（国内に住所を有する者と推定する場合）
第14条　国内に居住することとなった個人が次の各号のいずれかに該当する場合には、その者は、国内に住所を有する者と推定する。
　一　その者が国内において、継続して1年以上居住することを通常必要とする職業を有すること。

[2-34] 泉徳治他／司法研修所編『租税訴訟の審理について（改訂新版）』（法曹界、2002年）168頁

> 二　その者が日本の国籍を有し、かつ、その者が国内において生計を一にする配偶者その他の親族を有することその他国内におけるその者の職業及び資産の有無等の状況に照らし、その者が国内において継続して1年以上居住するものと推測するに足りる事実があること。
> （以下略）

　ここにある「推定」とは、一定の事実（前提事実）があった場合、法律要件事実（推定事実）があるものとして、扱うことをいう。一般的には、証明が困難な事実を、より証明が容易な事実に代えることで、証明の負担を軽減することを目的とする（法律上の推定）。

　前述のとおり、「住所」の証明は、容易ではなく、税務執行上も問題が生じることから、所得税法施行令14条1項は、職業の内容等の証明で、「住所」の証明に代えることとしたわけである。

　法律上の推定は、あくまで「推定」なので、推定される課税要件事実の不存在を直接証明すれば、当該課税要件を前提とする法律効果は発生しない。例えば、継続して1年以上居住することを通常必要とする職業を有する場合であっても、（容易ではないが）日本国内に住所を有しないことを証明できれば、所得税法上、非居住者として扱われる。

　要するに、法律上の推定は、前提事実の立証によって、課税要件事実の立証責任に転換が生じさせるものといえる。

法律上の推定と立証責任の転換

```
日本国内に住所を有すること：不存在が証明されない限り存在と扱う
　　　　　　　　　　　＝ 立証責任が転換している
　　　　　　　　　　　⬆ 法律上の推認
　　　　　日本企業の本店で常勤取締役として勤務する
```

⑤ 推計課税の位置づけ

　推定との関係で、議論があるのが、推計課税に関する規定（所法156、法法131）の位置づけである。推計課税に関する規定は、課税要件を定めたものではなく、証明が容易な事実で課税要件事実を推定することを認めたものにすぎないとの解釈（「事実上推定説」）と、特別な課税要件を定めたものだとの解釈（「補充的代替手段説」）とがある。推計課税に関する規定を欠く消費税等での推計課税の可否、実額反証の可否、より合理的な推計方法があるとの反証の可否といった問題を検討する際に、その前提として議論がされる。

　補充的代替手段説は、租税法律主義の見地から、採用することは困難であるとの指摘がされている[2-35]。ただ、いずれの立場に立ったとしても、結論に大きな差異があるわけではない。消費税等でも推計課税が可能であること[2-36]、実額反証が可能であること[2-37]に関しては、ほぼ争いはない。

　問題は、より合理的な推計方法があるとの反証の可否である。裁判例のなかには、補充的代替説に基づいて、推計方法も一応の合理性があれば足り、真実の所得を算定しうる最も合理的なものである必要はないと判示したものがある[2-38]。

　ただ、審査請求では、推計課税をするためには、推計方法として最適な方法が選択されていることが必要であるところ、原処分庁の推計方法が最適な方法ではないとして、原処分を全部取り消した公表裁決があり[2-39]、より合理的な推計方法があるとの反証を認めているようである（しかも、実額反証の場合と違い、具体的な税額の立証までは要求していない）。

2-35　泉前掲書（注2-34）202頁
2-36　推計課税に法律の根拠が不要としたものとして、最判昭和39年11月13日訟月11巻2号312頁
2-37　大阪高判昭和62年9月30日訟月34巻4号811頁
2-38　広島高判平成9年9月12日訟月44巻12号2225頁
2-39　国審平成25年4月22日裁事91

第4節 納付及び徴収手続

1 国税債権の給付

　確定した国税債権も、民事上の金銭債権と同様、金銭の給付によって、消滅する。ただ、確定した国税債権については、任意の履行、すなわち納付がない場合には、法律に定められた特別の徴収手続によって、給付を得ることができる。

　国税債権の給付に関しては、国税通則法と国税徴収法、双方に規定が置かれている。このうち、国税徴収法は滞納処分の手続に関する部分を、国税通則法はそれ以外の部分を、それぞれ規定している（通則法40）。

```
国税徴収法……滞納処分の手続に関する部分
国税通則法……それ以外の部分
```

2 任意の履行としての納付

　任意の履行である納付についても、法律の定める方式に従う必要がある。
　法律上は、納付書を添えて、金銭を収納機関に提供して行うのが、原則である（通則法34）。金銭に代えて、小切手等の有価証券等で納付することも可能であり（同法34①但書）、また、相続税については、相続財産による物納も認められている（相法41以下。物納時の譲渡所得は非課税。措法40の3）。

納付は、本来の納税義務者だけではなく、第三者が本来の納税義務者のためにすることができる（通則法41①）。この第三者納付と区別すべきものとして、名義を偽る他人名義の納付の問題がある。他人名義の納付は、原則、本来の源泉徴収義務者との関係では、納付としての効力は生じないと解されている[2-40]。

納付は、所定の期限までに行う必要がある。法定納期限までに行わない場合は、その翌日から、延滞税が発生する（通則法60①）。具体的納期限までに行わない場合は、督促の対象となる（通則法37①）。

具体的納期限とは、申告納税方式による国税については、期限内申告の場合は法定納期限、期限後申告または修正申告の場合は申告書を提出した日、更正等の場合は通知書が発せられた日の翌日から起算して1か月を経過する日である。

法人税の法定納期限と具体的納期限

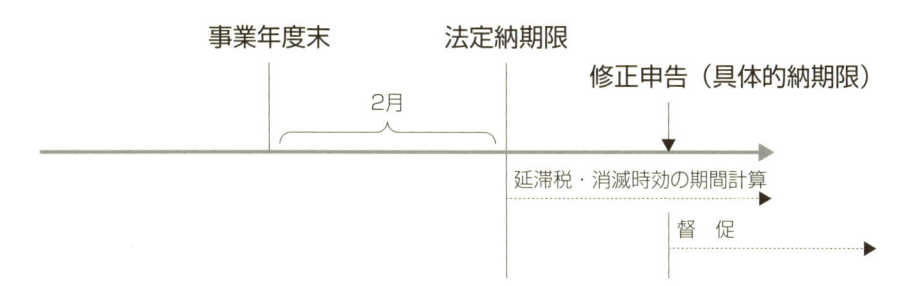

```
事業年度末            法定納期限
     ├─── 2月 ───┤          修正申告（具体的納期限）
                                    ↓
                          延滞税・消滅時効の期間計算 ────▶
                                    督　促 ────────▶
```

3・滞納処分の概要

納付がない場合には、おおむね、次のような順序を経て、租税債権の履行が求められる。

2-40　大阪地判平成22年9月17日税資260号（順号11516）

滞納処分の概要

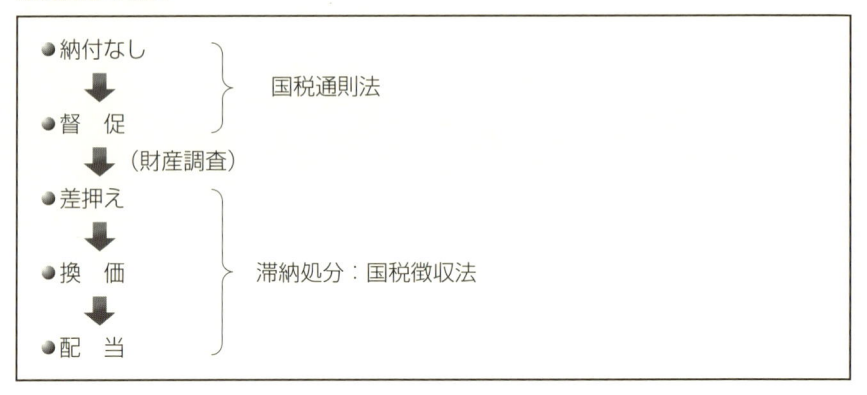

```
● 納付なし
    ↓        ┐
● 督　促     ├ 国税通則法
    ↓（財産調査）
● 差押え
    ↓        ┐
● 換　価     ├ 滞納処分：国税徴収法
    ↓
● 配　当     ┘
```

審査請求との関係では、次の点が重要である。

① 審査請求等の対象となるか（処分性）

　上記各行為が、それぞれ審査請求、取消訴訟の対象となるか否かである（処分性の問題）。審査請求等の対象となる行為は、「処分」または「不作為」であることを要し（旧行審法2参照）、さらに国税不服審判所に対する審査請求など、国税通則法に定める不服申立手続を利用するためには、「国税に関する法律に基づく処分」であることを要する（改正通則法75。「不作為」及び「処分」のうち「国税に関する法律に基づく処分」以外のものは、国税通則法に基づく審査請求ではなく、行審法に基づく不服申立の対象である）。

　ここでいう「処分」とは、「公権力の行使に当たる事実上の行為」をいい（旧行審法2①、行訴法3）、「公権力の行使」とは、「直接国民の権利義務を形成しまたはその範囲を確定することが法律上認められているもの」と、一般的には解されている[2-41]。滞納手続に関連する行為については、「処分」にあたるか否かについては、判例の積重ねがあるので、それを踏まえて、審査請求等の対象を選択する必要がある。

2-41　最判昭和39年10月29日民集18巻8号1809頁

② 審査請求等の当事者（不服申立適格）

　税務署長等の行為が審査請求等の対象となる「処分」だとしても、誰が、当該不服申立をすることができるか、という問題がある（不服申立適格の問題）。例えば、滞納者の仮名口座として、差押えがされた場合に、その口座の名義人は、差押えに関し、不服申立ができるのであろうか。不服申立ができるのは、「法律上の利益」を有する者に限られると解されている[2-42]。そして、どのような場合に、「法律上の利益」があるのかについても、判例の積重ねがあるので、それを踏まえて、審査請求等の提起できるか否かを判断する必要がある。例えば、先ほどの例でいえば、口座の名義人は、「法律上の利益」を有する者として、不服申立ができるとされている。

　争いがあるのが、債権の差押処分に対して、当該債権の第三債務者が、不服申立適格を有するかであるが、有するとする見解[2-43]と、有しないとする見解がある[2-44]。

③ 主張する違法の範囲（違法の承継）

　滞納手続に関する各行為は、一連の行為であるが、先行する処分に違法があった場合に、後に続く処分は違法となるか。これは、言い換えれば、個々の処分を争うときに、先行する処分の違法を主張することができるか、という問題である。

　まず、申告または更正等の課税処分が無効の場合には、督促及び各滞納処分は無効となるが[2-45]、更正等に違法があるにすぎないときは、督促及び各

[2-42] 最判昭和53年3月14日民集32巻2号211頁。行政事件訴訟法9条と同義
[2-43] 東京地判平成12年12月21日判時1735号52頁。金子前掲書（注1-1）908頁
[2-44] 東京地判平成23年7月15日税資（徴収関係判決）平成23年分（順号23-42）
[2-45] 行政裁判所昭和16年4月12日判決録52巻93頁。なお、無効の要件としては、最判昭和48年4月26日民集27巻3号629頁も参照

滞納処分は違法にならないと解されている[2-46]。したがって、督促及び各滞納処分を争うときに、更正等の違法を主張することはできない。

他方、督促及び各滞納処分との間では、先行する処分に違法があった場合には、後の処分も違法になる。ただ、国税徴収法171条の趣旨に照らし、同条に規定した期間を超えたときは、先行する処分の違法を理由とする処分の違法を主張できなくなると解されている[2-47]。したがって、滞納処分を争うときに、先行する処分の違法を主張することができる。

4 督　促

督促とは、徴収庁による国税債権の納付の催告である。督促は、所定の事項を記載した督促状の送付によってする（通則法37①、通則規16の別紙第3号書式）。督促状に記載された国税債権の額と当該督促の時点において存在する国税債権の額との間に著しい乖離がないことを理由に、督促が適法とした裁判例がある[2-48]。

督促状は、法律に別段の定めがあるものを除き、50日以内に発するものとされている（通則法37②）。ただ、この規定は、訓示規定と解されており、この規定に違反しても、督促は違法とならないと解されている[2-49]。

督促状を発した日から記載して10日を経過した日までに、税金が完納されないときには、滞納処分による差押えが行われる（通則法40、徴収法47①一）。また、督促によって、徴収権の時効が中断する（通則法73①四）。

督促は、それ自体、発生、確定した納付義務を変動させるものではない。しかし、督促は、滞納処分の不可欠の前提となることから、「国税に関する

2-46　広島高判昭和26年7月4日行集2巻8号1167頁
2-47　金子前掲書（注1-1）885頁
2-48　大阪高判平成19年10月31日判タ1279号165頁
2-49　徳島地判昭和30年12月27日行集6巻12号2887頁

法律に基づく処分」であり（通則法75①）、審査請求、取消訴訟の対象となる。

5 財産の調査

　滞納処分を行うためには、その対象となる財産の把握が不可欠である。そのため、徴収職員には、①滞納処分をするための質問検査権（徴収法141）とともに、②滞納者の物または住居その他の場所につき捜索をする権限が付与されている（同法142）。

　徴収職員に付与された質問検査については、更正等をするための質問検査（通則法74以下）と基本的に異なるところはない。しかし、捜索は、更正等をするための質問検査と異なり、強制調査の一種である。したがって、徴収職員は、裁判所の令状を得ないで、滞納者または一定の第三者の同意を得ることなく、その者の住居その他の場所に立ち入り、解錠等の処分をすることができる（徴収法142③）。

6 滞納処分による差押え

　徴収職員は、滞納者が督促を受けて、その督促に係る国税をその督促状を発した日から起算して10日を経過した日までに完納しないときは、滞納者の財産を差し押さえることができる（徴収法47①一）。法律の文言上は、「差し押えなければならない」と規定されているが、これも努力規定であり、10日を経過した日後の差押えも、違法ではないと解されている。

　差押えの対象となるのは、滞納者に帰属する財産である。第三者名義の財産であっても、真実、滞納者に帰属する財産であれば、差押えの対象となる。反対に、外形上、滞納者名義の財産であっても、真実、第三者に帰属する財産であれば、差押えの対象とならず、当該財産の差押えは、違法となる。

滞納者に帰属する財産であっても、法律で、差押えが禁止されたものがある（徴収法75から78まで。差押禁止財産）。例えば、給与等については、一定の額を超えない限り、差し押さえることができない（同法76）。

　また、国税を徴収するために必要な財産以外の財産、及び、価額が滞納処分費及び徴収すべき国税に先立つ債権の金額の合計額を超える見込みがない場合のその財産は、それぞれ差し押さえることができない（徴収法48①及び②）。いわゆる、超過差押えの禁止、無益な差押えの禁止である。ただ、いずれの場合についても、違法となる場合は、かなり制限的に解されている[2-50]。

　差し押さえることができる財産が複数あるときに、どの財産を、どの範囲で差し押さえるかは、徴収職員の合理的な裁量に委ねられていると解されている。徴収職員がその裁量を逸脱した場合は、差押えは違法となるだけではなく、裁量を濫用した場合には、差押えは不当となり、審査請求では取消しの対象となる。

　差押えの手続は、対象となる財産によって異なるが、いずれの場合も、徴収職員は、差し押さえたときに、差押調書を作成し、差押財産が動産・有価証券、債権等の場合には、滞納者に対し、差押調書謄本を交付しなければならない（徴収法54）。なお、差押調書における滞納税額の記載誤りがあっても、差押えは違法とならないとした裁判例がある[2-51]。

7・財産の換価

　換価とは、差押財産を金銭に換えることをいう。金銭は、差押えに係る国税に充当され（徴収法129②）、債権は、取立てにより徴収したものとされる

[2-50] 超過差押えについては、東京高判平成6年1月27日。無益な差押えについては、高松高判平成11年7月19日租税判例年報11号791頁
[2-51] 東京高判昭和43年5月15日訟月14巻10号1188頁

ので（同法67①、③）、換価は不要である[2-52]。

それ以外の財産は、国税徴収法に定めるところによって、次のとおり、換価を行う（同法89①）。換価は、原則として、入札または競売による公売によって行われる（同法94）。例外的に、法令の規定によって公売財産を買い受けることができる者が1名であるときなど、一定の場合は、公売によって売却することが認められている（同法109）。

8 配　当

配当とは、差押財産の売却代金その他の金銭を差押租税その他の一定の債権に配分する手続をいう（徴収法128以下）。

2-52　金子前掲書（注1-1）919頁

第5節 地方税の審査請求

1 地方税の種類

　地方税は、62頁のとおり、大きく、道府県税と市町村税の区分があり、地方税法によって課税要件等が定められている。

2 地方税の納税義務の成立と確定

① 地方税における用語の用い方

　地方税法では、国税通則法等とはやや異なった用語が用いられている。地方税法1条によって定義がある主な用語は次のとおりである。

地方団体	道府県または市町村
地方団体の長	道府県知事または市町村長
徴税吏員	道府県知事もしくはその委任を受けた道府県職員または市町村長もしくはその委任を受けた市町村職員
地方税	道府県税または市町村税
納税通知書	納税者が納付すべき地方税について、その賦課の根拠となった法律及び当該地方団体の条例の規定、納税者の住所及び氏名、課税標準額、税率、税額、納期、各納期における納付額、納付の場所ならびに納期限までに税金を納付しな

	かった場合において執られるべき措置及び賦課に不服がある場合における救済の方法を記載した文書で当該地方団体が作成するもの
普通徴収………………	徴税吏員が納税通知書を当該納税者に交付することによって地方税を徴収すること
申告納付………………	納税者がその納付すべき地方税の課税標準額及び税額を申告し、及びその申告した税金を納付すること
特別徴収………………	地方税の徴収について便宜を有する者にこれを徴収させ、かつ、その徴収すべき税金を納入させること
特別徴収義務者………	特別徴収によって地方税を徴収し、かつ、納入する義務を負う者
申告納入………………	特別徴収義務者がその徴収すべき地方税の課税標準額及び税額を申告し、及びその申告した税金を納入すること
納入金…………………	特別徴収義務者が徴収し、かつ、納入すべき地方税
証紙徴収………………	地方団体が納税通知書を交付しないでその発行する証紙をもって地方税を払い込ませること
地方団体の徴収金……	地方税ならびにその督促手数料、延滞金、過少申告加算金、不申告加算金、重加算金及び滞納処分費

② 納税義務の成立と確定

　地方税法には、国税通則法15条のように、納税義務の成立と確定について直接的に規定した条文はないが、国税債権と同じように、納税義務の成立と確定とは概念上区別して用いられている（地法10の3、13の2等）。

　そうであるところ、例えば、固定資産税については、各年度の賦課期日（1月1日。地法359）において課税要件を充足すれば納税義務が成立し、普通徴収（同法1①七）の方法によって、すなわち、徴税吏員が納税通知書を当該納税者に交付することによって納税義務が確定する（同法364①）。具体的には、毎年5月に納税義務者に納税通知書が送付されることにより税額が確定し、同送の納付書や口座引落によって納付することで、徴収が完了する。

租税体系

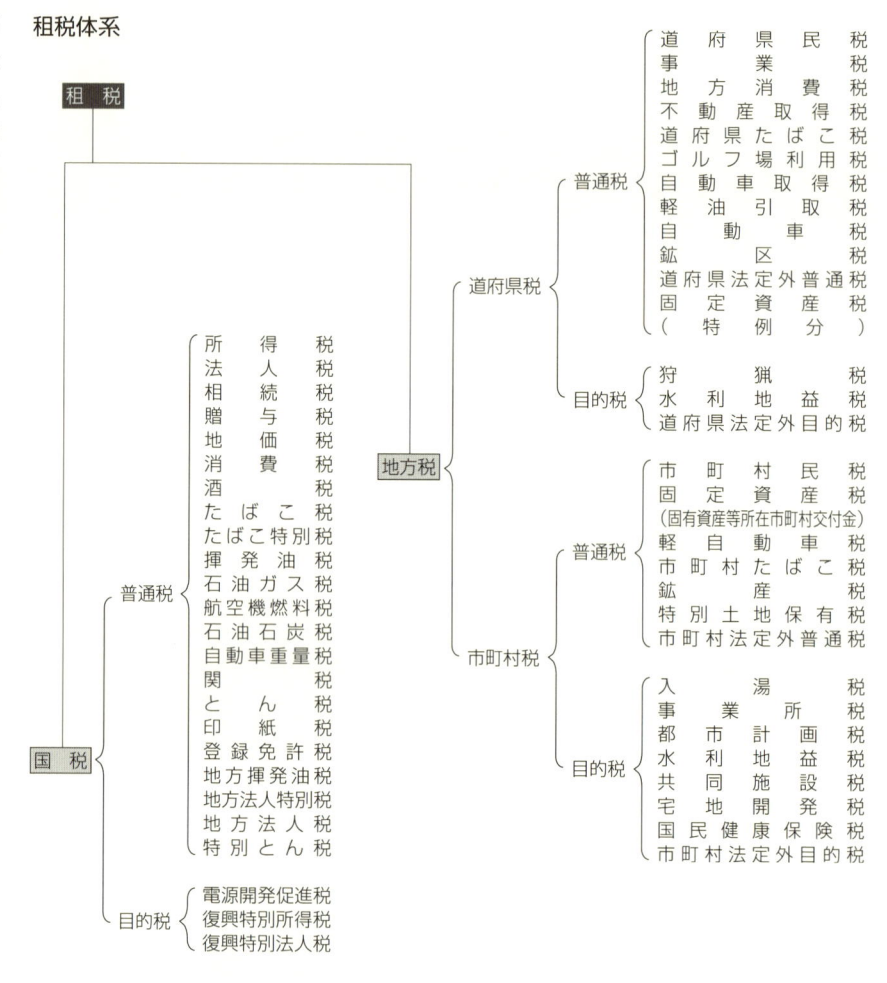

```
租税
├─ 国税
│   ├─ 普通税
│   │   ├ 所得税
│   │   ├ 法人税
│   │   ├ 相続税
│   │   ├ 贈与税
│   │   ├ 地価税
│   │   ├ 消費税
│   │   ├ 酒税
│   │   ├ たばこ税
│   │   ├ たばこ特別税
│   │   ├ 揮発油税
│   │   ├ 石油ガス税
│   │   ├ 航空機燃料税
│   │   ├ 石油石炭税
│   │   ├ 自動車重量税
│   │   ├ 関税
│   │   ├ とん税
│   │   ├ 印紙税
│   │   ├ 登録免許税
│   │   ├ 地方揮発油税
│   │   ├ 地方法人特別税
│   │   ├ 地方法人税
│   │   └ 特別とん税
│   └─ 目的税
│       ├ 電源開発促進税
│       ├ 復興特別所得税
│       └ 復興特別法人税
└─ 地方税
    ├─ 道府県税
    │   ├─ 普通税
    │   │   ├ 道府県民税
    │   │   ├ 事業税
    │   │   ├ 地方消費税
    │   │   ├ 不動産取得税
    │   │   ├ 道府県たばこ税
    │   │   ├ ゴルフ場利用税
    │   │   ├ 自動車取得税
    │   │   ├ 軽油引取税
    │   │   ├ 自動車税
    │   │   ├ 鉱区税
    │   │   ├ 道府県法定外普通税
    │   │   └ 固定資産税（特例分）
    │   └─ 目的税
    │       ├ 狩猟税
    │       ├ 水利地益税
    │       └ 道府県法定外目的税
    └─ 市町村税
        ├─ 普通税
        │   ├ 市町村民税
        │   ├ 固定資産税
        │   │  （固有資産等所在市町村交付金）
        │   ├ 軽自動車税
        │   ├ 市町村たばこ税
        │   ├ 鉱産税
        │   ├ 特別土地保有税
        │   └ 市町村法定外普通税
        └─ 目的税
            ├ 入湯税
            ├ 事業所税
            ├ 都市計画税
            ├ 水利地益税
            ├ 共同施設税
            ├ 宅地開発税
            ├ 国民健康保険税
            └ 市町村法定外目的税
```

*1 普通税：その収入の使途を特定せず、一般経費に充てるために課される税。
　　　　　普通税のうち、地方税法により税目が法定されているものを「法定普通税」といい、それ以外のもので地方団体が一定の手続、要件に従い課するものを「法定外普通税」という。

*2 目的税：特定の費用に充てるために課される税。
　　　　　目的税のうち、地方税法により税目が法定されているものを「法定目的税」といい、それ以外のもので地方団体が一定の手続、要件に従い課するものを「法定外目的税」という。

*3 出　所：総務省「地方行財政」地方税制度から一部改変をして掲載
　　　　　（http://www.soumu.go.jp/main_content/000377155.pdf）

道府県税の概要

税目	納税義務者	課税客体	課税標準	税率	収入見込額（H27）
道府県民税（直）	道府県内に住所を有する個人、道府県内に事務所等を有する法人等	左に同じ	均等割（個人、法人）…定額課税	個人…1,000円（ただし、平成28年度から平成35年度まで1,500円）法人…2万円～80万円	億円（構成比）個人均等割…906 所得割…46,275 法人均等割…1,352 法人税割…5,726 利子割…1,114 配当割…1,340 株式等譲渡所得割…703 計 57,416 (33.7)
			所得割（個人）…前年の所得	4/100（分離課税が適用される所得に係る特例あり）	
			法人税割（法人）…法人税額又は個別帰属法人税額	3.2/100	
			利子割（個人）…支払を受けるべき利子等の額	5/100	
			配当割（個人）…支払を受ける一定の上場株式等に係る配当等の額	5/100	
			株式等譲渡所得割（個人）…源泉徴収口座内の株式等の譲渡による所得	5/100	
事業税（直）	事業を行う個人、法人	個人、法人の行う事業	個人…前年の所得	3/100～5/100	個人…1,887 法人…34,155 計 36,042 (21.2)
			法人…付加価値額、資本金等の額、所得又は収入金額	外形標準課税対象法人 付加価値割 0.72/100 ※(0.96/100) 資本割 0.3/100 ※(0.4/100) 所得割 1.6/100～3.1/100 ※(0.9/100～1.9/100) 所得課税法人 所得割 3.4/100～6.7/100 収入金額課税法人 収入割 0.9/100 ※( )内の税率は、平成28年4月1日以後に開始する事業年度に適用	
地方消費税（間）	譲渡割…課税資産の譲渡等（特定資産の譲渡等を除く）及び特定課税仕入れを行った事業者 貨物割…課税貨物を保税地域から引き取る者	譲渡割…事業者の行った課税資産の譲渡等（特定資産の譲渡等を除く）及び特定課税仕入れ 貨物割…課税貨物	譲渡割…課税資産の譲渡等（特定資産の譲渡等を除く）及び特定課税仕入れに係る消費税額から仕入等に係る消費税額等を控除した消費税額 貨物割…課税貨物に係る消費税額	17/63（消費税換算1.7%）（ただし、平成29年4月1日から22/78（消費税換算2.2%））	譲渡割…31,940 貨物割…13,628 計 45,568 (26.7)

※課税資産の譲渡等から特定資産の譲渡等を除き、特定課税仕入れを加える改正は平成27年10月1日施行

税目	納税義務者	課税客体	課税標準	税率	収入見込額(H27)(単位:億円)(構成比%)
不動産取得税(直)	不動産の取得者	不動産(土地又は家屋)の取得	取得した不動産の価格	4/100 （ただし、住宅及び土地は平成18年4月1日から平成30年3月31日まで3/100）	3,531 (2.1)
道府県たばこ税(間)	卸売販売業者等	売渡し等に係る製造たばこ	製造たばこの本数	1,000本につき860円 旧3級品は、1,000本につき411円。 ※ただし、旧3級品の特例税率は4段階で縮減・廃止等（平成28年4月1日から平成31年4月1日）	1,472 (0.9)
ゴルフ場利用税(間)	ゴルフ場の利用者	ゴルフ場の利用		1人1日につき800円 (標準税率)	465 (0.3)
自動車取得税(間)	自動車の取得者	自動車の取得	自動車の取得価額	3/100 （ただし、営業用自動車及び軽自動車…2/100）	1,096 (0.6)
軽油引取税(間)	現実の納入を伴う軽油の引取りを行う者	軽油の引取りで現実の納入を伴うもの	軽油の数量	1klにつき15,000円 （ただし、当分の間、1klにつき32,100円）	9,383 (5.6)
自動車税(直)	自動車の所有者	自動車		例　自家用乗用車(1,000cc超1,500cc以下) …年間34,500円	15,397 (9.0)
鉱区税(直)	鉱業権者	鉱区	鉱区の面積	例　砂鉱以外の採掘鉱区100アールごとに年額400円	3 (0.0)
固定資産税(特例分等)(直)	大規模の償却資産の所有者	大規模の償却資産	市町村が課することができる固定資産税の課税標準となるべき額を超える部分の金額	1.4/100	16 (0.0)
狩猟税(直)	狩猟者の登録を受ける者	狩猟者の登録		例　第一種銃猟免許に係る狩猟者の登録を受ける者につき16,500円	10 (0.0)
水利地益税(直)	水利に関する事業等により特に利益を受ける者	土地、家屋	価格又は面積	任意税率	− (−)
					道府県税計170,399 (100.0)

*1　税目の欄中、(直)は直接税、(間)は間接税等である。

*2　収入見込額(H27)は、平成27年度地方財政計画における収入見込額である。

*3　表中の税率等は、平成27年度税制改正によるものを含む。

*4　上記のほか、東日本大震災による減免等に伴う減収を39億円と見込んでいる。

*5　出所：総務省「地方行財政」地方税制度から一部改変をして掲載
　　　　(http://www.soumu.go.jp/main_content/000377191.pdf)

市町村税の概要

税　目	納税義務者	課税客体	課税標準	税　率	収入見込額（H27）
市町村民税（直）	市町村内に住所を有する個人、市町村内に事務所等を有する法人等	左に同じ	均等割(個人、法人)…定額課税	個人…3,000円 （ただし、平成28年度から平成35年度まで3,500円） 法人…5万円～300万円	億円（構成比） 個人均等割…2,115 所得割…69,281 法人均等割…3,905 法人税割…15,834 計　91,135 （44.4）
			所得割(個人)…前年の所得	6/100 （分離課税が適用される所得に係る特例あり）	
			法人税割(法人)…法人税額又は個別帰属法人税額	9.7/100	
固定資産税（直）	固定資産の所有者	固定資産(土地、家屋、償却資産)	価格	1.4/100	87,079 (42.4)
軽自動車税（直）	軽自動車等の所有者	軽自動車等		例　4輪以上の自家用軽乗用車…年額10,800円 （平成27年3月31日以前に初めて車両番号の指定を受けたもの　年間 7,200円） （初めて車両番号の指定を受けてから13年を経過したもの（平成28年度より適用）　年間 12,900円） （平成27年4月1日から平成28年3月31日までの間に初めて車両番号の指定を受けた一定の環境性能を有するもの（平成28年度のみ適用）　年額 8,100円（25％軽減の場合））	1,999 (1.0)
市町村たばこ税（間）	卸売販売業者等	売渡し等に係る製造たばこ	製造たばこの本数	1,000本につき5,262円（旧3級品は、1,000本につき2,495円） ※ただし、旧3級品の特例税率は4段階で縮減・廃止等（平成28年4月1日から平成31年4月1日）	9,007 (4.4)
鉱産税（直）	鉱業者	鉱物の掘採の事業	鉱物の価格	1/100（標準税率）	20 (0.0)
特別土地保有税（直）	土地の所有者又は取得者	土地の所有又は取得	土地の取得価額	土地に対する課税1.4/100 土地の取得に対する課税3/100	6 (0.0)
		※平成15年度以降は新たな課税は行っていない。			
入湯税（間）	入湯客	鉱泉浴場における入湯行為	入湯客数	1人1日につき150円	226 (0.1)
事業所税（直）	事業所等において事業を行う者	事業	資産割…事業所床面積	1㎡につき600円	3,609 (1.8)
			従業者割…従業者給与総額	0.25/100	

都市計画税 (直)	市街化区域等内に所在する土地、家屋の所有者	土地、家屋	価格	0.3/100 (制限税率)		12,322 (6.0)
水利地益税 (直)	水利に関する事業等により特に利益を受ける者	土地、家屋	価格又は面積	任意税率		0 (0.0)
共同施設税 (直)	共同施設により特に利益を受ける者	共同施設により特に利益を受けた事実	共同施設の利益状況を考慮して市町村が条例で定める	任意税率		— (—)
宅地開発税 (直)	権原により宅地開発を行う者	市街化区域において行われる宅地開発	宅地の面積	任意税率		— (—)
					市町村税計	205,403 (100.0)

* 1　税目の欄中、(直) は直接税、(間) は間接税等である。
* 2　収入見込額 (H27) は、平成27年度地方財政計画における収入見込額である。
* 3　固定資産税には国有資産等所在市町村交付金を含む。
* 4　表中の税率等は、平成27年度税制改正によるものを含む。
* 5　上記のほか、東日本大震災による減免等に伴う減収を136億円と見込んでいる。
* 6　出所：総務省「地方行財政」地方税制度から一部改変をして掲載
　　　(http://www.soumu.go.jp/main_content/000377192.pdf)

③ 普通徴収と申告納付

　納税義務の確定方法について、国税では申告によって納税義務が確定する「申告納税方式」が広く採用されている(所得税、法人税、相続税、消費税等)。これと対照的に、地方税については、納付すべき税額がもっぱら租税行政庁の処分によって確定する「賦課課税方式」(通則法16①二) が多く採用されている。
　賦課課税方式の場合には「普通徴収」といわれる。「普通徴収」とは徴税吏員が納税通知書を当該納税者に交付することによって地方税を徴収することをいい (地法1①七)、これは納税通知書の交付に係る処分によって当該地方税の納税義務が確定する賦課課税方式のことであると解されている。
　また、申告納税方式を採用しているものについては、「申告納付」という文言が用いられている。

> 普通徴収 ＝ 賦課課税方式
> 申告納付 ＝ 申告納税方式

　普通徴収（賦課課税方式）か申告納付（申告納税方式）かは、地方税法の条文によって区別されており、例えば、個人事業税、法人事業税については、「個人の行う事業に対する事業税の徴収については、普通徴収の方法によらなければならない」（同法72の49の18）、「法人の行う事業に対する事業税の徴収については、申告納付の方法によらなければならない」（同法72の24の12）というように規定されている。

　なお、国税通則法31条1項が、賦課課税方式による国税について納税者に課税標準申告書の提出を義務づけるのと同じように、地方税において普通徴収の方法をとる場合でも、納税義務者に課税標準申告書の提出を求めている例がある。例えば、個人の市町村民税は普通徴収の方法によって確定する（地法319①。これと併せて道府県民税も賦課徴収される。同条②）。納税義務者（個人）は、課税標準申告書を提出する義務がある（地法45の2①、317の2①。なお、前年分の所得税について確定申告書を提出している者は住民税の申告書を提出したとみなされる（いわゆるみなし申告。地法45の3、317の3））。この課税標準申告書の提出は、課税庁に対する参考資料の提出にすぎず、納税義務を確定する効力を持たない。

④ 特別徴収

　また、普通徴収、申告納付のほかに、「特別徴収」という方法もある。
　地方税法の規定上、「特別徴収」とは、地方税の徴収について便宜を有する者にこれを徴収させ、かつ、その徴収すべき税金を納入させることをいい、「特別徴収義務者」とは特別徴収によって地方税を徴収し、かつ、納入する義務を負う者をいい、「申告納入」とは、特別徴収義務者がその徴収すべき地方税の課税標準額及び税額を申告し、及びその申告した税金を納入するこ

とをいう（地法１①九ないし十一）[2-53]。

具体例でいえば、ゴルフ場利用税については、「ゴルフ場利用税の徴収については、特別徴収の方法によらなければならない」（地法82）、とされ、道府県の条例によってゴルフ場の経営者等を特別徴収義務者として指定し（同法83①）、当該特別徴収義務者は、条例で定める納期限までにその徴収すべきゴルフ場利用税に係る課税標準の総数、税額その他同条例で定める事項を記載した納入申告書を道府県知事に提出し、及びその納入金を当該道府県に納入する義務を負うとされる（同条②）。

なお、普通徴収か特別徴収かを選択できるものもある。例えば、個人の市町村民税の徴収は、特別徴収の方法による場合を除くほか、普通徴収の方法による旨規定されており（同法319①）、いずれの方法もありえる（ただし、給与所得者等については特別徴収が原則である（地法321の３等））。

特別徴収は、本来の納税者以外の者に便宜的に徴収させるという点で国税の源泉徴収義務に類似する。国税の源泉徴収義務は納税義務の成立と同時に特別の手続を要しないで自動的に納付すべき税額が確定する（通則法15③ニ）。地方税の特別徴収義務もこれと同様に申告をせずに納付すべき税額が確定する場合があるが（例えば個人の市町村税に関する給与所得に係る特別徴収（地法321の５））、上記のゴルフ場利用税のように特別徴収義務者が納入申告書を提出することによって納付すべき税額が確定する場合もある。

⑤ 税目別の確定方法

地方税の主な税目に関する確定方法等は69・70頁の表のとおりである。

2-53　地方税法は、納税者が税金を納めることを「納付」、特別徴収義務者が税金を納めることを「納入」として使い分けている。

道府県民税

税　目	確定方法等
道府県民税	① 個人の道府県民税について、市町村により市町村民税と併せて賦課徴収（41、319）。なお、申告義務（45の2）があるが、所得税の確定申告書提出によりみなし申告(45の3) ② 法人の道府県民税について、申告納付（53） ③ 利子割、配当割、株式等譲渡所得割は特別徴収（71の9、71の30、71の50）。特別徴収義務者において、申告納入（71の10、71の31、71の51）
事業税	① 個人の事業税について、普通徴収（72の49の18）。なお、申告義務（72の55）があるが、所得税の確定申告書提出によりみなし申告（72の55の2） ② 法人の事業税について、申告納付（72の24の12）
不動産取得税	普通徴収（73の17）、申告、報告義務（73の18）
道府県たばこ税	申告納付または普通徴収（74の9）
ゴルフ場利用税	特別徴収（82）、特別徴収義務者において申告納入（83）
自動車取得税	申告納付（121）
軽油引取税	特別徴収または申告納付（144の13）。特別徴収義務者において申告納入（144の14）
自動車税	普通徴収または証紙徴収（151）。申告、報告義務（152）

＊　（　）内の数字は、すべて地方税法の条数

市町村民税

税　目	確定方法等
市町村民税	①　個人の市町村民税について、普通徴収（319①）または給与所得者に係る特別徴収（321の3）。市町村内に住所を有する個人に申告義務（317の2）があるが、所得税確定申告書提出によりみなし申告（317の3） ②　法人の市町村民税について、申告納付（321の8）
固定資産税	普通徴収（364）。償却資産の所有者について、申告義務（383）
軽自動車税	普通徴収または証紙徴収（446）
市町村たばこ税	申告納付または普通徴収（472）
入湯税	特別徴収（701の3）、特別徴収義務者において申告納入（701の4）
事業所税	申告納付（701の45）
都市計画税	固定資産税の賦課徴収の例による（702の8）

＊　（　）は、すべて地方税法の条数

6　確定方法の違いによる不服申立手続等の違い

　以上のように、地方税がどのような手続によって確定するかによって、不服申立の手続等も異なる。

　すなわち、普通徴収（賦課課税方式）の場合には、処分（納税通知書の交付）によって税額が確定し、不服がある場合には処分があったことを知った日の翌日から起算して3月以内に審査請求を行うことになる（新行審法18）。例えば、固定資産税は納税通知書が届いた日の翌日から起算して3月以内に審査請求を行う。

これに対し、申告納付、申告納入（申告納税方式）の場合には、税額は原則として申告により確定する。いったん申告によって確定した税額の減額を求める場合には、更正の請求の手続によることになる（地法20の9の3）。更正の請求の期間は通常の場合は法定申告期限から5年以内（同条①）である（後発的な場合について、同条②）。例えば、法人事業税の申告により確定するので、減額を求める場合には更正の請求を行う。

　なお、例えば法人の事業税について、地方税法72条の39第1項は、事業を行う法人で事業税の納税義務があるものの申告に係る事業税の課税標準である所得が、法人税の課税標準を基準として算定した事業税の課税標準である所得（基準課税標準）と異なるときは、基準課税標準により、申告に係る課税標準を更正するものとしており、したがって、事業税の更正が基準課税標準によってされている以上、納税義務者は、当該課税標準額の過大を主張して当該更正を争うことはできないと解されている[2-54]。このように、国税を争わなければ地方税について独自に争うことができない（主張が制限される）場合もあることに留意する必要がある。

[2-54] 東京地判昭和51年4月19日行集27巻4号557頁、控訴審東京高判昭和51年12月7日

第3章 税務調査

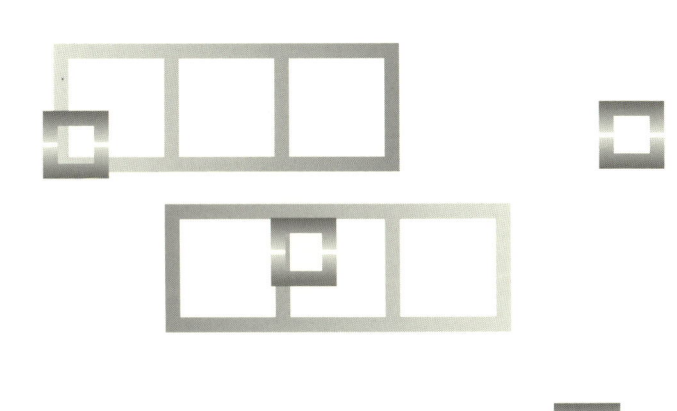

第1節 税務調査手続の明確化

1 税制改正の意義と実務の対応

① 税制改正の意義

　「経済社会の構造の変化に対応した税制の構築を図るための所得税法等の一部を改正する法律」（平成23年法律第114号）により、国税通則法の一部が改正され、国税通則法第7章の2（国税の調査）が定められた。

　続いて、平成24年9月12日に国税通則法第7章の2（国税の調査）関係通達の制定により、課税庁は、納税者に対する説明責任を強化する観点から、法定化された税務調査手続を遵守することが要求されるとともに、課税庁が行う税務調査がその公益的必要性と納税者の私的利益との衡量において社会通念上相当と認められる範囲内で、納税者の理解と協力を得て行われることが要請されるようになった。また、この通達制定とともに、事務運営指針（調査手続の実施に当たっての基本的な考え方等について）及び質疑応答集（税務調査手続に関するFAQ）が策定された。

　従来、課税要件事実について納税義務者等の関係者に質問し、帳簿書類等関係の物件を検査する権限である国税職員の質問検査権は各個別税法に規定されていた。上記平成23年12月国税通則法改正で、各個別税法で規定されていた質問権の規定はおおむね国税通則法第7章の2（国税の調査）に集約して規定されることになった[3-1]。

　この改正によって、従来論じられてきた、調査対象・範囲・時期、事前通

知、理由の開示義務、調査実施時における国税職員の裁量権の（調査目的の）逸脱、調査終了手続等の税務調査の論点が解決され、質問検査権の行使である税務調査の開始から終了に至るまでの一連の手続が整備改善された。

平成23年12月の改正で注目される点は、3つある。

第1に、税務調査手続の法的な明確化である。従来からの税務調査の議論で、税務調査における課税当局と納税義務者との基本的な関係は、情報・資料の収集を通じた公正な課税の実現を図ることと納税義務者の権利ないしは自由と利益の保護との調整にかかわっているとされ[3-2]、大きな権限が集中している課税当局の権利行使について、その要件を具体的に定める行政実体法・行政手続法の存在の必要性[3-3]が論じられており、平成23年の国税通則法改正はこの課税当局の税務調査の権利行使に対して、手続法の整備・制定を行ったものといえる。

第2に、更正の請求期間及び範囲が拡張したことである。更正の請求期間は従来1年間であったのが、5年に延長した（これに併せて税務調査期間も5年に延長した）。さらに、更正の請求の範囲が拡大し、(1)当初申告要件が緩和され、及び、(2)控除額の制限が緩和された。例えば、従来は、国税不服審判所でも棄却されていた法人税の所得税額控除、外国税額控除等一定の納税者有利規定が当初申告で行っていない場合でも控除限度額全額について、その申告後5年間は、更正の請求ができることになった。

第3に、税務調査で、取引の非違が生じた場合の不利益な課税処分等のすべてに理由附記が義務づけられたことで、すべての税法において、課税庁の処分の適正性を担保させ、納税義務者の不服申立の便宜を図ることが法的に拡大した。

3-1 「租税特別措置法」「租税条約等の実施に伴う所得税法、法人税法及び地方税法の特例等に関する法律」等における質問検査権の規定については、国税通則法に集約される各法律において規定されていることに留意すべきである。

3-2 玉國文敏「租税調査の現代的課題」租税法研究14号65頁

3-3 新井隆一「税務調査権の法的限界——税務調査の質問検査権——直接税を中心として」税法学232号

以上、平成23年12月国税通則法改正は、納税者の権利の保護に力点を置き、調査手続の透明性及び納税者の予見可能性を高めるものと一定の評価ができよう。

② 実務の対応

　税理士等実務家においては、申告制度及び税法に基づき顧客（納税義務者）の納税の実現を図ることはいうまでもない。しかし、国境を越えたヒト・モノ・カネの取引のグローバル化、リアル取引とバーチャルな電子商取引の融合、役務提供と無形資産取引が一体となった取引等、納税者側の取引は複雑化する一方で、税法自体が制度上、変化の対応が後追いになることから、納税者の意図する課税関係について課税当局との間でいわゆる「見解の相違」が生じやすくなる。

　税務調査に立ち会う税理士は、顧客の取引に係る税法の適否につき課税当局からの質問検査の対応はもとより、この納税者と課税当局との間で生じる「見解の相違」について対応を迫られることが今後増えてくるであろう。

　また、国税通則法第7章の2（国税の調査）における税務調査の手続の法令化によって、税務調査の事前通知及び税務調査終了の通知等が制度化されたことから、税務調査の始まりから調査終結までの手続の流れを押さえた税務調査時の税理士の役割が期待されることになる。

　さらに、税務調査で、取引の非違が生じた場合の不利益な課税処分等のすべてに理由附記が義務づけられたことから、審査請求等の納税者救済措置を視野に入れた租税法の知識の理解及び駆使が期待され、「法律家」としての役割が税理士に対してこれまで以上に求められてくる。

2 税務調査手続の流れ

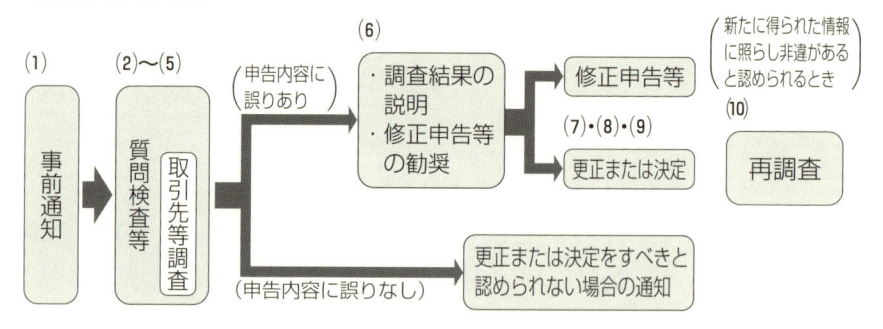

税務調査手続の流れは以下となる。

税務調査手続の流れ

(1) 事前通知 → (2)〜(5) 質問検査等／取引先等調査 →
- （申告内容に誤りあり）→ (6) ・調査結果の説明 ・修正申告等の勧奨 → 修正申告等／(7)・(8)・(9) 更正または決定
- （申告内容に誤りなし）→ 更正または決定をすべきと認められない場合の通知

（新たに得られた情報に照らし非違があると認められるとき）→ (10) 再調査

＊1　図表中の(1)〜(10)は、78〜80頁にある(1)〜(10)に対応している
＊2　出所：国税庁「税務手続について〜国税通則法等の改正〜」（平成24年9月）

① 事前通知

(1) 事前通知……原則として、納税義務者等（税務代理委任税理士等含む）に対し、調査開始日時、場所、調査対象税目等の事前通知を行う。

② 税務調査（質問検査等）

(2) 身分証明書の提示等……国税職員は税務調査の際には、身分証明書と質問検査章を携行し、提示する。

(3) 質問検査権への回答と帳簿書類等の提示または提出……納税義務者は、税務調査の際、国税職員の質問検査権に基づく質問に正確に回答しなければならない。また、国税職員の求めに応じ帳簿書類等の提示または提出をしなければならない。

(4) 帳簿書類の預かりと返還……国税職員は、税務調査において、必要がある場合には、納税義務者の承諾を得た上で、提出された帳簿書類等を預かる。その際、納税義務者等に預り証を交付する。預かる必要がなくなった場合は、帳簿種類等を速やかに返還する。
(5) 取引先等への調査……国税職員は、税務調査において必要がある場合は、納税義務者の取引先等に対して質問検査権を行使（反面調査）することがある。

③ 調査終了

(6) 更正または決定をすべきでない場合の通知……税務調査の結果、申告内容に誤りがないと認められる場合等には、その旨を納税義務者に書面により通知する。
(7) 調査結果の説明と修正申告や期限後申告の勧奨……税務調査の結果、申告内容に誤りがあると認められる場合等には、納税義務者に調査結果の内容（誤りの内容、金額、理由）を説明し修正申告等を勧奨する。また、納税義務者に修正申告等を勧奨する場合、修正申告等をした場合にはその修正申告等に係る異議申立や審査請求はできないが、更正の請求はできることを納税義務者に説明し、その旨を記載した書面を交付する。
(8) 更正または決定……納税義務者が修正申告等の勧奨に応じない場合、税務署長等は更正または決定の処分を行い、納税義務者に対し更正または決定の通知書を交付する。
(9) 処分理由の記載……税務署長等が更正または決定の不利益処分や納税義務者からの申請書を拒否する処分を行う場合、その通知書に処分の理由を記載する。

④ 再調査

⑽ 再調査……上記税務調査の結果、⑹～⑻の後においても、税務調査の対象期間について、新たに得られた情報に照らし、非違が認められる場合には、改めて税務調査を行うことがある。

3 地方税の税務調査

国税通則法の改正に伴い、地方税法の税務調査について、次の改正措置がとられ、平成25年1月1日施行された。

- 地方税法の更正の請求及び更正・決定の期間制限を5年に延長する（地法20の9の3①、地法17の5①）。
- 地方税税務調査の法令上の明確化
- 総務省職員が行う法人事業税、個人事業税、固定資産税等の調査の事前通知、終了時の通知の手続の法令化
- 総務大臣が地方税法に基づき行う税務調査に対する不利益処分等について理由附記の法令化（地法18の4①）

① 地方税の税務調査の根拠法

地方税法では、市町村の徴税吏員等について、地方税の賦課徴収に関する税務調査のために必要であると認められる納税義務者等特定の者に質問し、納税義務者等の事実に関する帳簿書類その他の物件の提示または提出を求めるとともに、その物件を留め置くことができることが法令上明確化された。

主な地方税の税務調査の質問検査権及び留置きの根拠法は、法人住民税の質問検査権（地法26①③）、法人事業税、個人事業税の質問検査権（地法72の7①④）、総務省の職員の法人事業税、個人事業税の質問検査権（地法72の49

の5①④、72の63①③）、不動産取得税（地法73の8①④）、固定資産税（地法353①④）、総務省の職員の固定資産税（地法396①④）である。

　徴税吏員等は、税務調査（行政指導または反面調査）を実施する場合には、身分を示す証明書を携帯し、関係人の請求があったときは、これを提示しなければならない。

　この地方税の質問検査権（税務調査）は、任意調査であり、納税義務者等の同意を得て行う調査である。徴収吏員が実力行使によって強制調査を行うことを認めたものではない。

　ただし、不答弁及び検査拒否については、罰則（1年以下の懲役または50万円以下の罰金）の適用がある。この罰則により、質問検査権の実効性が担保されており、一方では、納税義務者等は調査の受忍義務があるとされる。

② 地方税調査の手続

（1）税務調査の主体

　税務調査（質問検査権）の行使の主体は、調査対象となる納税義務者等について土地管轄権を有する税務行政官公署（市区町村の役所等、所轄の県税事務所、総務省等）に所属する質問検査権を与えられている税務職員に限られる。

　固定資産税の質問検査権については、上記職員以外のほか、市町村の固定資産評価員及び固定資産評価補助員にも与えられている。さらに、固定資産の評価に関する一定事項については、道府県の職員等に質問検査権が与えられている。

（2）調査対象者

　調査対象者は、個人または法人で次のものとなる。
- 納税義務者または納税義務があると認められる者
- 納税義務者または納税義務があると認められる者に金銭または物品を給付する義務があると認められる者（金融機関、取引先）

- 上記の者以外で、地方税の賦課徴収に関し直接関係があると認められる者
- 住民税の場合、給与支払報告書の提出義務者及び特別徴収義務者

　上記の「納税義務があると認められる者」とは、単に徴税吏員の主観によって特定される者ではない。その質問検査権を行使する以外の徴税機関（国税を含む）や事業団体から諮問で収集した資料等による客観的事実に基づき、個別的、具体的に納税義務があることがその徴税吏員に確信されている場合を指すものとされている。

（3）事前通知

　総務大臣が指定する総務省職員が行う法人事業税、個人事業税または固定資産税等に関する実地の税務調査について、あらかじめ調査の相手方である納税義務者等（納税義務者の同意がある税務代理人を含む）に対して調査開始日時及び場所、調査目的、調査対象期間、調査対象となる帳簿書類その他の物件等の事項を通知することが法令上明確化された（地法72の49の6、72の63の2、396の2）。

（4）調査終了時の通知

　総務大臣が指定する総務省職員が行う法人事業税、個人事業税または固定資産税等に関する実地の税務調査について、調査の終了時においてその調査が終了した旨を、納税義務者等（納税義務者の同意がある税務代理人を含む）に対して、原則として書面により通知しまたは説明することが法令上明確化された（地法72の49の8、72の63の4、396の4）。

③ 調査実務の実際の流れ

（1）調査計画

　調査対象となる納税義務者や対象資産となる課税物件の数は膨大である一

方、特に固定資産税や不動産取得税等の賦課方式税目は、原則として、毎年これらの資産について状況把握することが求められている。効率的な事務運営のため、特に実地調査にあたり事前の調査計画が立てられる。

事前の調査計画を立てる上で、不申告者の特定、不動産取得税等減免対象者の確認、申告書の精査、固定資産税等土地建物等対象資産の特定などが行われるとされる。

(2) 机上調査

机上調査として、調査対象となる納税義務者の申告書や関係添付資料の確認、過去の課税状況の検討、電話による照会、公開情報資料による調査等が行われる。

地方税職員は、地方税について調査の必要性があるときは、国税庁その他政府機関のその調査に関して参考となるべき帳簿書類等の閲覧または提供その他これに伴う口頭説明等の協力を求めることができる（地法20の11）。

固定資産税の机上調査では、地図や航空写真を使った土地や家屋現況図の上での調査対象物件となる土地や建物の現況把握を行い、課税要件事実の変化の有無を確認する。具体的には、固定資産税の賦課期日であるその年1月1日周辺時点で撮影した航空写真を使って、建物の存在の有無や増改築等や、農地から宅地等土地の地目変更等の現況の変化の確認を机上調査で行うとされる。

(3) 実地調査

納税義務者の居宅、事務所等、固定資産の所在地等に赴いて、実地調査は行われる。なお、総務大臣が指定する総務省職員が行う法人事業税、個人事業税等または固定資産税に関する実地の税務調査の場合は、納税義務者等に対して調査開始日時及び場所等の事項を事前通知する。

申告税目等の実地調査は、帳簿書類等の閲覧及び質問等（必要に応じて調査物件の留置きを含む）、資産の現存の確認等、飲食業等の客の出入り状況の

把握、店の内観の確認等が行われる。

　調査対象者の取引先や金融機関に対する反面調査も実地調査として行われる。

　実地調査終了後、総務省職員が行う法人事業税、個人事業税または固定資産税等に関する実地の税務調査の場合は、調査の終了時においてその調査が終了した旨を、納税義務者等に原則として書面により通知しまたは説明する。

第2節 事前通知の手続

1 概　要

① 納税義務者に対する調査の事前通知等

　税務署長等は、国税庁等または税関職員に納税義務者に対し国税の調査(以下「(税務)調査」)の実地調査において質問、検査または提示もしくは提出の要求を行わせる場合には、納税義務者、税務代理人に対し、税務調査の旨及び次の事項を事前通知する(通則法74の9①)。

　事前通知の内容は以下とされる。

① 　質問検査等を行う実地の調査の開始日時
② 　調査を行う場所
③ 　調査の目的
④ 　調査の対象となる税目
⑤ 　調査の対象となる期間
⑥ 　調査の対象となる帳簿書類その他の物件
⑦ 　その他調査の適正かつ円滑な実施に必要な事項
　　● 調査先の納税義務者の氏名、住所等
　　● 調査を行う国税職員の氏名、所属官署等

　事前通知は、納税義務者及び税務代理権限証書の提出のある税務代理人双方に原則電話(電話が実際上困難な場合は書面通知)により調査開始日前まで

に相当の時間的余裕を置いて通知する。

　国税職員は電話等により、法律に基づく通知であることを明言し、すべての通知事項を通知したことをもって、法令上の事前通知の手続を履行したことになる。

　国税職員が、税務調査により調査に係る上記事前通知した③から⑥以外の事項について非違が疑われることとなった場合は、税務調査を行うことができる。事前通知した③から⑥以外の事項について、追加的にする調査については、事前通知は行わない（通則法74の9④）。ただし、運用上は、納税義務者に追加的にする調査の税目・期間等を説明した上で調査を行う。

　事前通知の規定は、平成25年1月1日以後に納税義務者に対して行う調査から適用されている。

② 事前通知を要しない場合

　調査事前通知の規定にかかわらず、税務署長等が調査の相手方である納税義務者の申告もしくは過去の調査結果の内容またはその営む事業内容に関する情報その他国税庁等が保有する情報に鑑み、違法または不当な行為を容易にし、正確な課税標準等または税額等の把握を困難にするおそれその他国税に関する調査の適正な遂行に支障を及ぼすおそれがあると認める場合には、納税義務者に対する事前通知を要しない（通則法74の10）。

2・対象物件

　国税職員は、納税義務者に対して調査対象となる帳簿書類その他の物件を事前通知しなければならない。調査対象となる帳簿書類その他の物件には、国外において保存するものも含まれる（調査通達1-5（注））。

　国税職員は、その物件が国税に関する法令の規定により備付けまたは保存

をしなければならないこととされているものである場合は、その旨を併せて通知しなければならない。この国税に関する法令の規定により備付けまたは保存をしなければならないこととされているものとは、青色申告法人を例にすると、以下のものである。

青色申告法人の備付け等書類（法規53〜59）

- 仕訳帳、総勘定元帳、棚卸表、貸借対照表及び損益計算書
- 資産、負債及び資本に影響を及ぼす一切の取引に関して作成された帳簿
- 決算に関して作成されたその他の書類
- 取引に関して相手から受け取った注文書、契約書、送り状、領収書、見積書その他これに準ずる書類及び自己が作成したこれらの書類

　事前通知した課税期間の調査について、必要があるときは、事前通知した課税期間以外の課税期間についての帳簿書類その他の物件が税務調査の対象となる。

　例として、事前通知した課税期間の調査のために、その課税期間より前または後の課税期間における経理処理を確認する必要があるときは、事前通知事項以外の事項に係る事項によることなく、必要な範囲でその確認する必要がある課税期間の帳簿書類その他の物件の税務調査を行うことができる（調査通達4-5（注））。

3 対象者

　事前通知の対象者は、納税義務者（法人の場合は代表者）及び税務代理人の双方である（通則法74の9①③、税理士法34）。

　納税義務者について税務代理人がある場合、納税義務者の同意があるときは、納税義務者への通知は、その税務代理人に対してすれば足りる。

　納税義務者について税務代理人が数人ある場合、その納税義務者がこれら

の税務代理人のうちから代表する税務代理人を定めたときは、事前通知は、その代表する税務代理人に対してすれば足りる。

連結所得に対する法人税の調査の場合には、各連結法人が、それぞれ納税義務者にあたることから、事前通知は、連結親法人、連結子法人の区別を問わず、税務調査対象となる連結法人ごとに通知することになる。

事前通知は、実地の調査において税務調査の対象となる納税義務者に対して行うものであるから、連結所得に対する法人税の調査の場合には、実地の調査を行わない連結子法人に対しては、事前通知を行うことを要しない。

4 ・調査日時の変更

質問検査等を行う実地の調査を開始する日時、調査を行う場所について、通知を受けた納税義務者から合理的な理由をもって変更の求めがあった場合には、税務署長は、これらの事項について協議するよう努めるものとする（通則法74の9②）。

調査を開始する日時または調査を行う場所の変更を求める理由が合理的であるか否かは、個々の事案における事実関係に即して、納税義務者の私的利益と実地の調査の適正かつ円滑な実施の必要性という行政目的とを比較衡量の上判断する。

納税義務者等（税務代理人を含む）の病気・怪我等による一時的な入院や親族の葬儀等の一身上のやむを得ない事情、納税義務者等の業務上やむを得ない事情がある場合は、合理的な理由があるものとして取り扱う。

第3節 実地の調査

1 調査時の手続

　国税職員は、所得税、法人税、消費税等に関する調査について必要があるときは、質問し、その者の事業に関する帳簿書類その他の物件を検査し、またはその物件の提示もしくは提出を求めることができる。

　「実地の調査」とは、国税の調査のうち、国税職員が納税義務者の支配・管理する場所（事業所等）等に臨場して質問検査等を行うものをいう。

　職員は、税務調査（行政指導または反面調査）の実施をする場合には、その身分を示す証明書を携帯し、関係人の請求があったときは、これを提示しなければならない。また、国税職員は、税務調査（行政指導または反面調査）を行う場合には、その目的で往訪した旨を明らかにすることが必要となった。

2 一の調査・課税期間の意義等

　調査は、納税義務者について税目と課税期間によって特定される納税義務に関してなされるものであるから、別段の定めがある場合を除き、その納税義務に係る調査を一の調査として「調査の事前通知等」から「調査の終了の際の手続」までの規定が適用される。

　例として、平成20年分から平成22年分までの所得税について実地の調査を行った場合において、調査の結果、平成22年分の所得税についてのみ更正決

定等をすべきと認めるときには、平成20年分及び平成21年分の所得税については更正決定等をすべきと認められない旨を通知する（調査通達3－1(1)(注)）。

　源泉徴収に係る所得税の納税義務とそれ以外の所得税の納税義務は別個に成立するものであるから、源泉徴収に係る所得税の調査については、それ以外の所得税の調査とは別の調査として、「調査の事前通知等」から「調査の終了の際の手続」までの規定が適用される（調査通達3－1(2)）。

　同一の納税義務者に納付方法の異なる複数の印紙税の納税義務がある場合には、それぞれの納付方法によって特定される納税義務に関してなされる調査について、「調査の事前通知等」から「調査の終了の際の手続」までの各条の規定が適用される（調査通達3－1(3)）。

　次の場合において、納税義務者の事前の同意があるときは、納税義務者の負担軽減の観点から、一の納税義務に関してなされる一の調査を複数に区分して、「調査の事前通知等」から「調査の終了の際の手続」までの規定を適用することができる。

① 　同一課税期間の法人税の調査について、移転価格調査とそれ以外の部分の調査に区分する場合
② 　連結子法人が複数の連結法人に係る同一課税期間の法人税の調査について、連結子法人の調査を複数の調査に区分する場合

　「課税期間」とは、国税に関する法律に規定する「課税期間」をいうのであるが、具体的には、税目により次のとおりとなる。

- 所得税……………………暦年。ただし、年の中途で死亡した者または出国をする者に係る所得税については、その年1月1日からその死亡または出国の日までの期間
- 法人税……………………事業年度または連結事業年度。ただし、中間申告分については、その事業年度開始の日から6月を経過した日の前日までの期間、連結中間申告分に

- 贈与税……………………暦年。ただし、年の中途で死亡した者に係る贈与税については、その年1月1日からその死亡の日までの期間

- 個人事業者に係る
  消費税　　　　　……暦年。ただし、消費税法19条《課税期間》に規定する課税期間の特例制度を適用する場合には、その特例期間

- 法人に係る
  消費税　　　　……事業年度。ただし、消費税法19条《課税期間》に規定する課税期間の特例制度を適用する場合には、その特例期間

　相続税については、一の被相続人からの相続または遺贈（死因贈与を含む）を一の課税期間として取り扱う。

　源泉徴収に係る所得税については、同一の法定納期限となる源泉徴収に係る所得税を一の課税期間として取り扱う。

第4節 質問検査権

1 概要

　国税職員の質問検査権は、従来は所得税法、法人税法、相続税法等各税法に規定されていた。平成23年改正国税通則法において一連の手続として各税法で規定されていた質問検査権は、国税通則法の下に集約された。

　この改正では質問検査権について、国税庁、国税局もしくは税務署等は、所得税、法人税または消費税等に関する調査について必要があるときは、その調査について納税義務者等に質問し、その者の事業に関する帳簿書類その他の物件を検査し、またはその物件の提示または提出を求めることができる（通則法74の2）と規定された。

　この国税通則法74条の2で、所得税、法人税及び消費税等の質問検査権を規定しているが、これらの税目が国税の基幹税であること、「税務職員（主体）」「要件」「帳簿書類（対象物件）」が共通であることから、集約化され規定された。また、国税通則法74条の3で、相続税、贈与税等が規定された。

　質問検査権の行使の主体である税務職員は、財務省設置法、財務省組織令等により、各税の質問検査権を行使する事務を行う部課に所属する国家公務員（国税庁、国税局もしくは税務署等の職員）である。なお、国税通則法上の税務調査を行う職員は、国税犯則取締法上の税務職員とは法律上の意義を異にするとされる。

　質問検査権の行使の要件として、「調査について必要があるとき」とは、客観的な必要性を要するとされる。その行使の時期や程度、方法、手段につ

いては、社会通念上相当な限度にとどまる限り、税務職員の裁量に委ねられるものとされている[3-4]。

　質問検査権の内容は、税務調査の事前通知の内容に調査対象となる帳簿書類等を含めることとされたことから、従来の「質問」と「検査」に併せて納税義務者の帳簿書類等の「物件の提示」と「物件の提出」を国税職員が求めることができることが法律上明らかにされた。

　調査における「物件」とは、国税に関する法令の規定により備付け、記帳または保存をしなければならないこととされている帳簿書類のほか、税務調査等の目的を達成するために必要と認められる帳簿書類その他の物件をいう。

　「物件の提示」とは、国税職員の求めに応じ、遅滞なく帳簿等（その写しを含む）の内容を国税職員が確認しうる状態にして示すことを、「物件の提出」とは、国税職員の求めに応じ、遅滞なく国税職員に当該帳簿等の占有を移転することをいう。

　税務調査における帳簿書類等の「提示」と「提出」の要求に対し、正当な理由がなく応じず、または偽りの記載、記録をした帳簿書類その他の物件を提示した場合には、提示等した者に対して1年以下の懲役または50万円以下の罰金に処することが法令化された（通則法127）。

　税務調査は、適正・公平な課税の実現に必要な課税要件事実の資料収集等を確実ならしめるため、権限のある税務職員が質問検査を行うことであるから、質問・検査に対する不答弁や検査の拒否、偽りの帳簿書類の提出等については、罰則を科すこととして、適法な質問検査権について、納税義務者等に対して受忍義務を課している。

　質問検査権の法的性格は、「質問検査に対しては相手方はこれを受忍すべき義務を一般的に負い、その履行を間接的心理的に強制されているものであって、ただ、相手方においてあえて質問検査を受忍しない場合にはそれ以上直接的物理的に右義務の履行を強制しえないという関係を称して一般に『任意

3-4　最決昭和48年7月10日刑集27巻7号1205頁

調査』と表現されている[3-5]」とされている。

　国税通則法で定める質問検査権の法的性格が「任意調査」であることから、国税職員の質問検査権は、犯罪捜査のために認められたものと解してはならない（通則法74の8）。この任意調査とされる質問検査権が、犯罪捜査を目的として行使されることとなれば、犯罪捜査について憲法に定められた黙秘権（憲法38）や令状主義（憲法35）の潜脱になるおそれが出てこよう。ただし、税務調査中に犯則事件が認められた場合は、このことが端緒となって犯則事件の調査に移行することは許される[3-6]。また、国税職員が犯則調査のために収集した資料を更正決定等のために用いることは許される[3-7]。

　質問検査権行使は、公権力の行使を内容とする事実行為と解されているが、この質問検査権が違法に行われた場合、これに基づく更正決定等の課税処分が違法となることは留意しておくべきであろう。

　任意調査を逸脱するなど調査手続に重大な違法があるとした上で、青色申告取消要件の有無が調査によって十分につくされていないとして、処分取消をした事例[3-8]、質問検査権行使に違法があるとして国家賠償を認めた事例[3-9]がある。

2 ・調査の意義

　国税の調査（通則法第7章の2）において、「調査」とは、国税に関する法律の規定に基づき特定の納税義務者の課税標準等または税額等を認定する目的その他国税に関する法律に基づく処分を行う目的で国税職員が行う一連の行為

3-5　前掲注3-4参照
3-6　最判昭和51年7月9日税資93号1173頁
3-7　最判昭和63年3月31日訟月34巻10号2074頁
3-8　京都地判平成12年2月25日訟月46巻9号3724頁
3-9　京都地判平成7年3月27日判時1554号117頁

（証拠資料の収集、要件事実の認定、法令の解釈適用など）をいう（調査通達1-1(1)）。

なお、判例において、「調査」とは、「課税標準等または税額等を認定するに至る一連の判断過程の一切を意味し、課税庁の証拠資料の収集、要件事実の認定、租税法上の解釈適用を経て、課税処分に至るまでの思考、判断を含むもの[3-10]」との解釈もある。

「調査」には、更正決定等を目的とする一連の行為のほか、異議決定や申請等の審査のために行う一連の行為も含まれる（調査通達1-1(2)）。

国税通則法74条の3に規定する相続税・贈与税の徴収のために行う一連の行為（延納及び物納に係る処分を行うための調査）は、調査に含まれない（調査通達1-1(1)（注））。「調査」のうち、次の①または②のように、一連の行為のうちに納税義務者に対して質問検査等を行うことがないものについては、「調査の事前通知等」から「調査の終了の際の手続」までの各条の規定は適用されない（調査通達1-1(3)）。

① 更正の請求に対して部内の処理のみで請求どおりに更正を行う場合の一連の行為
② 期限後申告書の提出または源泉徴収に係る所得税の納付があった場合において、部内の処理のみで決定または納税の告知があるべきことを予知してなされたものにはあたらないものとして無申告加算税または不納付加算税の賦課決定を行うときの一連の行為

3 調査に該当しない行為（行政指導の明示）

国税職員が行う行為であって、次に掲げる行為のように、特定の納税義務者の課税標準等または税額等を認定する目的で行う行為に至らないものは、調査には該当せず、行政指導とされる（調査通達1-2）。

[3-10] 広島地判平成4年10月29日税資193号274頁。最判平成9年2月13日税資222号450頁も同旨である。

(1) 提出された納税申告書の自発的な見直しを要請する行為で、次に掲げるもの
　① 提出された納税申告書に法令により添付すべきものとされている書類が添付されていない場合において、納税義務者に対してその書類の自発的な提出を要請する行為
　② 国税職員が保有している情報または提出された納税申告書の検算その他の形式的な審査の結果に照らして、提出された納税申告書に計算誤り、転記誤りまたは記載漏れ等があるのではないかと思料される場合において、納税義務者に対して自発的な見直しを要請した上で、必要に応じて修正申告書または更正の請求書の自発的な提出を要請する行為
(2) 提出された納税申告書の記載事項の審査の結果に照らして、その記載事項につき税法の適用誤りがあるのではないかと思料される場合において、納税義務者に対して、適用誤りの有無を確認するために必要な基礎的情報の自発的な提供を要請した上で、必要に応じて修正申告書または更正の請求書の自発的な提出を要請する行為
(3) 納税申告書の提出がないため納税申告書の提出義務の有無を確認する必要がある場合において、提出義務があるのではないかと思料される者に対して、提出義務の有無を確認するために必要な基礎的情報（事業活動の有無等）の自発的な提供を要請した上で、必要に応じて納税申告書の自発的な提出を要請する行為
(4) 国税職員が保有している情報または提出された所得税徴収高計算書の記載事項の確認の結果に照らして、源泉徴収税額の納税額に過不足徴収額があるのではないかと思料される場合において、納税義務者に対して源泉徴収税額の自主納付等を要請する行為
(5) 源泉徴収に係る所得税に関して源泉徴収義務の有無を確認する必要がある場合において、源泉徴収義務があるのではないかと思料される者に対して、源泉徴収義務の有無を確認するために必要な基礎的情報（源泉徴収の対象となる所得の支払いの有無）の自発的な提供を要請した上で、必要に応じて源泉徴収税額の自主納付を要請する行為

調査の意義（概念図）

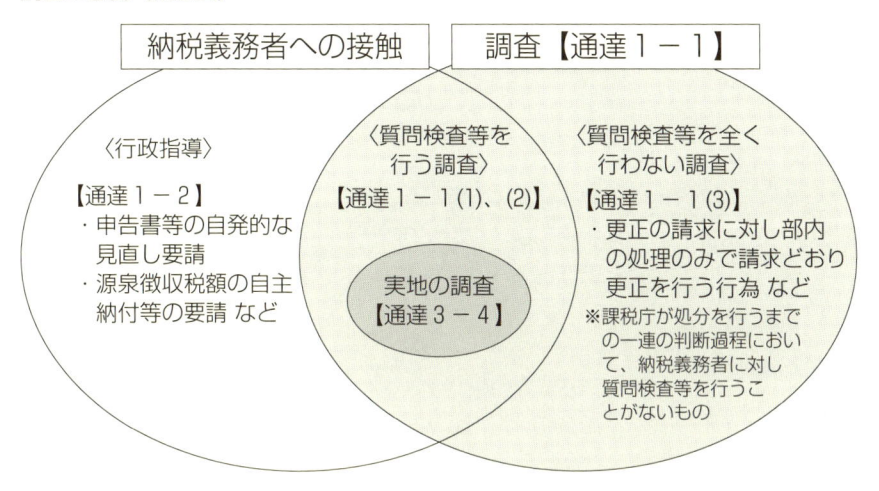

```
        納税義務者への接触         調査【通達1－1】

   〈行政指導〉      〈質問検査等を       〈質問検査等を全く
                    行う調査〉           行わない調査〉
   【通達1－2】     【通達1－1(1)、(2)】   【通達1－1(3)】
   ・申告書等の自発的な                   ・更正の請求に対し部内
     見直し要請         実地の調査        の処理のみで請求どおり
   ・源泉徴収税額の自主  【通達3－4】       更正を行う行為 など
     納付等の要請 など                   ※課税庁が処分を行うまで
                                         の一連の判断過程におい
                                         て、納税義務者に対し
                                         質問検査等を行うこ
                                         とがないもの
```

＊1　ここでいう「通達」とは「調査通達」のことである。
＊2　出典：山上淳一編著『国税通則法（税務調査手続関係）通達逐条解説』（大蔵財務協会、2013年）28頁

　上記行政指導の行為のみに起因して修正申告書もしくは期限後申告書の提出または源泉徴収に係る所得税の自主納付があった場合には、その修正申告書等の提出等は更正もしくは決定または納税の告知があるべきことを予知してなされたものにはあたらない（調査通達1－2）。

　したがって、行政指導と過少申告加算税等の賦課について、行政指導に基づき納税義務者が自主的に修正申告等を提出した場合には、延滞税は納付しなければならない場合があるが、過少申告加算税は賦課されない。当初申告が期限後申告の場合は、無申告加算税が5％賦課される。

調査の区分と加算税の関係

	調査に該当しない行為	調　査
調査の区分	行政指導	調査（実地の調査、反面調査）
非違事項の指摘	行政指導に基づく自主申告（修正申告）	国税職員の修正申告等の勧奨
更正の予知の有無	更正があるべきことを予知して修正申告等を提出されたものでない（通則法65⑤、66⑥）	更正があるべきことを予知して修正申告等が提出されたもの（通則法65⑤、66⑥）
過少申告加算税	過少申告加算税：なし	過少申告加算税：10％（15％）
無申告加算税	無申告加算税：5％	無申告加算税：15％（20％）

　国税職員は、税務調査または行政指導にあたる行為を行う際には、対面、電話、書面等の態様を問わず、税務調査または行政指導のいずれの事務として行うかを明示した上で、それぞれの行為を法令等に基づき適正に行わなければならない（調査手続の実施に当たっての基本的な考え方等について（事務運営指針）第2章1）。

　行政指導とは、行政機関がその任務または所掌事務の範囲内において一定の行政目的を実現するため特定の者に一定の行為または不作為を求める指導・勧告・助言その他の行為であって、処分に該当しないものをいう（行手法二六）。

　国税当局の行政指導の一環として、例えば、提出された申告書に計算誤り、転記誤り、記載漏れまたは法令の適用の誤りがあるのではないかと思われる場合に、納税義務者に自発的な見直しを要請した上で、必要に応じて修正申

告の自発的な提出を要請する場合がある。

　従来は、国税職員による提出された申告書に計算誤り等の指摘を受けて納税義務者が自主的に修正申告を提出した場合には、過少申告加算税は賦課されることが一般的であった。平成23年改正後は、行政指導に基づき、納税義務者が自主的に修正申告書を提出した場合には、過少申告加算税は賦課されないこととなった。税務職員が納税義務者に接触する際には、その目的が調査か行政指導いずれにあたるかを明示することになっている。国税職員がその明示を行わない場合には、国税職員に対して調査か行政指導の区別を確認する必要がある。税務調査、反面調査に基づき指摘を受けて納税義務者が修正申告を提出した場合には、更正があるべきことを予知してされたものとされ、過少申告加算税は賦課される。

　質問検査等の相手方となる者の範囲は、調査の対象となる納税義務者のほか、調査のために必要がある場合には、これらの者の代理人、使用人その他の従業者についても及ぶ。

4　所得税、法人税または消費税の調査に関する質問検査権

　国税庁、国税局もしくは税務署等の当該職員は、所得税、法人税、地方法人税または消費税に関する調査について必要があるときは、下記の調査税目ごとに定める者に質問し、その者の事業に関する帳簿書類その他の物件を検査し、またはその物件の提示もしくは提出を求めることができる（通則法74の2①）。

①　所得税に関する調査（通則法74の2①一）

(1)　所得税の納税義務者、納税義務があると認められる者、確定損失申告書、年の中途で死亡した場合の確定申告書、年の中途で出国をする場合

の確定申告書を提出した者
(2) 支払調書、源泉徴収票または信託の計算書等を提出する義務がある者
(3) 納税義務者の取引先　(1)の納税義務者に金銭の支払いもしくは資産の譲渡等をする義務があると認められる者または(1)の納税義務者から金銭の支払いもしくは資産の譲渡等を受ける権利があると認められる者

② 法人税または地方法人税に関する調査（通則法74の2①二）

(1) 法人税の納税義務者である法人
(2) 納税義務者の取引先　(1)の納税義務者に金銭の支払いもしくは資産の譲渡等をする義務があると認められる者または(1)の納税義務者から金銭の支払いもしくは資産の譲渡等を受ける権利があると認められる者
(3) 分割があった場合　分割法人は上記(2)に規定する物品の譲渡をする義務があると認められる者に、分割承継法人は上記(2)に規定する物品の譲渡を受ける権利があると認められる者に、それぞれ含まれるものとする。

③ 消費税に関する調査（④に掲げるものを除く：通則法74の2①三）

(1) 消費税の納税義務者、納税義務があると認められる者、還付を受けるための申告の規定による申告書を提出した者
(2) 納税義務者の取引先　(1)の納税義務者に金銭の支払いもしくは資産の譲渡等をする義務があると認められる者または(1)の納税義務者から金銭の支払いもしくは資産の譲渡等を受ける権利があると認められる者
(3) 分割があった場合　分割法人は上記(2)に規定する物品の譲渡をする義務があると認められる者に、分割承継法人は上記(2)に規定する物品の譲渡を受ける権利があると認められる者に、それぞれ含まれるものとする。

④ **消費税に関する調査**
  (税関の当該職員が行うものに限る：通則法74の２①四)
  (1) 課税貨物を保税地域から引き取る者（納税義務者）
  (2) 納税義務者の取引先　(1)の納税義務者に金銭の支払いもしくは資産の譲渡等をする義務があると認められる者または(1)の納税義務者から金銭の支払いもしくは資産の譲渡等を受ける権利があると認められる者

国税庁等職員のうち、国税局または税務署の職員は、法人税または地方法人税に関する調査にあっては法人の納税地の所轄国税局または所轄税務署の職員に限る（通則法74の２④）。

消費税に関する調査にあっては事業者（消法２①四）の納税地の所轄国税局または所轄税務署の職員に限る（通則法74の２④）。

5 相続税・贈与税の調査に関する質問検査権

国税庁等の国税職員は、相続税・贈与税に関する調査について必要があるときは、調査税目ごとに定める者に質問し、財産もしくは土地等もしくは当該土地等に関する帳簿書類その他の物件を検査し、または当該物件の提示もしくは提出を求めることができる（通則法74の３①）。

○相続税・贈与税に関する調査
　⇒　次に掲げる者
　　① 納税義務者、納税義務があると認められる者
　　② 調書の提出義務者
　　③ 納税義務者の取引先等
　　　● 納税義務がある者等に対し、債権もしくは債務を有していたと認められる者または債権もしくは債務を有すると認められる者
　　　● 納税義務がある者等が株主もしくは出資者であったと認められる

法人または株主もしくは出資者であると認められる法人
- 納税義務がある者等に対し、財産を譲渡したと認められる者または財産を譲渡する義務があると認められる者
- 納税義務がある者等から、財産を譲り受けたと認められる者または財産を譲り受ける権利があると認められる者
- 納税義務がある者等の財産を保管したと認められる者またはその財産を保管すると認められる者

第5節 提出物件の留置き

1 概　要

　国税職員は、国税の調査について必要があるときは、その税務調査において提出された物件を留め置くことができる（通則法74の7）。
　提出された物件の「留置き」とは、国税職員が提出を受けた物件について国税庁、国税局もしくは税務署または税関の庁舎において占有する状態をいう。
　提出される物件が、調査の過程で国税職員に提出するために納税義務者等が新たに作成した物件（提出するために新たに作成した写しを含む）である場合は、その物件の占有を継続することは、「留置き」にはあたらない（調査通達2－1(1)）。
　「提出物件の留置き」に関する規定は、平成25年1月1日以後に提出される物件について適用されている。
　留置きは、行政不服審査法に規定する「処分」に該当することから、納税義務者が物件の返還請求をしているか否かにかかわらず、留置きの処分に対して行政不服審査法に基づく不服申立をすることもできる。
　留置きは、書面により不服申立の教示をすることになるとされる（新行審法82①）。
　なお、正当な理由がないのに帳簿書類等の提示・提出の求めに応じなければ罰則が科されることから、事実上は強制的に提示・提出が求められることにならないかという点について、「税務調査手続に関するFAQ（一般納税者向け）」の問3では、以下のように明示している。

「帳簿書類等の提示・提出をお願いしたことに対し、正当な理由がないのに提示・提出を拒んだり、虚偽の記載をした帳簿書類等を提示・提出した場合には、罰則（1年以下の懲役又は50万円以下の罰金）が科されることがありますが、税務当局としては、罰則があることをもって強権的に権限を行使することは考えておらず、帳簿書類等の提示・提出をお願いする際には、提示・提出が必要とされる趣旨を説明し、納税者の方の理解と協力の下、その承諾を得て行うこととしています。」

また、提示・提出を拒む正当な理由について、「どのような場合が正当な理由に該当するかについては、個々の事案に即して具体的に判断する必要がありますし、最終的には裁判所が判断することとなりますから、確定的なことはお答えできませんが、例えば、提示・提出を求めた帳簿書類等が、災害等により滅失・毀損するなどして、直ちに提示・提出することが物理的に困難であるような場合などがこれに該当するものと考えられます。」と同FAQ問6は明示している。

2 ・対象物件

国税職員は、国税の調査について必要があるときは、その税務調査において提出された納税義務者の帳簿書類その他の物件を留め置くことができる（通則法74の7）。国税職員は、やむを得ず留め置くべき必要がある場合や、納税義務者の負担軽減の観点から留置きが合理的と認められる場合に、留め置く必要を説明し、納税義務者等の理解と協力の下、その承諾を得て実施することとなる。

〈留置きが必要と認められる場合〉
- 納税義務者の事務所等で調査を行う十分なスペースがなく調査を効率的に行うことができない場合
- 帳簿書類の写しの作成が必要な調査先にコピー機がない場合

● 相当分量の帳簿書類を検査する必要があるが、税務署、国税局内で帳簿書類等による一定の検査ができ、納税義務者の負担軽減や迅速な調査の実施の観点から合理的と認められる場合

　国税職員は、留め置いた物件について、善良な管理者の注意をもって管理しなければならない（調査通達2－1(1)（注））。
　国税職員は、物件を留め置く場合には、その物件の名称または種類及びその数量、その物件の提出年月日ならびにその物件を提出した者の氏名及び住所または居所その他その物件の留置きに関し必要な事項を記載した書面を作成し、その物件を提出した者にこれを交付しなければならない。なお、帳簿書類等の物件が電磁的記録である場合の提示は、その内容をディスプレイの画面上で調査担当者が確認しうる状態にして示すことになる。
　提出については、通常は、電磁的記録を調査担当者が確認しうる状態で印刷したものを提出することになる。電磁的記録そのものを提出する必要がある場合、調査担当者が持参した電磁的記録媒体への記録の保存（コピー）を依頼することもあるとされる。提出した電磁的記録については、調査終了後、確実に廃棄（消去）することとされる（税務調査FAQ（一般向け）問5）。

3　返　還

　国税職員は、留め置いた物件について、留め置く必要がなくなったときは、遅滞なくその物件を返還しなければならない（通則令30の3②）。
　納税義務者は、業務で使用する必要がある等の理由により返還を求めることができる。提出した者から返還の求めがあったときは、国税職員は、特段の支障がない限り、速やかに返還しなければならない（調査通達2－1(2)）。

第6節 調査終了の手続

1. 概　要

　平成23年の国税通則法の改正により、調査終了の手続は、従来から行われていた調査終了の実務を基に以下のように法令化された。

　納税義務者等へ来署を依頼、または納税義務者等の事務所へ臨場の上、原則として統括官等同席の下、調査結果の内容を納税義務者及び納税代理人に説明し、修正申告の勧奨、更正の請求ができる旨を含む法的効果の教示、教示文を交付する。必要に応じて、非違事項（項目、年分、金額）の書面を交付する。

　法令上の調査結果の内容説明である旨を納税義務者等に説明する。教示文を手交する場合は、納税義務者等に受領の署名、押印を求める。

　税務調査の結果、更正決定等をすべきと認められない場合には、納税義務者（税務調査相手方）に対し、その時点において更正決定等をすべきと認められない旨を書面により通知するものとする（通則法74の11①）。一方、更正決定等をすべきと認める場合には、国税職員は、その納税義務者に対し、その調査結果の内容（更正決定等をすべきと認めた額及びその理由を含む）を説明するものとする（通則法74の11②）。

　調査結果申告内容の誤りの説明をする場合において、国税職員は、当該納税義務者に対し修正申告または期限後申告を勧奨することができる。この場合、納税義務者が修正申告書等を提出した場合には不服申立をすることはできないが更正の請求をすることはできる旨を説明するとともに、その旨を記

載した書面を交付しなければならない（通則法74の11③）。

　修正申告等の勧奨について、納税義務者が連結子法人である場合において、その連結子法人及び連結親法人の同意がある場合には、その連結子法人への申告内容に誤りがある旨等の通知、説明または交付に代えて、その連結親法人への通知等を行うことができる（通則法74の11④）。

　税務調査を行った納税義務者について、税務代理人がある場合、その納税義務者の同意がある場合には、その納税義務者への税務調査終了の通知等に代えて、その税務代理人への通知等を行うことができる（通則法74の11⑤）。

　申告内容に誤りがない旨等の通知または申告内容に誤りがある旨等の通知後、納税義務者から修正申告書、期限後申告書の提出や源泉徴収による所得税の納付があった後や、更正決定等をした後に、国税職員は、新たに得られた情報に照らし非違があると認めるときは、国税職員の質問検査権の規定に基づき、納税義務者に対し、税務調査を行うことができることになった（通則法74の11⑥）。

　この調査終了手続に関する規定は、平成25年1月1日以後に納税義務者に対して行う税務調査から適用される。

2 修正申告、更正決定等、更正の請求

① 修正申告、更正決定等

　平成23年の更正の請求の請求期間の延長の改正にともない、税務当局が行う増額更正の期間制限が、以下のように5年に延長することになった。

　次の更正決定等は、その各号に定める期限または日から5年を経過した日以後においては、することができない（通則法70①）。

　(1) 更正または決定　その更正または決定に係る国税の法定申告期限

　(2) 課税標準申告書の提出を要する国税に係る賦課決定　その申告書の提

出期限
(3) 課税標準申告書の提出を要しない賦課課税方式による国税に係る賦課決定　その納税義務の成立の日

　法人税の欠損金の繰越控除期間が9年に延長されたことにより、繰越期間内の欠損金額が正しいかどうかを過去に遡って検証し、誤りがあれば更正できるように、法人税の純損失等の金額に係る更正の期間制限は9年に延長された（通則法70②）。
　逋脱についての更正決定等は、7年を経過する日まで、行うことができるとされた（通則法70④）。
　また、国外転出をする場合の譲渡所得等の特例または贈与等により非居住者に資産が移転した場合の譲渡所得等の特例の規定の適用がある場合についての更正決定等7年を経過する日まで、行うことができる（通則法70④）。

② 更正の請求

(1) 更正の請求の期間延長

　更正の請求について、納税義務者ができる更正の請求の期間が5年に延長された（通則法23①）。
　従来、更正の請求をすることができる期間は、原則法定申告期限から1年間であり、1年経過後は、法定外の手続による非公式な税額の減額変更を求める「嘆願」という実務慣行があった。
　この「嘆願」の実務慣行を解消し、納税者の救済を図る観点から、更正の請求の期間が5年に延長された。

更正の請求・増額更正の期間延長の適用時期について（例：所得税）

・更正の請求期間は、<u>平成23年分</u>から5年に延長。（色塗り：■）
　併せて、増額更正期間は、<u>平成23年分</u>から5年に延長。（太枠：□）
・なお、過年分についても、課税庁が増額更正できる課税期間については、運用上、納税者も減額請求（更正の申出）ができる。（網掛け：▦）

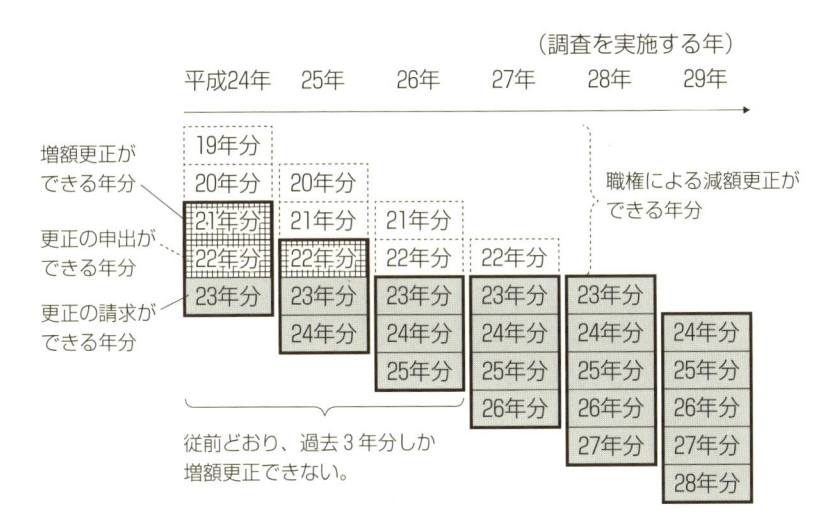

	平成24年	25年	26年	27年	28年	29年	(調査を実施する年)
	19年分						
	20年分	20年分					
	21年分	21年分	21年分				
	22年分	22年分	22年分	22年分			
	23年分	23年分	23年分	23年分	23年分		
		24年分	24年分	24年分	24年分	24年分	
			25年分	25年分	25年分	25年分	
				26年分	26年分	26年分	
					27年分	27年分	
						28年分	

- 増額更正ができる年分
- 更正の申出ができる年分
- 更正の請求ができる年分
- 職権による減額更正ができる年分
- 従前どおり、過去3年分しか増額更正できない。

＊　出所：財務省「平成24年度 税制改正の解説―国税通則法の改正（詳解版）」224頁

（2）更正の請求の範囲拡大

また、更正の請求の範囲が次のように拡大された。

● 当初申告要件の緩和

当初申告要件がある税制措置のうち、次のいずれかにも該当しない措置について、当初申告要件を廃止し、定められた書類添付をすることで、事後的に更正の請求が認められる。

　A．インセンティブ措置（例：設備投資に係る特別償却）
　B．利用するかしないかで、有利にも、不利にもなる操作可能な措置
　　（例：各種引当金）

● 控除額の制限の緩和
　控除額の制限がある税制措置について、更正の請求により、適正に計算された正当な額まで当初申告時の控除額を増額することができる。

　当初申告要件の緩和と控除額の制限の緩和で、従来は更正の請求ができなかった税制措置のうち、一定のものにつき更正の請求が可能となった。具体的な税制措置を次の表で示している。
　なお、この緩和措置は、各税制措置を定めている税法でその規定が改正されていることに留意されたい。

更正の請求範囲の拡大

当初申告要件廃止措置	控除額見直措置
①　給与所得者の特定支出控除（所法57の2） ②　資産の譲渡代金が回収不能となった場合等の所得計算の特例(所法64) ③　純損失の繰越控除（所法70） ④　雑損失の繰越控除（所法71） ⑤　変動所得及び臨時所得の平均課税（所法90） ⑥　資産に係る控除対象外消費税額等の必要経費算入（所令182の2） ⑦　受取配当等の益金不算入（法法23、81の4） ⑧　外国子会社から受ける配当等の益金不算入（法法23の2） ⑨　国等に対する寄附金、指定寄附金及び特定公益増進法人に対する寄附金の損金算入（法法37、81の6） ⑩　会社更生等による債務免除等があった場合の欠損金の損金算入（法法59）	①　受取配当等の益金不算入（法法23、81の4） ②　外国子会社から受ける配当等の益金不算入（法法23の2） ③　国等に対する寄附金、指定寄附金及び特定公益増進法人に対する寄附金の損金算入（法法37、81の6） ④　法人税の所得税額控除（法法68、81の14） ⑤　外国税額控除（法法69、81の15、所法95） ⑥　試験研究を行った場合の所得税額・法人税額の特別控除（措法10、42の4、68の9） ⑦　試験研究を行った場合の所得税額・法人税額の特別控除の特例（措法10の2、42の4の2、68の9の2） ⑧　エネルギー環境負荷低減推進設備等を取得した場合の所得税額・法人税額の特別控除（措法10の2の2、

⑪ 協同組合等の事業分量配当等の損金算入（法法60の2）
⑫ 法人税の所得税額控除（法法68、81の14）
⑬ 外国税額控除（法法69、81の15、所法95）
⑭ 公益社団法人または公益財団法人の寄附金の損金算入限度額の特例（法令73の2）
⑮ 引継対象外未処理欠損金額の計算に係る特例（法令113）
⑯ 特定株主等によって支配された欠損等法人の欠損金の制限の5倍要件の判定の特例（法令113の2⑭）
⑰ 特定資産に係る譲渡等損失額の損金不算入の対象外となる資産の特例（法令123の8③五）
⑱ 特定資産に係る譲渡等損失額の計算の特例（法令123の9）
⑲ 配偶者に対する相続税額の軽減（相法19の2）
⑳ 贈与税の配偶者控除（相法21の6）
㉑ 相続税額から控除する贈与税相当額等（相令4）

42の5、68の10）
⑨ 中小企業者等が機械等を取得した場合の所得税額・法人税額の特別控除（措法10の3、42の6、68の11）
⑩ 沖縄の特定中小企業者が経営革新設備等を取得した場合の所得税額・法人税額の特別控除（措法10の4、42の10、68の14）
⑪ 雇用者の数が増加した場合の所得税額・法人税額の特別控除（措法10の5、42の12、68の15の2）
⑫ 所得税・法人税の額から控除される特別控除額の特例（措法10の6、42の13、68の15の3）
⑬ 青色申告特別控除（65万円）（措法25の2）
⑭ 電子証明書を有する個人の電子情報処理組織による申告に係る所得税額の特別控除（措法41の19の5）
⑮ 沖縄の特定地域において工業用機械等を取得した場合の法人税額の特別控除（措法42の9、68の13）
⑯ 国際戦略総合特別区域において機械等を取得した場合の法人税額の特別控除（措法42の11、68の15）

3・申告内容の誤りの有無

　税務署長等は、国税に関する実地調査を行った結果、申告内容の誤りがなく、更正決定等をすべきと認められない場合には、調査において質問検査等の相手方となった納税義務者に対し、その時点において更正決定等をすべきと認められない旨を書面により通知するものとする（通則法74の11①）。

国税に関する調査の結果、申告内容の誤りがあり、更正決定等をすべきと認める場合には、国税職員は、その納税義務者に対し、その調査結果の内容（更正決定等の額及びその理由を含む）を説明するものとする（通則法74の11②）。

4・修正申告等の勧奨

申告内容に誤りがある場合に、調査結果の内容の説明をするに際して、国税職員は、その納税義務者に対し修正申告または期限後申告を勧奨することができる。この場合において、その調査の結果に関し当該納税義務者が納税申告書を提出した場合には不服申立をすることはできないが更正の請求をすることはできる旨を説明するとともに、その旨を記載した書面を交付しなければならない（通則法74の11③）。

修正申等の勧奨の際、修正申告等に伴う法的効果の説明及び次頁のような教示文の交付が義務化された。教示文を対面交付する場合は、交付時に納税義務者の署名押印が必要となる。

書面の郵送等により修正申告等を勧奨するときは、教示文を同封することになった。郵送した場合は、交付送達に該当しないので受領者に署名押印を求める必要はない。

税務調査の調査結果の説明段階で、申告内容の基本的な誤りについては、一般的には修正申告等の勧奨に応じる。一方、課税当局と納税義務者等との間で「見解の相違」が生じた場合、慎重な対応が納税義務者等には必要となる。不服申立及び取消訴訟の戦い方をあらかじめ検討しておくべきであろう。

勝訴が見込まれる場合は、修正申告等の勧奨に応じず、税務署長等からの更正または決定処分を受け、増差税額（加算税含む）をいったん納付して、審査請求、訴訟で処分を争うことになる。

なお、修正申告等の勧奨に応じて修正申告を行ってしまった後でも、場合によっては、その修正申告に対して、調査時とは異なる観点から更正の請求

教示文の例

```
平成　　年　　月　　日　　　　　　　　　　　　　　　　　　　　（交付用）

　　　　　　　　　　　　修　正　申　告　等　に　つ　い　て


○　修正申告書又は期限後申告書（以下「修正申告書等」といいます。）を提出した場
　　合には、その修正申告又は期限後申告（以下「修正申告等」といいます。）により納
　　付すべき税額のほか、過少（無）申告加算税又は重加算税及び延滞税が課されます。

○　修正申告書等を提出した場合には、その修正申告等により納付すべき税額及び延滞
　　税についてはその修正申告書等を提出した日までに、過少（無）申告加算税又は重加
　　算税については当該加算税に係る賦課決定通知書が発せられた日の翌日から起算し
　　て１月を経過する日までに納付しなければなりません。

○　修正申告書等を提出した場合には、その修正申告等に係る不服申立てはできません
　　（過少（無）申告加算税又は重加算税の賦課決定処分については不服申立てをするこ
　　とができます。）。

○　修正申告書等を提出した場合には、更正の請求ができる期間内においては更正の請
　　求をすることができます。

○　修正申告書等の提出がその法定申告期限から１年を経過した日以後にされた場合
　　で、その修正申告等により新たに確定した部分の税額につき、一時に納付することが
　　できない理由があると認められること、その修正申告書等の提出日までに申請がある
　　ことなどの一定の要件を満たす場合は、その納付することができないと認められる金
　　額を限度として、その納期限から１年以内の期間を限り、納税の猶予が受けられます。

（注）　この書面は、国税通則法第74条の11第３項の規定により交付するものです。
```

＊　出典：税理士法人平川パートナーズ編「Ｑ＆Ａ　新税務調査手続パーフェクト・
　　ガイド」税理56巻４号108頁

を行うこともできよう。

　仮に、その更正の請求が却下された場合、その却下の理由附記の内容を吟味して、その更正の請求の「理由がない旨の処分」を審査請求に持ちこむこともできる。

　このような争訟手段のほうが附帯税のリスクもなく、勝訴できれば還付加算金が加算される点にも留意しておくべきであろう。

5　調査の再開・再調査

　調査の結果の通知をした後または実地の調査の結果につき納税義務者から修正申告書もしくは期限後申告書の提出もしくは源泉徴収による所得税の納付があった後もしくは更正決定等をした後においても、国税職員は、新たに得られた情報に照らし非違があると認めるときは、その納税義務者に対し、質問検査等を行うことができる（通則法74の11⑥）。

　過去に調査を行った税目・課税期間であっても、例えば、取引先の税務調査により非違につながる情報を把握した場合には、再度同じ税目・課税期間について調査を行うことがある。この場合には、再調査（再調査の考え方については次頁図表参照）することにつき原則として事前通知を行う。ただし、当初の調査の場合と同様、再調査を行う理由については説明することはない。

　国税に関する調査の結果、調査結果の内容の説明を行った後、その調査について納税義務者から修正申告書もしくは期限後申告書の提出もしくは源泉徴収に係る所得税の納付がなされるまでの間または更正決定等を行うまでの間に、その説明の前提となった事実が異なることが明らかとなりその説明の根拠が失われた場合など当該職員が当該説明に係る内容の全部または一部を修正する必要があると認めた場合には、必要に応じ調査を再開した上で、その結果に基づき、再度、調査結果の内容の説明を行うことができる（調査通達5－4）。

調査の単位と再調査の関係

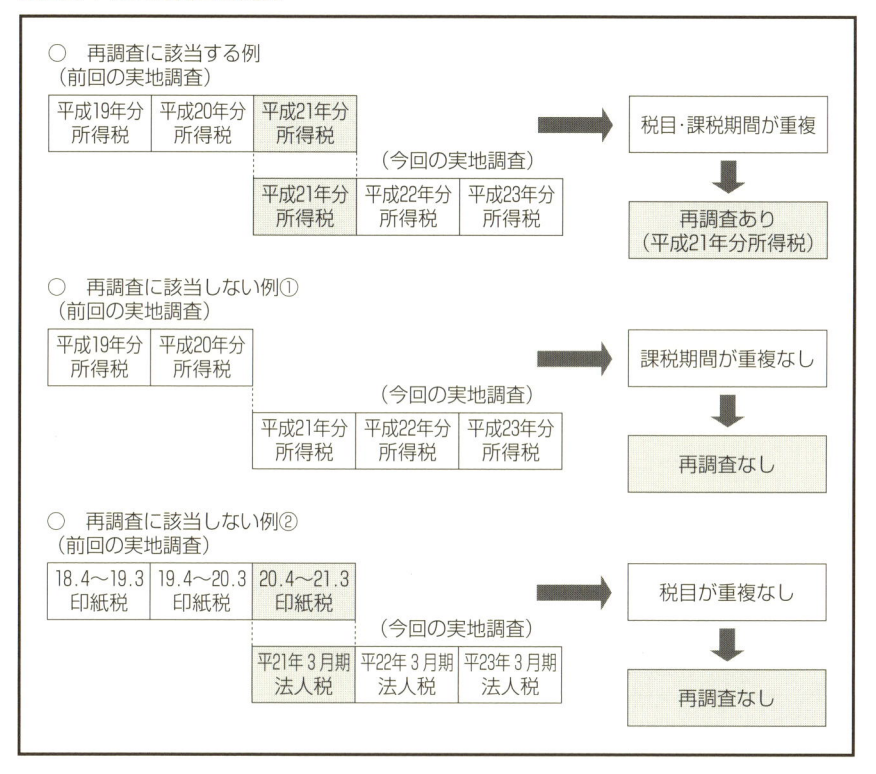

○ 再調査に該当する例
（前回の実地調査）

平成19年分所得税	平成20年分所得税	平成21年分所得税

（今回の実地調査）

平成21年分所得税	平成22年分所得税	平成23年分所得税

→ 税目・課税期間が重複 → 再調査あり（平成21年分所得税）

○ 再調査に該当しない例①
（前回の実地調査）

平成19年分所得税	平成20年分所得税

（今回の実地調査）

平成21年分所得税	平成22年分所得税	平成23年分所得税

→ 課税期間が重複なし → 再調査なし

○ 再調査に該当しない例②
（前回の実地調査）

18.4～19.3 印紙税	19.4～20.3 印紙税	20.4～21.3 印紙税

（今回の実地調査）

平21年3月期法人税	平22年3月期法人税	平23年3月期法人税

→ 税目が重複なし → 再調査なし

＊ 出典：梅原秀明「「国税通則法第7章の2（国税の調査）関係通達」の解説」税理56巻2号157頁

　同一課税期間の法人税の調査（一の調査）について、移転価格調査と移転価格調査以外の部分の調査に区分する場合において、納税義務者の事前の同意があるときは、納税義務者の負担軽減の観点から、一の納税義務に関してなされる一の調査を複数に区分して、調査ができる。この場合、複数に区分した後続の調査は再調査にあたらない（調査通達5－4（注））。

6 ▶ 新たに得られた情報等

　調査の再開・再調査について「新たに得られた情報」とは、調査終了の通知または国税の実地の調査において質問検査等を行った国税職員が、その通知またはその説明を行った時点において有していた情報以外の情報をいう（調査通達5－7）。

　調査担当者が調査の終了前に変更となった場合は、変更の前後のいずれかの調査担当者が有していた情報以外の情報をいう（調査通達5－7（注））。

　調査の再開・再調査について「新たに得られた情報に照らし非違があると認めるとき」には、新たに得られた情報から非違があると直接的に認められる場合のみならず、新たに得られた情報が直接的に非違に結びつかない場合であっても、新たに得られた情報とそれ以外の情報とを総合勘案した結果として非違があると合理的に推認される場合も含まれる（調査通達5－8）。

　事前通知した税目及び課税期間以外の税目及び課税期間について質問検査等を行おうとする場合において、その質問検査等が再調査にあたるときは、新たに得られた情報に照らし非違があると認められることが必要である（調査通達5－9）。

第7節

税務代理人

1 意 義

　「税務代理人」とは、納税義務者の税務代理権限証書（税理士法30）を提出している税理士もしくは税理士法人または税理士業務を行う旨の通知をした弁護士または弁護士法人をいう。

　事前通知前の意見聴取制度では、税理士法30条に規定する税務代理権限証書と同法33条の2に規定する書面を添付した申告書を提出しているという2つの条件を満たしている場合、調査の通知前に、税務代理権限証書を提出している税理士に、添付書面に記載された事項に関する意見を述べる機会を与えなければならない（税理士法35①）。これを書面添付制度の「意見聴取」という。

　意見聴取は、税務の専門家の立場を尊重して付与された税理士等の権利のひとつとして位置づけられ、添付書面を添付した税理士等が申告にあたって計算等を行った事項に関することや意見聴取前に生じた疑問点を解明することを目的として行われるものである。

　書面添付制度は税理士等だけに認められた権利で、関与形態の違いにより次の2つに区分される。

① 税理士または税理士法人自らが申告書を作成した場合（税理士法33の2①）　その申告書の作成に関して、計算・整理し、または相談に応じた事項を記載した書面を、当該申告書に添付することができる。

② 税理士または税理士法人が、他人の作成した申告書につき相談を受けて審査した場合（税理士法33の2②）　その申告書が法令の規定に従っ

て作成されていると認めたときは、その審査した事項及び法令の規定に従って作成されている旨を記載した書面を、その申告書に添付することができる。

書面添付制度の意見聴取と更正の予知の関係は次のようになる。

意見聴取における質疑等は、税務調査を行うかどうかを判断する前に行うものである。また、特定の納税義務者の課税標準等または税額等を認定する目的で行う行為に至らないものであることから、意見聴取における質疑等のみに起因して修正申告が提出されたとしても、その申告書の提出は更正があることを予知してされたものにはあたらないとされる。

2 事前通知

実地の調査の対象となる納税義務者について税務代理人がある場合における事前通知は、納税義務者及び税務代理人の双方に対して行う。納税義務者から事前通知について税務代理人を通じてその納税義務者に通知して差し支えない旨の申立てがあったときは、その税務代理人を通じてその納税義務者へ事前通知することとして差し支えない（調査通達7－1）。

税務代理人を通じてその納税義務者へ事前通知する場合においても、「実地の調査において質問検査等を行わせる」旨の通知については直接納税義務者に対して行う必要がある。

実地の調査の対象となる納税義務者について税務代理人がある場合において、事前通知した日時等の変更の求めは、その納税義務者のほかその税務代理人も行うことができる（調査通達7－2）。

実地の調査の対象となる納税義務者について税務代理人がある場合において、その税務代理人に対して、国税通則法の事前通知を行った場合には、税理士法34条《調査の通知》の規定による通知を併せて行ったものと取り扱う

(調査通達7－4)。

3 調査結果の説明等

　税務代理人がある場合の調査結果の内容説明等は、実地の調査の場合、納税義務者の同意があれば、納税義務者に代えて税務代理人に対してのみ行うことができる。実地の調査以外の調査により質問検査等を行った納税義務者について税務代理人がある場合、申告内容に誤りのある場合における調査結果の内容の説明ならびに修正申告勧奨、法的効果の説明及び教示文の交付等については、税務代理人への通知に準じて取り扱うことができる。

税務代理人がある場合の調査結果の内容説明等

○　税務代理人がある場合の調査結果の内容説明等
【実地の調査の場合】
　法令上、納税義務者の同意があれば、納税義務者に代えて、税務代理人に対してのみ説明等を行うことができる。
【実地の調査以外の調査の場合】
　手続通達7－3において、実地の調査に準じて行うこととして差し支えない。

↓

○　納税義務者への同意の確認方法
【実地の調査の場合】
　①　電話または対面により納税義務者に直接同意の意思を確認
　②　税務代理人を通じて納税義務者の同意の事実を証する書面の提出を求める。
【実地の調査以外の調査の場合】
　税務代理権限証書の提出をもって納税義務者の同意があったものとして取り扱う。

＊1　出典：税理士法人平川パートナーズ編「Q＆A 新税務調査手続パーフェクト・ガイド」税理56巻4号128頁
＊2　ここでいう「手続通達」とは「調査通達」のことである。

税務代理人への通知等の適用上、納税義務者の同意があるかどうかは、個々の納税義務者ごとに判断する（調査通達7－5）。

　例えば、相続税の調査において、個々の納税義務者ごとにその納税義務者の同意の有無により、その納税義務者に通知等を行うかその税務代理人に通知等を行うかを判断する（調査通達7－5（注））。

　納税義務者の同意は、一般的には「調査終了の際の手続に関する同意書」（次頁）によって行う。

調査の終了の際の手続に関する同意書

```
                                        平成　年　月　日
_____税務署長　殿
            調査の終了の際の手続に関する同意書
```

税理士 又は 税理士法人	事務所の名称 及び所在地	電話（　）－
	氏名又は名称	
	所属税理士会等	税理士会　　　支部　登録番号　第　　号

〔私・当法人〕は、上記〔税理士・税理士法人〕を代理人と定め、〔私・当法人〕に代わって代理人が下記の行為（国税通則法第74条の11第1項から第3項に規定する行為）を行うことに同意します。

依頼人 （個人）	住所 又は 事務所所在地	電話（　）－
	氏名又は名称	㊞

依頼人 （法人）	本店所在地	電話（　）－
	商号又は名称	
	代表者	㊞

対象とする行為 ※該当する項目にレを付すこと	下欄に掲げる税目の調査対象となった課税期間について、
	□　1　実地調査の結果、更正決定等をすべきと認められない場合において、その旨が記載された書面を受領すること
	□　2　調査の結果、更正決定等をすべきと認められる場合において、その調査結果の内容（更正決定等をすべきと認められた額及びその理由を含む。）の説明を受けること
	□　3　上記2の説明を受ける際に、修正申告又は期限後申告の勧奨が行われた場合における次に掲げる事項 ①　調査の結果に関し納税申告書を提出した場合には不服申立てをすることはできないが更正の請求をすることはできる旨の説明を受けること ②　上記①の内容を記載した書面の交付を受けること
	（　　　　）税　（　　　　）税　（　　　　）税

備考	

*　出典：税理士法人平川パートナーズ編「Q&A 新税務調査手続パーフェクト・ガイド」税理56巻4号130頁

第8節

理由附記

1 理由附記

　理由附記とは、行政手続法8条（理由の提示）及び同法14条（不利益処分の理由の提示）で定める処分理由の提示をいう。

　理由附記の趣旨は、①行政庁の判断の慎重を担保してその恣意を抑制させること、②処分の理由を納税義務者に知らせて不服申立に便宜を与えることにある[3-11]。

　平成23年改正前通則法では、国税当局の国税の法律に基づく申請に関する拒否処分や更正・決定等の不利益処分は、行政手続法が適用されないこととされ、理由附記は不要とされていた。ただし、法人税法等個別法では、青色申告の更正処分等には理由附記を行うこととされていた。

　平成23年の改正通則法では、申請の拒否処分及び不利益処分のすべての処分に理由附記が実施されることになり、平成25年1月1日以後の処分（個人の白色申告者に対する理由附記は、原則として26年1月1日以後の処分）から適用されている。

　この改正後、従前は理由附記が法的に義務づけられていなかった相続税、消費税等従来理由附記と関係のなかった税目についても理由附記が義務づけられた。

　実際、この改正後、相続税の更正処分につき、理由附記の不備を理由とした

3-11　最判昭和38年5月31日民集7巻4号617頁他

初の取消処分採決として平成26年11月18日付国税不服審判所採決が出された。

処分の理由附記の見直し（平成23年度（23年12月）改正）

> ○処分の適正化と納税者の予見可能性の確保の観点から、全ての処分について理由附記を実施する。
> ただし、個人の白色申告者に対する理由附記については、記帳・帳簿等保存義務の拡大と併せて実施する。

処分の種類	理由附記 （改正前）		理由附記 （改正後）
不利益処分 （更正・決定、加算税、青色申告承認取消、督促、差押え　等）	△ （一部実施）	⇒	○ （25年1月実施） ※ただし、個人の白色申告者に対する理由附記については、記帳・帳簿等保存義務の拡大と併せて実施する【次頁参照】。
申請に対する拒否処分 （更正の請求に対する更正理由がない旨の通知、青色申告承認申請の却下　等）	△ （一部実施）	⇒	○ （25年1月実施）

＊　出所：財務省「平成24年度 税制改正の解説──国税通則法の改正（詳解版）」241頁

　理由附記の程度は、「いかなる事実関係に基づき、いかなる法令……を適用して処分したのかを、納税義務者がその記載内容から了知し得る程度に記載する必要」（税務調査手続等に関するFAQ（職員用）【共通】（TAINS 税務調査手続等FAQ H241100共通01）問5－22）があるとされる。

　帳簿の保存、記載がない場合には、推計課税の合理性、必要性等の記載が必要となるが、「帳簿の記載を具体的に否定する理由を記載することは困難であることから、例えば、勘定科目毎に申告漏れ総額をまとめて示すなど、実際の記帳の程度を踏まえた合理的な範囲で理由附記を行わざるを得ないと考え」（同上FAQ（職員用）問5－23）るとする。

さらに、その処分の性質、法令根拠の趣旨・目的及びその処分に係る法令上の要件などを総合して理由附記を実施するとされる。

2 個人の白色申告者に対する理由附記の見直し

　平成23年の改正通則法では、申請の拒否処分及び不利益処分のすべての処分に理由附記が実施されることになった。したがって、白色申告者等に対する更正処分を行う場合にも、理由附記が行われる。加算税の賦課決定についても、青色申告者はもちろんのこと、白色申告者等に対する場合も含め理由附記が行われる。なお、白色申告者に対して（より簡易な簿記による）記帳義務が課されたことに留意すべきである。

個人に対する更正に係る理由附記、記帳・記録保存義務（所得税）の見直し

区分		改正前		改正後	
		記帳義務・記録保存義務	理由附記	記帳義務・記録保存義務	理由附記
Ⓐ 青色申告者		記帳義務　○	○	変更なし	
		記録保存義務　○			
白色申告者	確定申告あり	Ⓑ 所得300万円超（注1）（より簡易な簿記）	記帳義務　○	×	変更なし	×⇒○（25年1月施行）
			記録保存義務　○			
		Ⓒ 所得300万円以下	記帳義務　×	×	記帳義務　○（Ⓑの記帳水準と同程度）（26年1月施行）	×⇒○（注2）（26年1月施行）
			記録保存義務　○		変更なし	
	Ⓓ 確定申告をしていない者		記帳義務　×	×	記帳義務　○（Ⓑの記帳水準と同程度）（26年1月施行）	
			記録保存義務　×		記録保存義務　○（26年1月施行）	

(注1) 白色申告者に対する理由附記の施行時期は、その者が平成25年分において上記Ⓑ～Ⓓのいずれに該当するかによる。なお、平成25年分においてどれに該当するかは、平成23年分または平成24年分の所得金額及び確定申告の有無により判定する。

(注2) 特例として、平成20年～24年までに記帳義務があった者については、平成25年1月以後、理由附記を実施する。また、平成25年1月以後、上記Ⓑの者と同程度の記帳・記録保存を行っている者については、運用上、平成25年1月以後、理由附記を実施するよう努めるものとする。

＊ 出所：財務省「平成24年度 税制改正の解説──国税通則法の改正（詳解版）」242頁

税理士等の事前通知事項に関するチェックリスト

No.	事前通知事項	事前通知内容	チェック欄
1	事前通知の有無 （通則法74の9、74の10）	有 ・ 無 （＊1）	
2	事前通知日 （通則法74の9①）	関与先　平成　年　月　日 （税理士等を通じた事前通知事項の詳細通知の申立て ➡ 有・無） 税理士等　平成　年　月　日　午前・午後　時　分頃 （受信者氏名　　　　）	
3	関与先 （通則法74の9①七、通則令30の4①一）	個人　氏名（＊2） 　　　住所（納税地） 　　　TEL・FAX等 法人　名称・代表者 　　　住所（納税地） 　　　TEL・FAX等 　　　単体・連結（連結親法人・連結子法人）	
4	調査担当職員 （通則法74の9①七、通則令30の2①二）	国税局・調査　部、　税務署・課税第　部門 役職　　　、氏名　　　　、TEL・内線 （当該職員が複数であるときは、代表する者の氏名及び所属官署）	
5	調査開始日時 （通則法74の9①一）	平成　年　月　日　午前・午後　時～	
6	調査開始場所 （通則法74の9①二、通則令30の4②）	関与先、税理士等の事務所、その他	

7	調査の目的 (通則法74の9①三、通則令30の4②)	申告書の記載内容を確認するため、その他（　　　　　　　）	
8	調査対象税目 (通則法74の9①四)	所得税・法人税・消費税・相続税・その他（　　　　　）	
9	調査対象期間 (通則法74の9①五)	（税目）所得税、（期間）　　平成　　年分～平成　　年分	
		（税目）法人税、（期間）　　平成　　年　月期～平成　　年　　月期	
		（税目）　　　　（期間）	
		（税目）　　　　（期間）	
10	調査対象帳簿書類等の物件 (通則法74の9①六、通則令30の4②)	調査対象となる帳簿書類その他の物件 総勘定元帳、棚卸表、請求書・領収書等、その他（組織図・稟議書等）	
		法令により備付けまたは保存が義務となる帳簿書類等	
11	No.5またはNo.6の変更の申出 (通則法74の9①七、通則令30の4①三)	関与先または税理士等から合理的な理由を付して調査開始日時（No.5）または調査開始場所（No.6）の変更の申出があった場合に変更の協議をする旨	
12	事前通知事項以外の事項 (通則法74の9①七、通則令30の4①四)	事前通知事項のうち、No.7からNo.10以外の事項について非違が疑われる場合には、改めて事前通知を行わずに質問検査等を行う旨	

＊1　事前通知がない場合であっても、No.3以下を記載する。

＊2　相続税の調査の場合には、税理士等が税務代理権限証書を提出した相続人等の全員の氏名等を記載する。

＊3　出典：税理士法人平川パートナーズ編「Q&A 新税務調査手続パーフェクト・ガイド」税理56巻4号166・167頁

第4章

再調査の請求

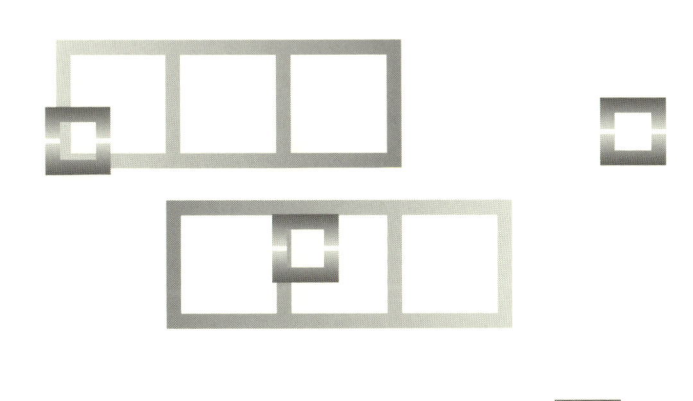

第1節

国税における「再調査の請求」

　租税に関する法的な紛争を「租税争訟」という。租税争訟は、納税者の権利保護の観点において、極めて重要な意味を有しており、租税争訟に関する制度の確立は、租税法律主義の不可欠の要素とまでいわれる[4-1]。

　租税争訟は「行政上の不服申立」と「訴訟」からなる。さらに、行政上の不服申立は、「再調査の請求」と「審査請求」とに分かれる。

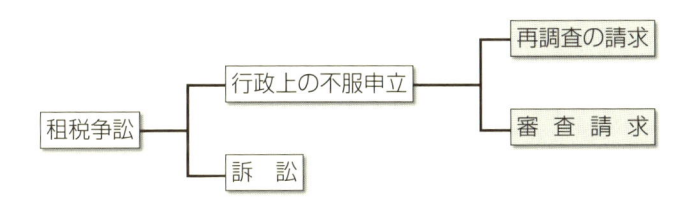

```
租税争訟 ─┬─ 行政上の不服申立 ─┬─ 再調査の請求
          │                      └─ 審査請求
          └─ 訴訟
```

1 「再調査の請求」とは

① 行政上の不服申立

（1）行政上の不服申立

　行政上の不服申立とは、行政上の処分に対し不服がある場合、行政庁に対し、処分の取消しや一定の処分を求めて不服申立を行うことをいう。そして、行政上の不服申立は、他の法律に特別の定めがある場合を除き、行政不服審

4-1　金子前掲書（注1-1）941頁以下参照

査法の規定に基づき行われる。

　行政の行為によって国民が権利利益を侵害された場合の救済手段として、裁判所に行政訴訟を提起することが考えられる。しかし、実際に裁判をするとなると、訴訟費用等のコストがかかるだけでなく、裁判手続が複雑なために多大な時間と労力が必要となる。そこで、簡易迅速な権利救済を図るとともに、行政の適正な運営を確保することを目的として、行政上の不服申立の制度が設けられている[4-2]。

　行政上の不服申立における制度の特徴は、①裁判と異なり手数料が不要であること、②審理の方法が書面審査を基本とする簡易迅速な手続が採用されていること、③裁断機関は行政に精通した行政機関であること、④審理の対象が処分の違法性だけでなく、法令上は適法なものであったとしても、その内容が不当である場合は取り消すことができること、⑤法的拘束力を持つ解決が行われること、が挙げられる[4-2・4-3]。

　以上のとおり、行政上の不服申立は、法的な紛争を解決する制度のひとつであり、法的拘束力を持った解決が行われる。よって、単なる「苦情の申出」とは異なることに留意する必要がある。

（2）書面主義及び職権主義

　行政上の不服申立における審理手続の原則として、①書面主義、②職権主義が挙げられる。

　「書面主義」とは、不服申立の審理手続が、書面の交換によって進められることをいう。そして、法律に別段の定めがある場合に限り、例外として、書面でなく、口頭での手続をもって行うことができる。

　また「職権主義」とは、審理を行う審理庁が、当事者の主張及び証拠の申

[4-2]　行政不服審査制度研究会編『ポイント解説 新行政不服審査』（ぎょうせい、2014年）2・3頁参照

[4-3]　宇賀克也『Q&A 新しい行政不服審査法の解説』（新日本法規出版、平成26年）3頁参照

出に拘束されずに、職権でこれらを探知して審理の資料とすることをいう。

　行政上の不服申立において、審理庁は、自ら証拠を収集することが可能であり、不服申立人が主張しない事実や、争いのない事実についても、職権で取り上げて、その存否を調べることが可能とされ、この点は、原則として弁論主義が採用されている訴訟と異なる。

　上記2つの原則は、行政上の不服申立が、簡易迅速な権利救済を図ることを要請し、行政の適正な運営を確保することを目的としていることに由来するとされる[4-4]。

② 国税における不服申立

(1) 行政不服審査法と国税通則法との関係

　行政不服審査法は、「行政庁の処分その他公権力の行使に当たる行為に関する不服申立てについては、他の法律に特別の定めがある場合を除くほか、この法律の定めるところによる」旨規定している（新行審法1②）。この規定は、行政不服審査法が、行政庁への不服申立についての一般法としての性格を有すること、及び他の法律に特別の定めがある場合には、他の法律の定めが特別法として優先して適用されることを示している。

　そして、国税通則法は、第8章第1節に不服審査の諸規定を設け、一般法である行政不服審査法の定めに対する特例を定めていることから、行政不服審査法の特別法と位置づけられる。しかしながら、その内容を鑑みると、国税に関する法律に基づく処分に対する不服申立は、行政不服審査法の第2章及び第3章に規定される不服申立の手続きを適用除外とし（改正通則法80①）、不服申立てに関する一連の個別規定によって、行政不服審査法の規定を排除し、ほぼ自己完結的な規定となっている[4-5]。国税通則法が自己完結的な規定

[4-4]　櫻井敬子・橋本博之『行政法〈第4版〉』（弘文堂、2013年）248頁参照
[4-5]　行政不服審査法と国税通則法の関係の詳細等について、橋本博之・青木丈・植山克郎『新しい行政不服審査制度』（弘文堂、2014年）262頁以下参照

を置いている理由は、処分の大量性や事件内容の特殊性等から行政不服審査法の規定をそのまま適用することはできず、その大部分に特則を必要とするからなどと説明される[4-6]。

要するに、行政上の処分のうち、国税に関する法律に基づく処分に対する不服申立は、行政不服審査法の規定ではなく、国税通則法の規定によって行うこととなる。

(2) 国税における不服申立

国税における不服申立とは、行政上の処分のうち、国税に関する法律に基づく処分を受けた者が、その処分に不服がある場合に行う不服申立をいい、国税通則法の規定に基づき行われる。国税における不服申立は、その処分をした税務署長、国税局長、税関長または国税審判所長に対し、不服を申し立てる（改正通則法75①一イ）。

(3) 国税における不服申立の種類

国税における不服申立は、「再調査の請求」と「審査請求」との2種類の不服申立が設けられており、税務署長等に対し行うものを再調査の請求といい、国税不服審判所長に対するものを審査請求という（改正通則法75①一ロほか）。

(4) 書面主義及び職権主義

行政上の不服申立の審理手続の原則である書面主義及び職権主義は、国税における不服申立においても原則とされる。しかし、次の点に留意が必要である。

① 書面主義について、行政上の不服申立においては、他の法律に定めがある場合は口頭による審査請求を認めている（新行審法19①）が、国税における不服申立においては、口頭による不服申立を認めず、必ず書面

4-6 武田昌輔監修『DHCコンメンタール国税通則法』（第一法規、1982年）4227頁参照

によらなければならない（改正通則法81、87）。

② 職権主義について、国税通則法は、国税不服審判所に対する審査請求につき、審理のための質問検査等を認めている（改正通則法97）。

しかし、国税不服審判所は、同所が権利救済機関であること、及び国会での附帯決議[4-7]を鑑み、原則として、不服申立人が処分を違法であると主張する理由の当否のみを審理の対象とする、いわゆる争点主義的運営を行っている[4-8]。国税不服審判所では、不服申立人の主張しない理由は審理の対象とすべきでないとの考えに則り、審理庁の審理の範囲は、原処の認定額のうち不服申立に係る争点事項と、これと密接に関連する事項に限定しており、その運営上、職権主義に一定の制限を課している[4-9]。

2 · 異議申立前置の廃止

改正前の国税通則法は、国税に関する法律に基づく処分についてする不服申立のうち、処分をした行政庁に対する不服申立を「異議申立て」として規定していた（旧通則法75①）。そして、青色申告に対する更正の場合等を除いて、異議申立をした後でなければ、国税不服審判所長に対する「審査請求」をすることができないとされており、いわゆる異議申立前置が採用されていた（旧

[4-7] 昭和45年3月24日第63回国会参議院大蔵委員会「国税通則法の一部を改正する法律案」に対する附帯決議「政府は、国税不服審判所の運営に当たっては、その使命が納税者の権利救済にあることに則り、総額主義に偏することなく、争点主義の精神をいかし、その趣旨徹底に遺憾なきを期すべきである。」

[4-8] 審査請求関係通達97-1「実質審理は、審査請求人の申立てに係る原処分について、その全体の当否を判断するために行うものであるが、その実施に当たっては、審査請求人および原処分庁双方の主張より明らかとなった争点に主眼を置いて効率的に行なうものとする。」

[4-9] 黒坂昭一『Q&A 国税に関する不服申立制度の実務（二訂版）』（大蔵財務協会、2015年）331頁参照

通則法75③)。

　異議申立前置が採用されていた理由は、「国税に関する処分については、不服申立てがあっても、争点が整理されていない、要件事実の認定に関しての見直し調査的な請求が多いことから、このような争いについては、まず、原処分庁に不服を申し立てることにより、より簡易かつ迅速に事件の処理を図るとともに、争点を整理して審査請求の手続の整備充実に資する必要がある[4-10]」として説明される。

　しかし、改正後の国税通則法は、「審査請求の前に簡易な手続を設ける場合においても、不服申立人の中には、要件事実の認定の当否ではなく、法令の解釈等を争いたい場合もあると考えられ、これを一律に義務付ける意義は乏しいと考えられる」[4-11]との趣旨から、異議申立前置を廃止した。

　なお、改正国税通則法では、「異議申立て」は、「再調査の請求」と名称を改め、処分庁が簡易な手続で事実関係の再調査をすることによって処分の見直しを行う手続と位置づけられ、国税に関する不服申立をする場合、再調査の請求または審査請求が選択できることとなった（改正通則法75①一、三、②、⑤)。

[4-10]　金澤節男他「行政不服審査法の改正に伴う国税通則法の改正（平成26年6月改正）」財務省『平成26年度　税制改正の解説』1120頁、及び最判昭和49年7月19日（TAINS Z076-3367）

[4-11]　総務省「行政不服審査制度の見直し方針」（平成25年6月）4頁

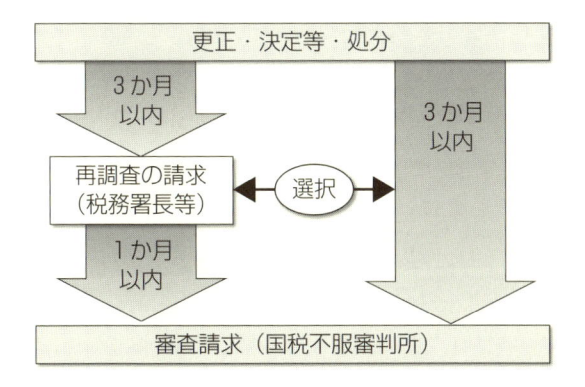

```
                  更正・決定等・処分
              ┌─────────┴─────────┐
              │3か月              │
              │以内               │3か月
              ↓                   │以内
         再調査の請求    ←選択→    │
         (税務署長等)              │
              │                   │
              │1か月              │
              │以内               │
              ↓                   ↓
           審査請求(国税不服審判所)
```

　＊　出所：金澤節男他「行政不服審査法の改正に伴う国税通則法等の改正（平成26年6月改正）」財務省『平成26年度 税制改正の解説』1124頁を一部改変

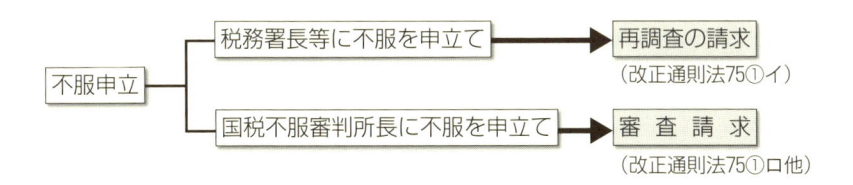

```
           ┌─ 税務署長等に不服を申立て ──→ 再調査の請求
不服申立 ──┤                                (改正通則法75①イ)
           └─ 国税不服審判所長に不服を申立て ──→ 審　査　請　求
                                              (改正通則法75①ロ他)
```

　以上のとおり、再調査の請求と審査請求とは選択制になったのであるが、第一審として再調査の請求を選択した場合、審査請求を経ずに処分の取消しを求める訴えを提起することはできない（改正通則法115）ことに留意が必要である。

3 ・ 再調査の請求ができる場合

　国税に関する法律に基づく処分につき不服がある者は、税務署長、国税局長または税関長がした処分に対し、再調査の請求ができる（新通則法75①）。

① 国税に関する法律に基づく処分

上記のとおり、再調査の請求は、①国税に関する法律に基づいている、②処分に不服がある場合にできる。

①国税に関する法律とは、国税通則法、国税徴収法、所得税法、租税特別措置法等国税について、課税標準、税率、納付すべき税額の確定、納付、徴収、還付等国と納税者との間の権利義務に関する事項を規定している法律をいう。

②処分とは、行政庁が行政法規の具体的な適用または執行として、公権力の行使として、国民に対し優位的な立場で行う、権利の設定、業務の下命等の法律上の効果を発生させる行為をいう。

種　類	可否	留意事項
更正決定	○	
滞納処分	○	
税法上の各種申請の拒否	○	
青色申告の承認の取消し	○	
物納された財産の売払い行為	×	行政庁の司法的行為にあたり、公権力の行使にあたらず、「処分」にあたらない。
還付金等の還付	×	納税者の権利義務その他の地位を形成し、またはその範囲を具体的に確定する等の効果を生じせしめるものではないから、「処分」にあたらない（広島高判昭和54年2月26日）。

還付金等の充当	○	充当は、公権力行使の主体である税務署長等が一方的に行う行為であって、それによって国民の法律上の地位に直接影響を及ぼすものというべきであるから「処分」にあたる。
通達・指示等	×	上級行政庁が下級行政庁に対してする通達等は、行政内部の意思表示に止まり、国民の権利義務に直接影響を与えることがないから、「処分」とはいえない。
予定納税額、質権者等に対する差押え、公売等の通知	×	既存の法律関係を事実上確認し、または単に知らせる行為であり、それ自身は法律効果を発生させる行為でなく、「処分」にはあたらない。
督　促	○	滞納処分の前提となり、督促を受けたときは、納税者は、一定の日までに督促に係る国税を完納しなければ滞納処分を受ける地位に立たされることから、「処分」にあたる。
公売における最高価申込者の決定	○	公売手続の最終段階の行為であり、それを受ける者にその財産の売却決定を受ける法的地位を付与するものであるから、「処分」にあたる。
申告書の受理	×	単純な窓口事務であり、公権力の行使にあたる行政庁の行為ではなく、「処分」にあたらない。
源泉徴収義務者が納付した税金を収納する行為	×	公権力の行使にあたらないことから、「処分」にあたらない。

源泉所得税の納税告知（受給者）	×	給与等の受給者の源泉納税義務の存否、範囲に影響を及ぼさないことから、「処分」にあたらない。
源泉所得税の納税告知（支払者（源泉徴収義務者））	○	源泉徴収して納付すべき税額の範囲に関する税務署長の公権的判断を内包しているので、判断を争って不服申立できる。 また、納税告知の性質は徴収処分であるが、確定した国税債権の具体的な数額についての税務署長の意見が初めて公にされる処分であるから、支払者がこれと意見を異にするときはこれを争うことができる。
納税申告（過大である場合）	×	納税者が申告税額が過大であると主張する場合には、「更正の請求」によるべきであり、申告書の収受等につき不服申立することはできない。

② 再調査の請求の利益

　上記で述べたとおり、「不服申立て」は、法的な紛争を解決する制度のひとつであり、法的拘束力を持った解決が行われる制度である。

　再調査の請求は、不服申立のひとつであるから、再調査の請求においては、単に処分が不服であるというだけでなく、その処分によって、自己の権利または法律上の利益が害されていることが必要となる。

事　例	可否	留意事項
青色申告等に係る更正の理由	○	理由付記を欠く場合はもちろん、具体的根拠が明示されていない場合にも不服申立をすることができる。
更正決定につき再更正があった場合	○	再更正があったからといって、目的を失い、不服申立の利益を欠くことにならない。
更正決定後に修正申告がされた場合	×	納付すべき税額は、増額された部分を含む全額が即時確定するから、先にされた更正決定はその修正申告に吸収されて消滅しその存在意義を失ったというべきであり、不服申立の利益はない。
減額更正	×	納税者に利益な処分であって、不服申立の利益はない。
処分が取り消された場合	×	課税処分または滞納処分が取り消された場合、不服申立の利益はない。
債権差押えの第三債務者	×	滞納処分による債権差押えに係る第三債務者が行う債務の消滅または不存在の主張は、差押権者の支払いを求める民事訴訟においてすべきであって、差押えそのものの取消しを求める法律上の利益はない。

*　荒井勇他共編『国税通則法精解（平成25年改訂）』（大蔵財務協会、2013年）927頁以降参照

4 ▶ 再調査請求

① 再調査請求人

　再調査の請求は、国税に関する法律に基づく処分に不服がある場合に、再調査の請求書を書面で提出して行う（改正通則法81①）。当該再調査の請求を行う者を「再調査請求人」という。

② 再調査請求人の地位の承継

　次の①〜③の場合、それぞれに掲げる者は、再調査の請求人の地位を承継する。
　この場合、これらの事実を証する書面を添付して、地位を承継した旨を書面で税務署長等に届け出なければならない（通則法106③）。
　①　再調査の請求人が死亡したときは、相続人は、再調査請求人の地位を承継する（通則法106②）。
　②　再調査請求人について合併があったときは、合併後存続する法人もしくは合併により設立した法人は、再調査の請求人の地位を承継する（通則法106③）。
　③　再調査請求人について分割があったときは、分割により当該権利を承継した法人は、再調査の請求人の地位を承継する（通則法106③）。

③ 代理人

　再調査請求人は、弁護士、税理士その他適当と認める者を代理人に選任することができる（通則法107①）。代理人は、再調査の請求人のために、当該再調査の請求に係る一切の行為をすることができるが、再調査の請求の取り

下げ、及び代理人の選任は、特別の委任を受けた場合でなければできない（改正通則法107②）。

④ 総　代

多人数が共同して再調査の請求をするときは、3人を超えない総代を互選することができる。総代は、各自、他の共同再調査請求人のために、取下げを除き、当該再調査の請求の一切の行為をすることができる（改正通則法108）。

⑤ 参加人

再調査の請求人以外の者で、再調査の請求に係る処分の根拠となる法令に照らし当該処分につき利害関係を有するものと認められる者を「利害関係人」という。そして利害関係人は、次の①、②に掲げる場合に再調査の請求に参加できる。ここにいう再調査の請求に参加できる者を「参加人」という。

① 税務署長等の許可を得て、当該再調査の請求に参加する者（改正通則法109①）
② 税務署長等が、必要があると認めた場合に、当該再調査の請求に参加することを求めた者（改正通則法109②）

⑥ 再調査の請求先等

（1）再調査の請求先

再調査の請求先は、次に掲げるとおりである（改正通則法75①一・二、②）。なお、再調査の請求は、下記⑩に掲げる再調査の請求書の記載事項を記載した書面を、下記に掲げる再調査の提出先に対し、それぞれ提出しなければならない（改正通則法81①②）。

① 税務署長がした処分……税務署長
② 国税局長がした処分……国税局長
③ 税関長がした処分………税関長
④ 国税局長がした処分であるが、その処分に係る事項に関する調査が国税局の当該職員によりされた旨の記載がある書面による通知された場合………………………………その処分をした税務署長の管轄区域を所轄する国税局長

　この場合、再調査の請求は、当該再調査の請求に係る処分をした税務署長を経由してすることができる（改正通則法82①）。そして、再調査の請求書を受け取った税務署長は、直ちに再調査の請求書を当該税務署長の管轄区域を所管する国税局長に送付しなければならず（改正通則法82②）、当該税務署長に提出された時に再調査の請求がされたものとみなされる（改正通則法82③）。

（2）納税地の異動があった場合

　再調査の請求は、上記（1）のとおり、その処分をした税務署長等に対して行うのが原則である。しかし、再調査の請求をしようとする者の納税地に異動があった場合、当該再調査の請求は、再調査の請求をする際における納税地の所轄税務署長または国税局長に行わなければならない。

　納税地の異動の対象となる処分は、所得税、法人税、地方法人税、相続税、贈与税、地価税、課税資産の譲渡等に係る消費税または電源開発促進税に係る税務署長及び国税局長の処分をいう。ただし、当該処分に該当しても、国税の徴収及び滞納処分等があった以後に納税地の異動があった場合における督促、納税の猶予、担保の徴収、保証人に対する納税通知、第二次納税義務者に対する納税告知等の処分は除かれる（改正通則法85①）。

　また、再調査の請求書が処分を行った税務署長等に提出されたときは、当該税務署長等は、その再調査の請求書を受理することができる。この場合、再調査の請求書は、現在の納税地を所轄する税務署長等に提出されたものと

みなし（改正通則法85③）、再調査の請求書を受理した税務署長等は、その再調査の請求書を現在の納税地を所轄する税務署長等に送付し、かつ、その旨を再調査の請求人に通知しなければならない（改正通則法85④）。

（3）誤った教示をした場合

下記のそれぞれの場合において、再調査の請求書が再調査の請求をすべき行政機関に送付されたときは、初めから再調査の請求をすべき行政機関に再調査の請求がされたものとみなす（改正通則法112⑤）。

① 再調査の請求をすべき行政機関を教示する際に、誤って当該行政機関でない行政機関を教示した場合で、その教示された行政機関に対し再調査の請求がされたとき

⇒ 当該行政機関は速やかに再調査の請求書を再調査の請求をすべき行政機関に送付し、かつ、その旨を再調査の請求に通知しなければならない（改正通則法112①）。

② 再調査の請求をすることができる旨を誤って教示しなかった場合で、国税不服審判所長に審査請求がされた場合であって、審査請求人から申出があったとき

⇒ 国税不服審判所長は、速やかに、審査請求書を再調査の請求をすべき行政機関に送付しなければならない。ただし、審査請求人に答弁書を送付した後においては、この限りではない（改正通則法112②）。

⑦ 再調査の請求の申立期間

（1）原 則

再調査の請求は、処分があったことを知った日（処分に係る通知を受けた場合には、その通知を受けた日）の翌日から起算して3月を経過したときはすることができない（改正通則法77①）。

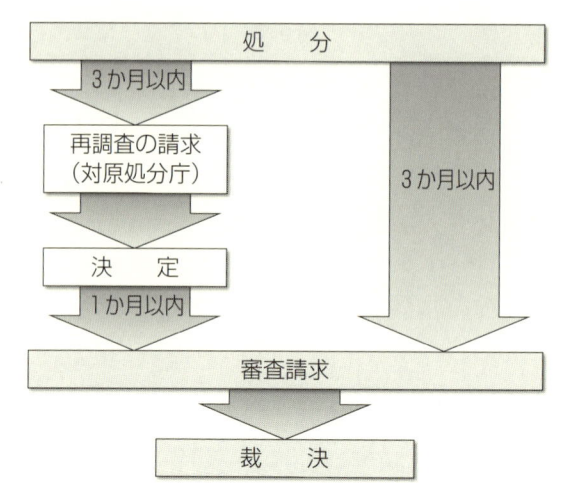

```
        処　　分
      ↓ 3か月以内        ↓
   再調査の請求
   （対原処分庁）       3か月以内
      ↓ 決　　定
      ↓ 1か月以内        ↓
        審査請求
          ↓
         裁　決
```

＊　出所：金澤節男他「行政不服審査法の改正に伴う国税通則法等の改正（平成26年6月改正）」財務省『平成26年度 税制改正の解説』1124頁を一部改変

　再調査の請求の起算日は、処分に係る通知を受けた場合、その通知を受けた日である。ここにいう、「通知を受けた」とは、通知が社会通念上了知できると認められる客観的状態に置かれることをいう。また、処分に係る通知を受けない場合には、処分があったことを知った日が起算日となる。

(2) 例　外

　上記（1）の期間を経過した場合でも、例外として、正当な理由があるときは、不服申立期間の経過後であっても、不服申立ができる（改正通則法77①）。
　改正前の国税通則法では、不服申立期間の例外として、原則の期間を経過した後の調和であっても、「天災その他……やむを得ない理由があるとき」は、その理由がやんだ日の翌日から起算して7日以内にすることができるとされていた（旧通則法77④）。しかし、今般の改正により、「天災その他やむを得ない理由があるとき」から「正当な理由があるとき」に変更された。

(3) 除斥期間

再調査の請求の始期は、上記のとおり、処分があった日と一致しないことがある。そこで、処分の早期安定の要請との調和を図る趣旨から、処分があった日の翌日から起算して1年を経過したときは、もはや再調査の請求はできないとしている（改正通則法77③）。ただし、正当な理由があるときは、1年後でも再調査の請求をすることはできる。

(4)「正当な理由」について

改正前の国税通則法は、「天災その他やむを得ない理由があるとき（旧通則法77③）」の不服申立期間の延長と、「誤って法定の期間より長い期間を不服申立期間として教示した場合（旧通則法77⑥）」の救済規定、及び「正当な理由（旧通則法77③）」があるときの救済規定がそれぞれ規定されていた。

そして、改正前の国税通則法77条4項における「正当な理由」は、「やむを得ない理由」よりは狭い概念と考えられるとされ、不服申立期間の教示がないのは正当な理由に含まれない[4-12]と解する見解があった[4-13]。

今般の改正において、改正国税通則法77条において、救済規定の用語が「正当な理由」に統一されたのであるが、上記の見解とは異なり、両者の関係につき、「天災その他やむを得ない理由があるとき」は、「正当な理由」に含まれるとされる見解[4-14]がある。

どのような事実をもって、「正当な理由」といえるかについては、個別の事件ごとに判断されることになるため、今後の裁判例等を待ちたい。

[4-12] 最判昭和53年12月22日（TAINS T103-4302）

[4-13] 武田昌輔監修『DHC コンメンタール 国税通則法』（第一法規、1982年）4137頁参照

[4-14] 例えば、青木丈『こう変わる！国税不服申立て』（ぎょうせい、2014年）51頁参照

⑧ 郵送等に係る再調査の請求書の提出時期等

　再調査の請求書を郵送等を（郵便または信書便）により提出した場合は、その郵便物または信書便物の通信日付により表示された日にその提出がされたものとみなすいわゆる発信主義がとられている（通則法77④）。

　また、再調査の請求につき、当該再調査の請求に係る処分をした税務署長を経由してする場合は、上記⑥のとおり、当該税務署長に提出された時に再調査の請求がされたものとみなされる（改正通則法82③）。

⑨ 標準審理期間

　税務署長等は、再調査の請求がその事務所に到着してから、当該再調査の請求についての決定をするまでに通常要すべき標準的な期間を定めるよう努めるとともに、標準的な期間を定めたときは、その事務所における備付けその他適用な方法により公にしておかなければならない（改正通則法77の2）。

　これは、行政不服審査法が、審理の遅延を防ぎ、審査請求人の権利利益の救済を図る観点から、標準審理期間を規定した（新行審法16、61）ことに伴い、今般の国税通則法の改正により創設された条項である。

　なお、国税庁では、例年、「異議申立て」については3か月以内処理を具体的な測定指標として定め、その実績を公表している[4-15]。

　このことから、再調査の請求についても、異議申立についての測定指標が踏襲されると思われる。

4-15　「国税庁レポート2015」によれば、異議申立の3か月以内処理数割合は、平成24年度95.4％、平成25年度97.0％、平成26年度96.9％と90％以上で推移している。ただし、この数値からは、相互協議事案、公訴関連事案及び国際課税事案は除かれている。

⑩ 再調査の請求書の記載事項

再調査の請求をする場合に再調査請求書に記載する事項は、次のとおりである。

現時点では再調査の請求書の記載要領等の詳細は公表されていないことから、異議申立書の記載要領を基に検討する。

(1) 再調査の請求に係る処分の内容（改正通則法81①一）

再調査の請求に係る処分とは、再調査の請求の対象をいい、これを「原処分」という。再調査の請求をする場合、再調査の請求の処分を特定するため、再調査に係る処分の内容を記載しなければならない。具体的には、処分の日付、処分の名称等のほか、再調査の請求人が処分の相手方以外の者である場合には、処分の相手方の氏名または名称を記載する必要があろう（異議申立関係通達81-1参照）。

(2) 再調査の請求に係る処分があったことを知った年月日（改正通則法81①二）

原処分があったことを知った日等の再調査の請求期間の始期にあたる日を記載しなければならない。これによって、再調査の請求が適法な期間内にされたかどうかを確認することができる。記載すべき日は、再調査の請求をしようとする処分に係る通知を受けた場合には、その受けた年月日であり、その通知を受けていない場合には、その再調査の請求に係る処分があったことを知った年月日である。

(3) 再調査の請求の趣旨及び理由（改正通則法81①三）

再調査の請求書には、再調査の請求の「趣旨」及び「理由」を記載しなければならない。

「趣旨」とは、再調査の請求人が求める再調査の請求の主文に対応するも

のをいう。つまり、再調査の請求における原処分の取消しまたは変更を求める範囲を明らかにする簡潔な結論のことである。再調査の請求人が、再調査の請求において求める結論は、「全部取消し」「一部取消し」「変更」のいずれかであろうから、これらを明記する必要がある。そして「一部取消し」や「変更」の場合、その範囲を明らかにする必要がある。

（4）再調査の請求の年月日（改正通則法81①四）

再調査の請求書には、再調査の請求の年月日を記載する。この年月日により、再調査の請求が、申立期間内になされているかを判断する。

（5）不服申立期間の経過後に再調査の請求をする場合の「正当な理由」（改正通則法81②）

改正前の国税通則法においては、天災その他やむを得ない理由等により通常の不服申立期間より遅れて異議申立をした場合等における「天災その他やむを得ない理由」及び「正当な理由」は、任意記載事項とされていた。今般の改正により、正当な理由がある場合の「正当な理由」については、任意記載事項ではなく、義務的に記載する必要があることとなった。

5・形式審理

再調査の請求書が提出された場合、その提出された税務署長その他行政機関の長のことを「再調査審理庁」という。再調査審理庁は、まず再調査請求書及び添付書類等が国税に関する法律に規定する要件を充足しているか否かの審理（≒確認作業）を行う。形式的要件を満たしているか否かを審理することから、この審理のことを「形式審理」という。形式審理は、次の各事項について行われる（異議申立関係通達83-1参照）。

① 再調査の請求の対象となった処分が再調査の請求をすることができる

か否か
② 再調査の請求の対象となった処分が存在するか否か
③ 再調査の請求の対象となった処分が再調査請求人の権利または法律上の利益を侵害するか否か
④ 再調査の請求の対象となった処分について、すでに国税不服審判所の裁決または再調査審理庁の決定がされていないか
⑤ 再調査の請求が再調査審理庁でない行政機関にされていないか
⑥ 再調査の請求が法定の再調査請求期間内にされているか否か
⑦ 再調査の請求書が上記 3 ⑩の記載事項を満たした書面によっているか否か
⑧ 再調査審理庁が相当の期間を定めて補正要求を行った場合において、当該期間内に補正がされたか否か
⑨ そのほか、形式審理において、再調査の請求が不適法なものである場合、再調査審理庁は決定で当該再調査の請求を却下する。

6 補　正

　再調査の請求書が国税に関する法律の規定に従っていない場合、これを国税に関する法律の規定に従ったものにすることを「補正」という。補正の方法は、①通常の方法による補正、②職権による補正、③口頭による補正がある。

① 通常の補正、職権による補正

　再調査の請求書を再調査審理庁は、再調査の請求書が国税通則法の規定に違反する場合、相当の期間を設けて、その期間内に不備を補正すべきことを求めなければならない（改正通則法81③）。この場合、不備が軽微なものであるときは、再調査審理庁は、職権で補正することができる。

再調査の請求人が補正期間内に不備を補正しないときなどは、審理手続を経ないで再調査の請求を決定で却下することができる（改正通則法81⑤）。

② 口頭による補正

再調査の請求人は、上記の補正を求められた場合、その再調査の請求に係る税務署等に出頭して補正すべき事項を陳述し、その陳述の内容を税務署等の職員が録取した書面に押印することによって、補正することもできる（改正通則法81④）。

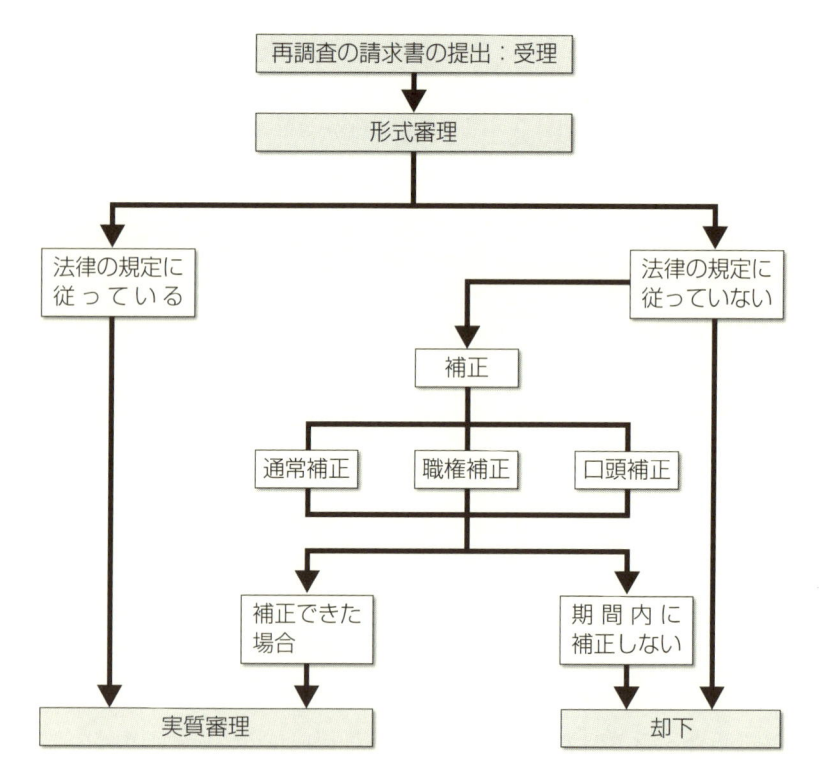

```
          再調査の請求書の提出：受理
                    │
                 形式審理
          ┌─────────┴─────────┐
    法律の規定に              法律の規定に
    従っている                従っていない
         │                      │
         │                     補正
         │         ┌────────────┼────────────┐
         │      通常補正      職権補正      口頭補正
         │         └────────────┬────────────┘
         │              ┌───────┴───────┐
         │         補正できた          期間内に
         │          場合              補正しない
         │              │                │
         └──────────────┤                │
                    実質審理           却下
```

　　＊　出典：日本税務会計学会訴訟実務部門『税務争訟ガイドブック―納税者の権利救済の手続と実務―』（平成20年、民事法研究会）55頁を参考に作成

7 実質審理

① 口頭意見陳述（改正通則法84②）

再調査審理庁は、再調査の請求人または参加人（改正通則法109）から申立てがあった場合には、当該申立てをした者（以下、申立人）に口頭で意見を述べる機会を与えなければならない。この場合、次の点に留意する。

① 口頭意見陳述の機会を与えることが困難と認められる場合は、その機会を与えないことがある（改正通則法84①）。
② 口頭意見陳述は、再調査審理庁が期日及び場所を指定し、再調査の請求人または参加人を招集してさせる（改正通則法84②）。
③ 口頭意見陳述が、事件に関係ない事項にわたるなど、相当でない場合には、制限できる（改正通則法84⑤）。
④ 再調査審理庁は、必要があると認められる場合は、その行政機関の職員に口頭意見陳述を聴かせることができる（改正通則法84④）。

② 補佐人の帯同（改正通則法84③）

口頭意見陳述において、再調査の請求人及び参加人は、再調査審理庁の許可を得て、補佐人と伴に出頭することができる。

ここにいう補佐人とは、再調査の請求人等に付き添って意見陳述の期日に出頭し、その陳述を補佐する者をいう（異議申立関係通達84-6参照）。

③ 証拠書類の提出（改正通則法84⑥）

再調査の請求人または参加人は、証拠書類または証拠物を提出することができる。この場合、再調査審理庁が証拠書類等を提出すべき相当の期間を定

めたときは、その期間内にこれを提出しなければならない。

8 決　定

　再調査の請求について再調査審理庁の最終判断を「決定」という。決定には「却下」「棄却」「取消し」「変更」の4種類がある。

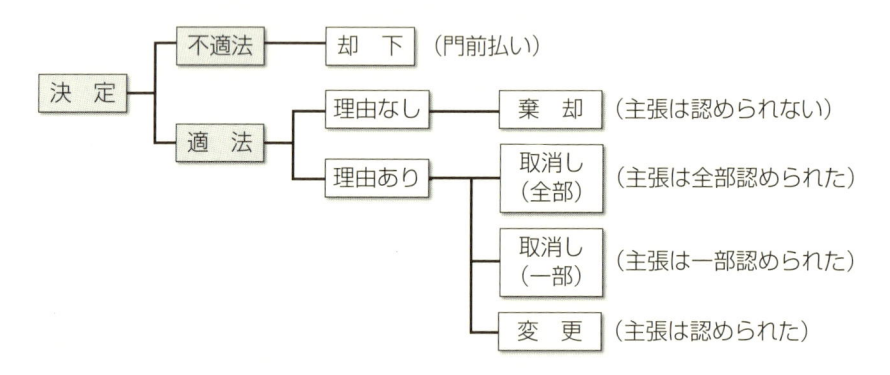

```
決　定 ─┬─ 不適法 ── 却　下 （門前払い）
        └─ 適　法 ─┬─ 理由なし ── 棄　却 （主張は認められない）
                    └─ 理由あり ─┬─ 取消し（全部）（主張は全部認められた）
                                  ├─ 取消し（一部）（主張は一部認められた）
                                  └─ 変　更 （主張は認められた）
```

① 却下（改正通則法83①）

　却下は、再調査の請求が法定の期間経過後にされたものである場合その他不適法である場合に行われる。この場合、再調査の請求そのものが不適法であるために、再調査の請求に理由があるか否かの審理・判断を行われない。つまり、上記 **5** の形式審理のみで終了し、上記 **7** の実質審理に入らない、いわば門前払いの決定といえる。

② 棄却（改正通則法83②）

　再調査審理庁は、再調査の請求が適法であるものにつき、再調査の請求に理由があるか否かの判断を行う。棄却は、再調査の請求に理由がない場合に行われる。要するに、再調査の請求人の主張は認められない、ということで

ある。

③ 取消し（改正通則法83③）

取消しは、再調査の請求に理由がある場合に行われる。取消しには、再調査の請求に係る処分の全部を取り消す場合と、一部を取り消す場合とがある。全部取消しは、再調査の請求人の主張の全部が認められたことを意味し、一部取消しは、その主張の一部のみ認めれたことを意味する。一部取消しの場合の取り消されなかった部分については、事実上、棄却となる。

④ 変更（改正通則法83③）

国税に関する法律に基づく処分のうち、例えば、耐用年数の短縮に関する処分（所令130③他）等のように、上記③の一部または全部取消しという概念になじまないものがある。変更は、このような場合、再調査の請求に理由があるものの、一部取消し等の概念になじまないものについて行われる。この場合、再調査の請求人にとって、不利益となる変更はすることができない（「不利益変更処分禁止の原則」）。

⑤ 理由の附記等

再調査の請求についての決定は、主文及び理由を記載し、再調査審理庁が記名押印した再調査決定書によらなければならない（改正通則法84⑦）。そして、再調査の請求ついての決定が、原処分の一部または全部を維持する場合、その維持される処分を正当とする理由が明らかにされていなければならない（改正通則法84⑧）。

⑥ 再調査決定書の教示

　再調査審理庁は、上記③のうち全部取消しの決定に係るものを除き、上記⑤の再調査決定書に、再調査の請求に係る処分につき国税不服審判所に対して審査請求ができる旨及び審査請求期間を記載して、これを教示しなければならない（改正通則法84⑨）。

9 取下げ

　再調査請求人は、再調査の請求についての決定があるまでは、いつでも書面により当該再調査の請求を取り下げることができる。
　また、再調査の請求をしている者が、再調査の請求の決定を経ない審査請求（再調査の請求をした日の翌日から起算して3月を経過しても当該再調査の請求についての決定がない場合等に国税不服審判所に対し審査請求をした場合等）した場合、再調査の請求は取り下げられたものとみなす（改正通則法110②三）。

10 3月後の教示

　再調査審理庁は、再調査の請求がされた日等の翌日から起算して3月を経過しても当該再調査の請求が係属しているときは、遅滞なく、当該処分について直ちに国税不服審判所に対して審査請求をすることができる旨を書面でその再調査の請求人に教示しなければならない（改正通則法110①）。

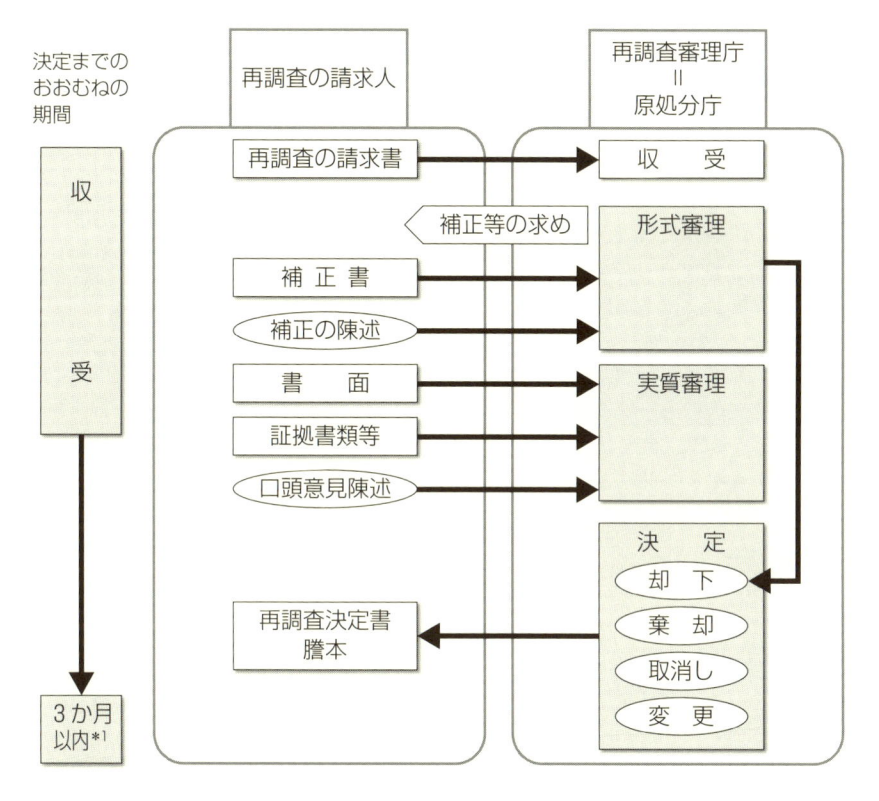

第1節 ● 国税における「再調査の請求」

[図：再調査の請求手続の流れ]

決定までのおおむねの期間：収受から3か月以内*1

再調査の請求人 → 再調査の請求書 → 再調査審理庁＝原処分庁：収受
補正等の求め ← 形式審理
補正書 →
補正の陳述 →
書面 → 実質審理
証拠書類等 →
口頭意見陳述 →
決定（却下・棄却・取消し・変更）
再調査決定書謄本 ←

＊1 「国税庁レポート2015」によれば、異議申立の3か月以内処理件数割合は、平成26年度96.9％、平成25年度97.0％、平成24年度95.4％と90％以上で推移している（相互協議事案、公訴関連事案及び国際課税事案を除く）。
＊2 出所等：国税不服審判所「国税不服審判所における審査請求手続（一般的な審理の流れ）」、日本税務会計学会訴訟実務部門『税務争訟ガイドブック―納税者の権利救済の手続と実務―』（民事法研究会、平成20年）48頁を参考に作成

11 ・再調査の請求と審査請求の違い

　再調査の請求と審査請求は、その手続において、答弁書の有無、合議体による議決の有無、閲覧等の制度の有無において、次頁のとおり違いがある（答弁書、合議体、閲覧等の詳細については、第5章参照のこと）。

審査請求	再調査の請求
答弁書の提出（改正通則法93） ● 「答弁書」とは、審査請求の趣旨及び理由に対応する税務署長等の主張を記載した書面をいう	答弁書はない
合議体による議決（改正通則法94） ● 担当審判官1名及び参加審判官2名以上（＝合議体）で審査請求に係る事件の調査及び審理を行う	合議体はない
閲覧等の制度（改正通則法97の3） ● 審査請求人は、証拠書類等の提出等の規定により提出された書類等の閲覧等を求めることができる	閲覧等の制度はない

＊ 出典：黒坂昭一『Q&A 国税に関する不服申立制度の実務（二訂版）』（大蔵財務協会、2015年）205頁参照

12 ・「再調査の請求」は必要か

　今般の国税通則法の改正により、すべての納税者が処分に不服がある場合、国税不服審判所に対して審査請求をすることができることとなった。また、異議申立前置が廃止された理由は、要件事実の認定の当否ではなく、法令の解釈等を争いたい場合を想定したためとされる。そして、国税通則法における不服申立制度において、審査請求のみとせず、再調査の請求を選択できるとした理由は、処分庁が簡易な手続で事実関係の再調査をすることによって処分の見直しを行うためとされる。

　以上によれば、改正後の国税通則法における再調査の請求ができる事案は、①法令の解釈事案でなく、②事実関係の再調査事案である、といえる。法令の解釈事案であれば、審査請求が適しており、事実関係の再調査によって、処分を見直すことが可能である事案ならば、再調査の請求から不服申立をすることが適しているといえる。

ここで留意すべきは、不服申立人及び代理人が、法令や制度を熟知しており、争点が明確であることが前提であり、その前提の上ではじめて「適している」といえると考える。

　しかしながら、すべての不服申立人が法律や制度を熟知しているとは限らないし、不服申立の事案につき、当初から争点が明確であることはさほど多くなく、また、争点が複数ある場合も数多く存在する。さらに、事案について、明確に「法令の解釈事案」または「事実関係の再調査事案」などと区分することは、なかなかに困難を伴う。

　再調査の請求は、不服申立人が争点を整理し、事実を確認することができる手続である。そして、再調査の請求の決定によって、税務署長等の争点に対する考え方や証拠等が明らかになり、これを詳細に検討することにより、審査請求をより充実したものとすることが可能となる場合もある。

　したがって、審査請求が選択できるからといって、再調査の請求は必要ないということではなく、不服申立にかかわる者は、争点や事案の内容等を検討した上で、より適した不服申立制度を選択することが要求されるのである。

13 設　例

　本書執筆時点において、再調査の請求に関する書式等は明らかにされていないが、参考までに異議申立書の記載例を次頁以降に掲げる。いうまでもないが、実際の再調査の請求とは異なることに留意し、その請求書が明らかにされた場合は、その請求書に基づき記載されたい。

《設 例》

　当社（本店所在地：東京都渋谷区千駄ヶ谷〇-〇-〇）は、平成27年12月1日に、渋谷税務署から平成26年1月1日から平成26年12月31日までの事業年度における法人税につき、平成27年12月1日付けの更正処分通知書及び過少申告加算税の賦課決定通知書を受領した。
　当該更正処分通知書によれば、前代表取締役対して支給した給与10,000千円につき、定期同額外給与に該当し損金に算入できない旨の記載があった。
　当社は、当該給与は前代表取締役の分掌変更に伴い支給さえた給与であり、退職金であると考えていることから、異議申立をすることとした。
　異議申立書の書き方は次のとおりである。

[書き方]
①…………異議申立をする日にちを記載
②…………異議申立を行う税務署名を記載
③・④……当社の住所、及び名称を記載
⑤…………当社の法人番号を記載
⑥…………当社の代表者の住所及び氏名を記載
⑦…………代理人を選任する場合、その者の住所及び氏名を記載
⑧…………原処分を行った税務署名を記載
⑨…………通知書に記載されている日付及び通知書を受領した日を記載
⑩…………原処分に関する内容を記載
⑪…………全部取消しを求めることから「1」に〇をする
⑫…………取消しを求める理由を記載
⑬…………併せて提出する資料があれば、当該資料を記載し、添付する。代理人の選任がある場合には、委任状を添付する
⑭…………納税地に移動がある場合に記載する

異議申立書（処分用） (初葉)

①平成 28 年 1 月 25 日

② ＿渋谷＿ 税務署長 殿
　　　　　　 国税局長 殿

異議申立人

③ 住所又は所在地（納税地）	東京都渋谷区千駄ヶ谷○-○-○	郵便番号 000-0000
④ （フリガナ）氏名又は名称	（カブシキガイシャ　トウゼイショウジ）株式会社　東税商事　㊞	電話番号 00(000)0000
⑤ 個人番号又は法人番号	×××× ×××× ××××	※個人番号の記入に当たっては、左端を空欄にしてください。

⑥は総代表者又は

住所又は居所	東京都渋谷区代々木○-○-○	郵便番号 000-0000
（フリガナ）氏　名	（トウゼイ　イチロウ）東税　一郎　㊞	電話番号 00(000)0000

⑦代理人

住所又は居所	東京都渋谷区渋谷○-○-○	郵便番号 000-0000
（フリガナ）氏　名	（ゼイリシ　ゼイムダイコウ）税理士　税務　大好　㊞	電話番号 00(000)0000

下記の処分について不服があるので、異議申立てをします。

異議申立てに係る処分の内容〈原処分〉

⑧ 原処分庁	（ 渋谷 ）税務署長・（　　　）国税局長・その他（　　　　）
⑨ 原処分日等	原処分（下記⑩）の通知書に記載された年月日　平成27年12月 1日付 原処分（下記⑩）の通知書を受けた年月日　　　平成27年12月 1日

⑩ 原処分名等

（「税目」欄及び「原処分名」欄の該当番号をそれぞれ○で囲み、「対象年分等」欄は、「原処分名」ごとに記載した上で「税目」欄において○で囲んだ異議申立てに係る処分の税目の番号を括弧書で記載してください。）

税　目	原　処　分　名	対象年分等
1 申告所得税 2 復興特別所得税 ③ 法人税 4 復興特別法人税 5 地方法人税 6 消費税及び地方消費税 7 相続税 8 贈与税 9 （　　　）	① 更正 2 決定 3 加算税 ⓐ 過少申告加算税の賦課決定 　　　　　 b 無申告　加算税の賦課決定 　　　　　 c 重　　　加算税の賦課決定 4 更正の請求に対する更正すべき理由がない旨の通知 5 青色申告の承認の取消し　　　　　　　　　　以後 6 その他（　　　　　　）	自平成26年1月1日 至平成26年12月31日
10 源泉所得税 11 復興特別所得税	7 納税の告知 8 加算税 a 不納付加算税の賦課決定 　　　　　 b 重　　加算税の賦課決定	

※整理欄	通信日付印年月日　平成　年　月　日	整理簿	整理簿	連らくせん	番号確認	身元確認 □済 □未済	確認書類　個人番号カード／通知カード・運転免許証　その他（　　　）

※整理欄は、記載しないでください。　　　　　　　　　　　　　　　　　　　　　　（異1）

(次葉)

異議申立人の氏名又は名称	

⑪ 異議申立ての趣旨

★ 原処分の取消し又は変更を求める範囲等について、該当する番号を○で囲んでください。

①：全部取消し ……… 初葉記載の原処分の全部の取消しを求める。
２：一部取消し ……… 初葉記載の原処分のうち、次の部分の取消しを求める。
３：変　更 ………… 初葉記載の原処分について、次のとおりの変更を求める。

★ 上記番号２の「一部取消し」又は３の「変更」を求める場合には、その範囲等を記載してください。

⑫ 異議申立ての理由

★ 取消し等を求める理由をできるだけ具体的に記載してください。
　なお、この用紙に書ききれない場合には、適宜の用紙に記載して添付してください。

当社が前代表取締役に対し支給した10,000千円は、分掌変更に伴い支給した給与であり、退職金に該当しますので、定期同額給与には該当しません。

⑬ 添付書類等（★該当番号を○で囲んでください。）
①：委任状（代理人の権限を証する書類）
２：総代選任書
３：異議申立ての趣旨及び理由を計数的に説明する資料
４：その他（　　　　　　　　　　）

⑭ 原処分があったとき以後に納税地の異動があった場合
１：原処分をした税務署長又は国税局長
　⇒（　　　　　）税務署長・（　　　　　）国税局長
２：原処分の際の納税地
　⇒

（異１）

(初葉)

異 議 決 定 書

第○○号
平成○○年○○月○○日

渋谷税務署長

○○○○　　税務署長印

異議申立人
　住所（納税地）　東京都渋谷区千駄ヶ谷○-○-○
　氏名又は名称　　株式会社　東税商事
　代表者氏名　　　代表取締役　東税一郎

　上記異議申立人から平成 28 年 1 月 25 日付でされた平成27年12月1日付の平成26年1月1日から平成26年12月31日までの事業年度の法人税の更正処分及び過少申告加算税の賦課決定処分に対する異議申立てについて、下記のとおり決定します。

記

○　主文
　　異議申立てをいずれも棄却します。
○　理由
　　別紙のとおり。

第2節 地方税における「再調査の請求」

　地方税に関する処分については、特別の定めがある場合を除き、行政不服審査法の規定による（地法19）。今般の行政不服審査法の改正に伴う地方税法の改正により、地方税法における不服申立という用語がすべて廃止され、「審査請求」に統一された。
　したがって地方税には、再調査の請求ができる旨の規定はなく、すべて「審査請求」のみとなる。

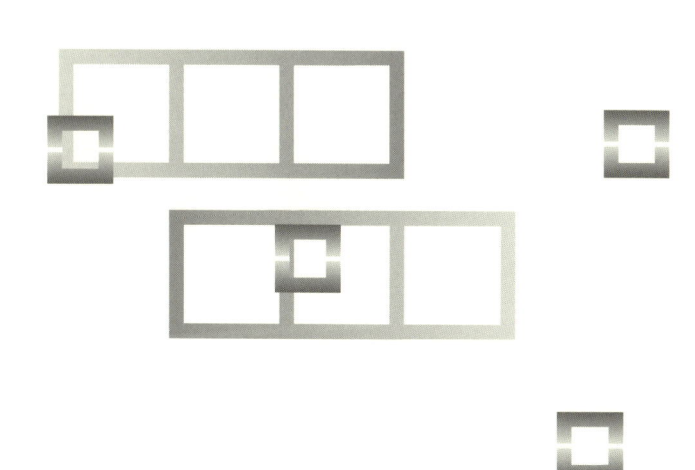

第5章 審査請求

第1節

審査請求制度と審査機関

1 行政不服審査法の見直しに伴う国税不服申立・審査請求制度の見直し

　各種の行政上の不服申立に適用される一般法である行政不服審査法は、国税に関する不服申立についても適用されるが、国税に関する処分の大量性や、争いの特殊性といった税務の特質から、国税の不服申立手続の大部分については、国税通則法を根拠とする。

　平成26年6月13日、不服申立について、公正性・利便性の向上等の観点から全面改正された行政不服審査法が公布された。これに伴い、国税の不服申立手続を定める国税通則法も、改正された。

　国税不服申立制度の改正の概要は、次のとおりである。

- 現行国税通則法の下では、原則、異議申立と審査請求の2段階の不服申立制度を経た後でなければ原処分の取消訴訟を提起することができないとされているところ、改正国税通則法の下では直接審査請求が可能とされ、異議申立は「再調査の請求」として選択的に利用できることとされる。
- 不服申立期間は、処分があったことを知った日の翌日から3か月以内（現行2か月以内）に延長される。

そして審査請求手続においては、特に次の点に関する規定が新たに整備された。

- 証拠物件の閲覧対象の拡大・写しの交付の導入
  ⇒　審査請求人、参加人、処分庁は、担当審判官の職権収集資料を含め、

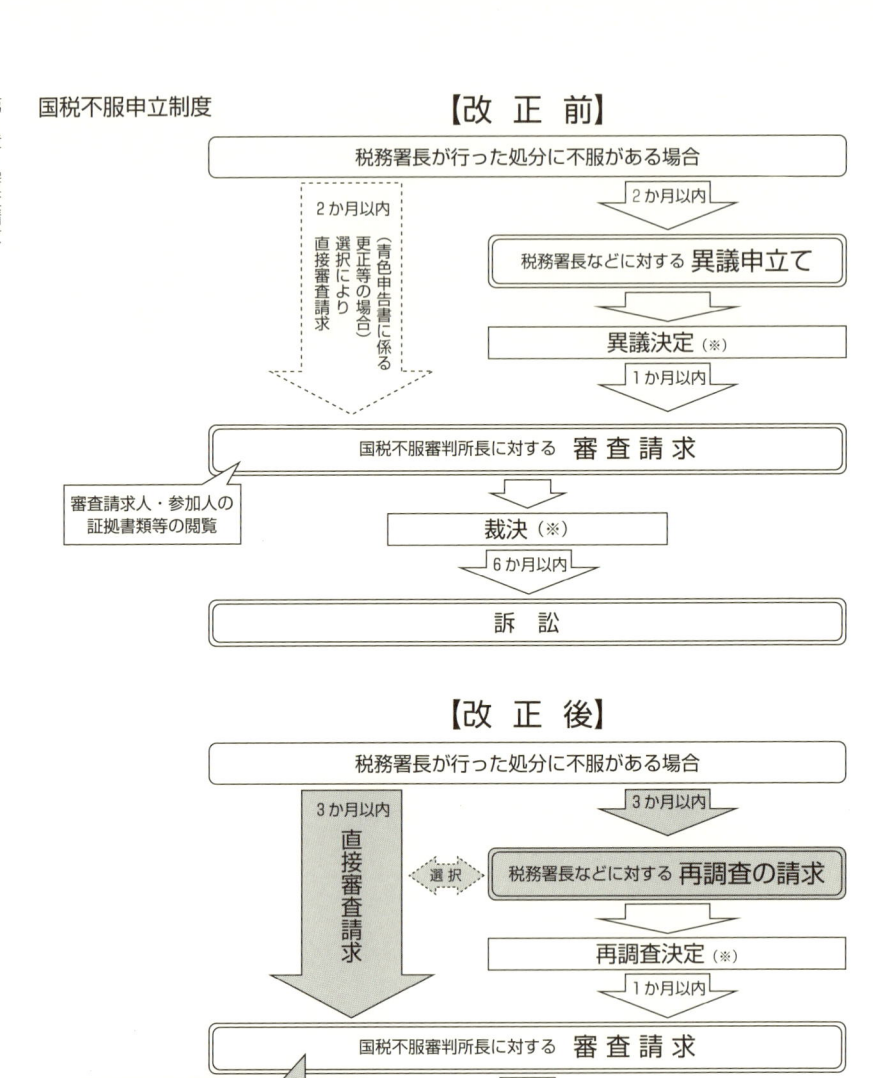

第5章　審査請求

国税不服申立制度

【改正前】

```
税務署長が行った処分に不服がある場合
                    │
                    │ 2か月以内
                    ▼
          税務署長などに対する 異議申立て
                    │
                    ▼
               異議決定（※）
                    │
                    │ 1か月以内
                    ▼
      国税不服審判所長に対する 審査請求
                    │
                    ▼
                 裁決（※）
                    │
                    │ 6か月以内
                    ▼
                  訴　訟
```

（青色申告書に係る更正等の場合）選択により直接審査請求　2か月以内

審査請求人・参加人の証拠書類等の閲覧

【改正後】

```
税務署長が行った処分に不服がある場合
                    │
        ┌───選択───┤ 3か月以内
        │           ▼
     3か月以内   税務署長などに対する 再調査の請求
     直接審査           │
      請求              ▼
                   再調査決定（※）
                        │
                        │ 1か月以内
                        ▼
           国税不服審判所長に対する 審査請求
                        │
                        ▼
                     裁決（※）
                        │
                        │ 6か月以内
                        ▼
                      訴　訟
```

○審理関係人（審査請求人等・原処分庁）の証拠書類等の閲覧・写しの交付
○審査請求人等の原処分庁に対する質問
○審理手続の計画的遂行　　など

（※）税務署長など・国税不服審判所長から3か月以内に決定・裁決がない場合は、それぞれ決定・裁決を経ないで、審査請求・訴訟をすることができる。

＊　出所：国税不服審判所「国税不服申立制度の改正の概要」
　　（http://www.kfs.go.jp/system/pdf/01.pdf）

物件の閲覧及び謄写を求めることができる。現行法の下では、審査請求人、参加人の処分庁提出物件の閲覧のみが可能とされている。
- 審査請求人の処分庁に対する質問権の創設
  ⇒ 現行法の下では、口頭で意見を述べることのみ可能とされている。
- 審理手続の計画的遂行の導入
- 審理手続の終結の手続の導入

改正国税通則法は、新行審法と同じく平成28年4月1日に施行される。

2 審査請求機関とその位置づけ

① 国税不服審判所

　国税に関する法律に基づく処分についての審査請求に対する裁決を行う機関として、国税不服審判所が設置されている（改正通則法78①）。

　国税不服審判所は、特に審理の客観性・公正性を高める観点から、執行機関とは分離された国税庁の「特別の機関」と位置づけられ、その役割は、税務行政部内における公正な第三者的機関として、適正かつ迅速な事件処理を通じて、納税者の正当な権利利益の救済を図るとともに、税務行政の適正な運営の確保に資することを使命とし、税務署長や国税局長等と審査請求人との間に立つ公正な立場で審査請求事件を調査・審理して裁決を行うものであると説明されている（国税不服審判所パンフレット「審判所ってどんなところ？　国税不服審判所の扱う審査請求のあらまし」）。裁決を行うにあたり、国税不服審判所長は、国税庁長官通達に示された法令解釈通達に拘束されない。国税不服審判所設置の最大意義は、この点にあるといえよう。

　国税不服審判所は、東京（霞が関）にある本部のほか、全国の各国税局所在都市及び沖縄に、12の支部と7の支所が設置されている。国税不服審判所

の支部は、審判所の事務の一部を取り扱うために置かれたものであって、別個独立の官庁ではない。したがって、審査請求は、国税不服審判所長に対して提起され、裁決は、国税不服審判所長の名においてなされる。各支部及び支所には管轄が定められているが、例えば審査請求に関して提出する書類が原処分庁の管轄区域を管轄する支部以外の支部に提出された場合においても、それを理由に当該審査請求が不適法とされるものではないし、必ずしも審査請求を受け付けた各地の支部及び支所で調査・審理がなされるとは限らない。

組織図

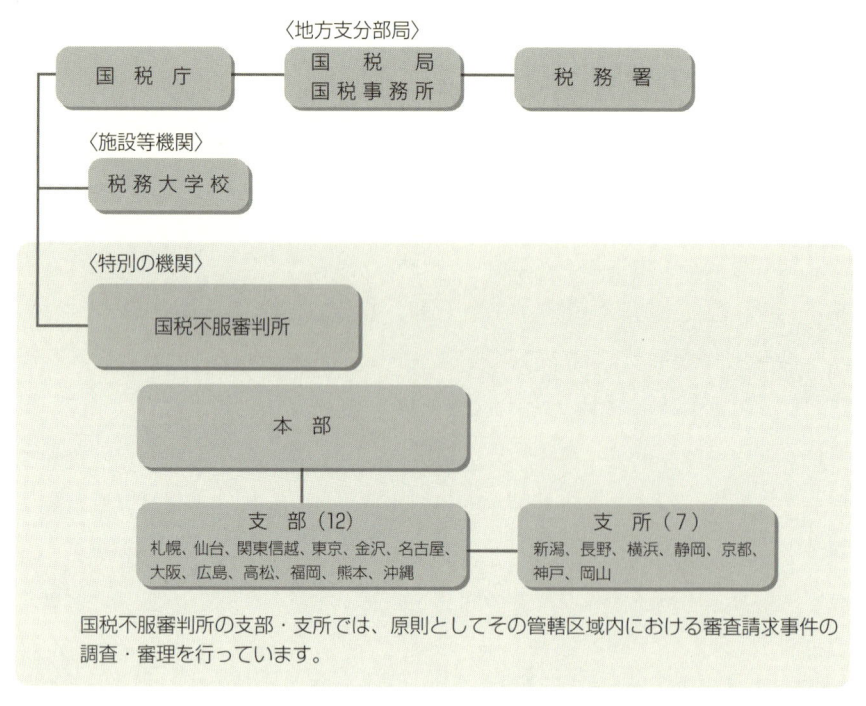

```
国税庁 ──┬── 〈地方支分部局〉
         │    国税局・国税事務所 ── 税務署
         │
         ├── 〈施設等機関〉
         │    税務大学校
         │
         └── 〈特別の機関〉
              国税不服審判所
                  │
                 本部
                  │
         ┌────────┴────────┐
      支部(12)              支所(7)
   札幌、仙台、関東信越、    新潟、長野、横浜、
   東京、金沢、名古屋、     静岡、京都、神戸、
   大阪、広島、高松、       岡山
   福岡、熊本、沖縄
```

国税不服審判所の支部・支所では、原則としてその管轄区域内における審査請求事件の調査・審理を行っています。

* 出所：国税不服審判所パンフレット「審判所ってどんなところ？」（平成28年1月）1頁
（http://www.kfs.go.jp/introduction/pamphlet/pdf/pamphlet.pdf）

② 国税審判官

　国税不服審判所には、審査請求に係る事件の調査及び審理を行う国税審判官及び、国税審判官の命を受けてその事務を整理する国税副審判官が設置されている（通則法79①②）。

　また、国税副審判官のうち国税不服審判所長の指名する者は、法律により担当審判官の職務と定められているものを除き、国税審判官の職務を行うことができるとされていることから（通則法79③）、人員の規模に対し審査請求事件の係属件数の多い支部または支所においては、国税副審判官を事件主任と位置づけ、担当審判官の事務に従事させる場合がある。

　国税審判官として任命される者の資格は、
① 弁護士、税理士、公認会計士、大学の教授もしくは准教授、裁判官または検察官の職にあった経歴を有する者で、国税に関する学識経験を有する者
② 税務行政部内の一定の者
③ その他国税庁長官が国税に関し前二者と同等以上の知識経験を有すると認める者

と定められているのである（通則法79④、通則令31）が、過去においては、税務行政部内の者が国税審判官として任命されることがほとんどであった。

　しかしながら、裁決は、税務署長や国税局長等が行った課税処分等についての審査請求に対し、国税不服審判所長が判断を示すものであることから、調査・審理及び議決の事務に従事する国税審判官が税務行政部内の者のみによって構成されることについては、公正性・透明性の維持の観点から見直されるべきであるとの意見が呈され、現在では、国税審判官の約半数は、弁護士、税理士、公認会計士、大学の教授もしくは准教授の職にあった経験を有する者が任期を限り採用され、国税審判官に任命されている。

　また、本部及び一部の支部の法規審査担当国税審判官については、裁判所または検察庁からの出向者が配置されている。

③ 合議体と事件の配填

　国税不服審判所各支部の所長は、審査請求書が提出され、それに対する答弁書が提出されたときは、事件の調査及び審理を行わせるため、担当審判官1名及び参加審判官2名以上を指定する（改正通則法94）。

　この合議体の構成については、実務上、あらかじめ担当審判官1名と参加審判官2名を指定し、指定されたメンバーにより1つの合議体を構成する固定方式を採用しているが、主として人員の異動等の事情により、臨時の合議体を構成することがある。

　また、支部によっては、調査・審理にあたり、特定分野について高度な専門性を必要とする事件に対応するための合議体が構成されており、例えば東京支部においては、資産評価、国際課税、徴収事件を担当する専門部門が設置されている。

　事件の合議体への配填については、順点方式と応能方式が併用されており、専門部門に係属させるべき事件を除いては、原則として、あらかじめ指定された合議体に事件を順次配填する運営とされている。

　合議体による事件の調査・審理にあたっては、合議体を支え調査に従事する分担者として、国税審査官が指定される。

第2節 審査請求手続

1 審査請求手続の流れ

審査請求手続における一般的な審理の流れは、次頁のとおりである。

2 審査請求の申立て

① 審査請求期間

　国税に関する処分に不服がある者が審査請求することのできる期間（「審査請求期間」）は、異議申立と審査請求の二審制を採る現行の不服審査手続においては、異議決定を経たものについては異議決定謄本の送達があった日の翌日から1か月以内、異議申立を経ずに直接審査請求をする場合は原処分の通知を受けた日の翌日から2か月以内とされている（通則法77）。

　なお、異議申立をした日の翌日から3か月を経過してもなお異議決定がないときは、異議決定を経ずに審査請求をすることができる（通則法75⑤）。この場合、異議申立は取り下げられたものとみなされる。

　前述のとおり、改正された行政不服審査法に基づく行政不服審査が審査請求に原則一元化された後は、国税不服申立についても納税者の選択により再調査の申立てを経ることができる一方、原則として直接審査請求することとなるが、この場合の審査請求期間は、現行の原処分の通知を受けた日の翌日

一般的な審理の流れ

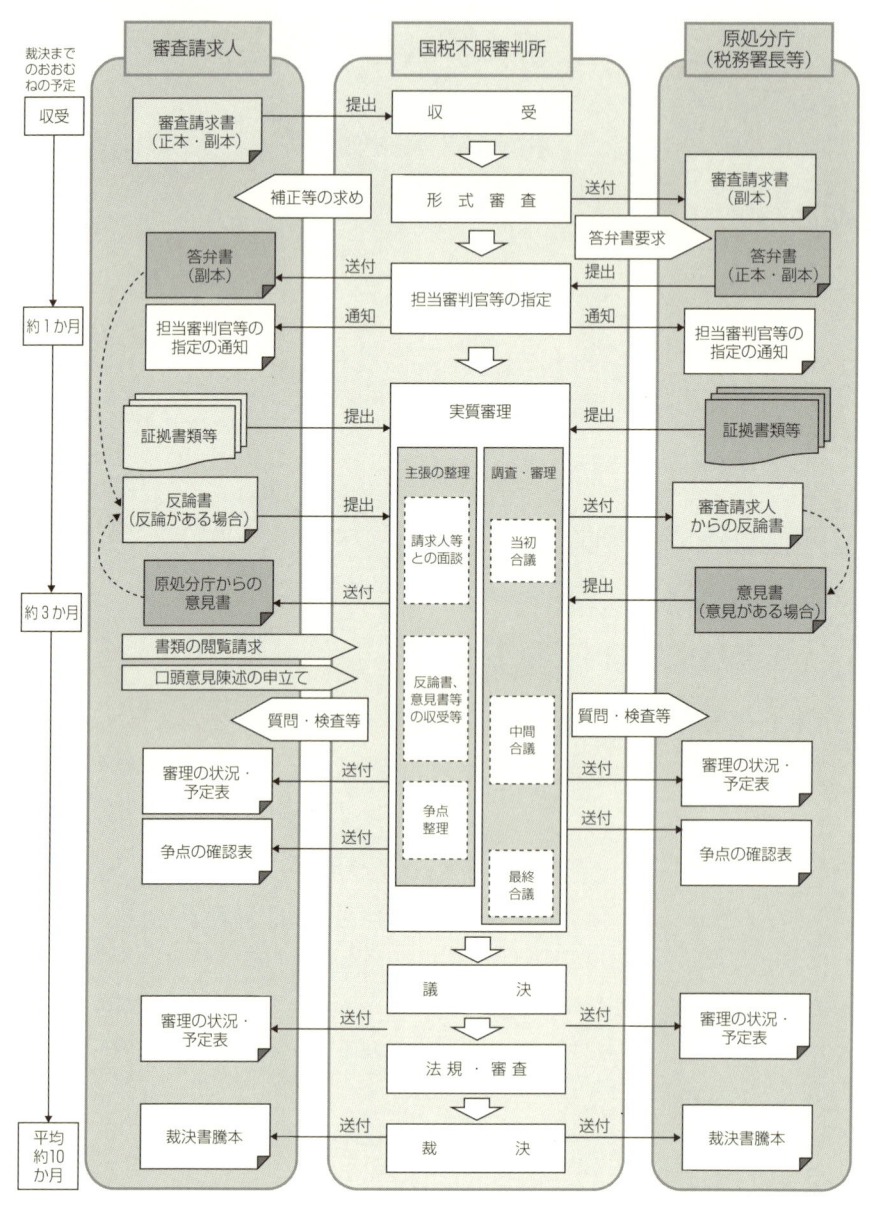

裁決までのおおむねの予定	審査請求人	国税不服審判所	原処分庁（税務署長等）
収受	審査請求書（正本・副本） →提出→	収受 ↓ 形式審査 →送付→	審査請求書（副本）
	←補正等の求め←	←答弁書要求→	
約1か月	←送付← 答弁書（副本）	←提出← 担当審判官等の指定	答弁書（正本・副本）
	←通知← 担当審判官等の指定の通知	↓	→通知→ 担当審判官等の指定の通知
	証拠書類等 →提出→	実質審理	←提出← 証拠書類等
		主張の整理 ／ 調査・審理	
	反論書（反論がある場合） →提出→	請求人等との面談／当初合議	←送付← 審査請求人からの反論書
約3か月	←送付← 原処分庁からの意見書		←提出← 意見書（意見がある場合）
	書類の閲覧請求 口頭意見陳述の申立て		
	質問・検査等	反論書、意見書等の収受等／中間合議	質問・検査等
	←送付← 審理の状況・予定表		→送付→ 審理の状況・予定表
	←送付← 争点の確認表	争点整理／最終合議	→送付→ 争点の確認表
		↓ 議決 ↓ 法規・審査 ↓ 裁決	
	←送付← 審理の状況・予定表		→送付→ 審理の状況・予定表
平均約10か月	←送付← 裁決書謄本		→送付→ 裁決書謄本

* 出所：国税不服審判所リーフレット「国税不服審判所における審査請求手続（一般的な審理の流れ）」（http://www.kfs.go.jp/introduction/pamphlet/pdf/leaflet.pdf）を一部改変

から2か月以内から、同3か月以内に延長される。

② 審査請求書の提出

　法令上、審査請求は書面の提出によるものとするとされている。

　審査請求書に記載するものとするとされている事項は、次のとおりである（改正・旧通則法87。改正通則法施行後、異議申立に係る手続は再調査の請求に係る手続とされる）。

- 審査請求に係る処分
- 審査請求に係る処分があったことを知った年月日
- 審査請求の趣旨及び理由
- 審査請求の年月日
- 国税通則法75条4項3号の規定に基づき、異議申立を経ずに審査請求する場合には、同号に規定する正当な理由
- 異議決定を待たずに審査請求をする場合は、異議申立の年月日

　以上のほか、社会保障・税番号制度（いわゆる「マイナンバー制度」）の導入により、平成27年10月以降、個人番号及び法人番号の通知が開始され、国税不服審判所に提出する審査請求書については、平成28年1月1日以降提出するものから、個人番号・法人番号の記載が求められる。

　審査請求書の書式は任意ではあるが、審判所ホームページ掲載のものを利用することができる（次頁参照）。

　審査請求書は、正本及び副本を、納税者の所在地を管轄する審判所の支部に、持参または郵送等により提出する。

審査請求書（初葉）

(注) 必ず次葉とともに、正副2通を所轄の国税不服審判所に提出してください。

国税不服審判所長　殿

① 請求年月日　平成　〇年　〇月　〇日

審査請求人
② 住所・所在地（納税地）　〒100-0013　東京都千代田区霞が関3丁目1番1号　電話番号 〇〇-〇〇〇〇-〇〇〇〇
③ （ふりがな）氏名・名称　（しんぱんしょうじ かぶしきがいしゃ）審判商事株式会社 印
個人番号又は法人番号

④ 法人の代表者
住所・所在地　〒102-0074　東京都千代田区九段南1丁目1番15号
総代が互選されている場合は総代選任届出書を必ず添付してください。
（ふりがな）氏名・名称　（しんぱん たろう）審判 太郎　審判印　電話番号 〇〇-〇〇〇〇-〇〇〇〇

⑤ 代理人
住所・所在地　〒
委任状(代理人の選任届出書)を必ず添付してください。
（ふりがな）氏名・名称　（　　　）印　電話番号

⑥ 原処分庁　（麹町）税務署長・（　　　）国税局長・その他（　　　）

⑦ 処分日等
原処分(下記⑧)の通知書に記載された年月日：平成　〇年　〇月　〇日付
原処分(下記⑧)の通知を受けた年月日　：平成　〇年　〇月　〇日

更正・決定・加算税の賦課決定などの処分に係る日付であり、裁決定に係る日付とは異なりますからご注意ください。

⑧ 処分名等に係る処分（原処分）
（該当する番号を〇で囲み、対象年分等は該当処分名ごとに記入する。）

税目等	処分名	対象年分等
1 申告所得税 2 復興特別所得税	① 更正 2 決定 3 青色申告の承認取消し 4 更正の請求に対する更正すべき理由がない旨の通知 5 更正の請求に対する更正	法人税 平〇.4.1～〇.3.31事業年度分 平〇.4.1～〇.3.31事業年度分 復興特別法人税 平〇.4.1～〇.3.31事業年度分
② 法人税 ③ 復興特別法人税 5 地方法人税	1 更正 2 決定 ⑥ 過少申告加算税の賦課決定 ⑦ 無申告加算税の賦課決定 8 重加算税の賦課決定 9 その他〔　　　〕	法人税 平〇.4.1～〇.3.31事業年度分 平〇.4.1～〇.3.31事業年度分 復興特別法人税 平〇.4.1～〇.3.31事業年度分
④ 消費税・地方消費税 7 相続・贈与税 8 9 地価税	① 更正 2 決定 3 更正の請求に対する更正すべき理由がない旨の通知 4 更正の請求に対する更正 ⑤ 過少申告加算税の賦課決定 6 無申告加算税の賦課決定 7 重加算税の賦課決定 8 その他〔　　　〕	平〇.4.1～〇.3.31課税期間分 平〇.4.1～〇.3.31課税期間分 平〇.4.1～〇.3.31課税期間分 平〇.4.1～〇.3.31課税期間分
10 源泉所得税 11 復興特別所得税	1 納税の告知 2 不納付加算税の賦課決定 3 重加算税の賦課決定	
12 滞納処分等	1 督促〔督促に係る国税の税目：　　　〕 2 差押え〔差押えの対象となった財産　　　〕 3 公売等〔a 公売公告、b 最高価申込者の決定、c 売却決定、d 配当、e その他（　　）〕 4 相続納の延納又は物納〔a 延納の許可の取消し、b 物納申請の却下、c その他（　　）〕 5 充当 6 その他〔　　　〕	
13 その他		

※印欄には記入しないでください。

付表1号様式（初葉）

＊1　出所：国税不服審判所「「審査請求書」の書き方」を一部改変
　　（http://www.kfs.go.jp/system/papers/pdf2/19.pdf）
＊2　平成28年1月1日以降提出するものから、個人番号・法人番号の記載が求められる。

審査請求書の書き方

国税不服審判所
ホームページ http://www.kfs.go.jp

この「書き方」は、審査請求書の様式に従って説明してありますので、記載例と併せてお読みください。
審査請求書の記載例は、審判商事株式会社が麹町税務署長から以下のような更正等を受けたことに対して、異議申立てを経て審査請求に及んだ場合を例として掲げています。
（更正等の内容）
① 平成〇年4月1日～平成△年3月31日及び平成△年4月1日～平成□年3月31日事業年度の法人税の更正処分
② 平成△年4月1日～平成□年3月31日事業年度の復興特別法人税の更正処分
③ ①及び②に係る過少申告加算税の賦課決定処分
④ 平成〇年4月1日～平成△年3月31日及び平成△年4月1日～平成□年3月31日課税期間の消費税の更正処分
⑤ ④に係る過少申告加算税の賦課決定処分
※ 御不明な点がございましたら、各国税不服審判所にお問い合わせください。

①	請求年月日	審査請求書の提出年月日を記載してください。
②	住所・所在地 （納税地）	審査請求をしようとする方の住所（法人の場合は、所在地）又は居所を記載してください。住所（所在地）又は居所と納税地が異なる場合は、上段に住所（所在地）又は居所を、下段に納税地を括弧書きで記載してください。
③ ④	氏名・名称 個人番号又は法人番号 総代又は法人の代表者	・個人の場合には、③欄に氏名を記載し、押印してください。 ・法人の場合には、③欄に名称を、④欄に代表者の住所又は居所及び氏名を記載し、代表者の印を押してください。（③欄に会社印を押す必要はありません。） ・個人番号又は法人番号の欄には「行政手続における特定の個人を識別するための番号の利用等に関する法律」第2条第5項に規定する個人番号又は同条第15項に規定する法人番号を記載してください。なお、個人番号の記載に当たっては、左端を空欄にしてください。 ・総代が互選されている場合には、④欄に総代の住所又は居所及び氏名（総代が法人の場合は所在地及び名称）を記載し、押印してください。なお、総代選任届出書を必ず添付してください。 ・氏名又は名称には、ふりがなを付けてください。
⑤	代理人	・代理人が選任されている場合には、代理人の住所又は居所及び氏名（税理士法人の場合は、所在地及び名称）を記載し、押印してください。 ・氏名又は名称には、ふりがなを付けてください。 ・委任状（代理人の選任届出書（税理士の場合には、税務代理権限証書））を必ず添付してください。
⑥	原処分庁	・審査請求の対象とする更正処分等（原処分）の通知書に表示されている行政機関の長（例えば、「〇〇税務署長」、「〇〇国税局長」等）を記載してください。 ・原処分の通知書に「国税局の職員の調査に基づいて行った」旨の付記がある場合には、その国税局長が原処分庁となりますから「〇〇国税局長」と記載してください。 ・登録免許税に係る還付通知の請求に対してなされた還付通知をすべき理由がない旨の通知処分の場合には、「その他」欄に「〇〇法務局〇〇出張所登記官〇〇〇〇」と記載してください。
⑦	処分日等	・上段には、「⑧処分名等」の各欄に記載する処分の通知書に記載されている年月日を記載してください。 ・下段には、「⑧処分名等」の各欄に記載する処分の通知書の送達を受けた年月日を記載してください。 なお、通知を受けていない場合は、処分があったことを知った年月日を記載してください。
⑧	処分名等	・「税目等」の各欄は、審査請求に係る処分の税目等の番号（税目が複数あれば該当する全ての番号）を〇で囲んでください。なお、番号「1」～「12」以外の場合（例：印紙税、登録免許税）には、番号「13」を〇で囲み〔　〕内に税目等を記載してください。 ・「処分名」の各欄は、税目ごとに審査請求に係る処分名の番号を〇で囲んでください。なお、該当する処分名が掲げられていない場合は、各欄の「その他」に処分名を記載してください。 ・加算税については、加算税の各欄の番号を〇で囲んでください。 ・「滞納処分等」の各欄は、差押え等の滞納処分のほかに、第二次納税義務の告知や延納等国税の徴収に係る処分を記載してください。また、「3　公売等」及び「4　相続税の延納又は物納」については、審査請求の対象となる処分を〇で囲むか、又は同欄の「その他」に処分名を記載してください。 ・「対象年分等」の各欄は、処分名等で〇で囲んだ処分名ごとに対象年分、対象事業年度、対象課税期間、対象月分等を記載してください。なお、対象年分等が複数あれば、それぞれ記載してください。 ・法人税と復興特別法人税、申告所得税と復興特別所得税のように複数の年分の処分が存在する場合には、それぞれ税目を記載の後に年分を記載してください。 ・「対象年分等」の各欄に書ききれない場合には、適宜の用紙に記載して添付してください。 【記載例】・申告所得税（及び復興特別所得税）の場合……平成〇年分 　　　　・法人税の場合……平成〇年〇月〇日～平成〇年〇月〇日事業年度分 　　　　　（連結事業年度に係るものの場合……平成〇年〇月〇日～平成〇年〇月〇日連結事業年度分） 　　　　・復興特別法人税の場合……平成〇年〇月〇日～平成〇年〇月〇日事業年度分 　　　　・消費税・地方消費税の場合……平成〇年〇月〇日～平成〇年〇月〇日課税期間分 　　　　・相続税の場合……平成〇年〇月〇日相続開始分 　　　　・源泉所得税（及び復興特別所得税）の場合……平成〇年〇月～平成〇年〇月分

審査請求書（次葉）

正本

審査請求人氏名（名称）　審判商事株式会社

原処分に係る異議申立ての状況	⑨異議申立てをした場合（該当する番号を○で囲む。）	異議申立年月日　：　平成○年○月○日
		❶ 異議決定あり………異議決定書謄本の送達を受けた年月日　：　平成○年○月○日
		2　異議決定なし
	⑩異議申立てをしていない場合（該当する番号を○で囲む。）	1　所得税若しくは法人税の青色申告書又は連結確定申告書等に係る更正であるので、審査請求を選択する。
		2　原処分の通知書が国税局長名（国税局長がした処分）であるので、審査請求を選択する。
		3　原処分の通知書に異議申立てをすることができるという教示がないので、審査請求を選択する。
		4　その他

⑪審査請求の趣旨（処分の取消し又は変更を求める範囲）
◎該当する番号を○で囲み、必要な事項を記入してください。
❶ 全部取消し………初葉記載の原処分（異議決定を経ている場合にあっては、当該決定後の処分）の全部の取消しを求める。
2　一部取消し………初葉記載の＿＿＿＿＿＿＿＿＿＿＿＿＿＿＿＿＿＿＿＿＿＿＿＿＿＿＿＿＿＿＿
＿＿
＿＿＿＿＿＿＿＿＿＿＿＿＿＿＿＿＿＿＿＿＿＿＿＿＿＿＿＿＿＿＿＿＿の取消しを求める。
3　その他………＿＿＿＿＿＿＿＿＿＿＿＿＿＿＿＿＿＿＿＿＿＿＿＿＿＿＿＿＿＿＿＿＿＿＿＿
＿＿

⑫審査請求の理由
◎取消し等を求める理由をできるだけ具体的に、かつ、明確に記載してください。
なお、この用紙に書ききれないときは、適宜の用紙に記載して添付してください。

　　当社が、得意先に対するサービス用品の配付に要した費用を広告宣伝費として損金の額に算入したところ、麹町税務署長は、当該費用が租税特別措置法第61条の4第4項に規定する交際費等に該当するとして、法人税の更正処分及び過少申告加算税の賦課決定処分並びに復興特別法人税の更正処分及び過少申告加算税の賦課決定処分をした。
　　しかしながら、次の理由から、当該費用は広告宣伝費に当たるので、これが交際費等に該当するとの認定は誤りである。

　　1　当該サービス用品の配付対象者は、あらかじめ当社が行った広告宣伝のとおり、当社と取引をしている一般消費者である。

　　2　当該費用は、広く一般消費者を対象にあらかじめ行った広告宣伝の内容に従い、その約束ごとの履行として支出したものである。

⑬添付書類の確認（該当する番号を○で囲む。）
1　委任状（代理人の選任届出書）
2　総代理選任届出書
3　審査請求の趣旨及び理由を計数的に説明する資料
4　その他

○審査請求書の記載に当たっては、別紙「審査請求書の書き方」を参照してください。

付表1号様式（次葉）

次葉にも、審査請求人氏名（名称）を必ず記載してください。

⑨ 異議申立てをした場合	・「異議申立年月日」欄には、異議申立書の提出年月日を記載してください。 ・審査請求を行う前に、異議申立てに対する異議決定書謄本の送達を受けた場合には、番号「１」を○で囲み、送達を受けていない場合には、番号「２」を○で囲んでください。なお、番号「１」を○で囲んだ場合には、異議決定書謄本の送達を受けた年月日を記載してください。
⑩ 異議申立てをしていない場合	異議申立てをしないで直接審査請求する場合、その理由が番号「１」～「３」のいずれかに該当するときは、該当する番号を○で囲んでください。また、その理由が「１」～「３」に掲げる理由のいずれにも該当しないときは、番号「４」を○で囲み、その理由を〔　　〕内に記載してください。 【記載例】　原処分の通知書に審査請求をすることができる旨の教示がある。
⑪ 審査請求の趣旨	審査請求の対象とする処分の取消し等を求める範囲について、番号「１」～「３」のうち該当する番号を○で囲んでください。なお、「２　一部取消し」又は「３　その他」の場合には、その求める範囲を具体的に記載してください。 【２　一部取消しの場合の記載例】 　初葉記載の申告所得税（及び復興特別所得税）の平成○年分の更正処分のうち所得金額△△円を超える部分に対応する税額に係る更正処分の取消し及びこれに伴う過少申告加算税の賦課決定処分の取消しを求める。 【３　その他の場合の記載例】 　初葉記載の贈与税の延納条件を２年とする処分を３年へ変更することを求める。
⑫ 審査請求の理由	原処分の全部又は一部の取消し等を求める理由をできるだけ具体的に、かつ、明確に記載してください。この用紙に書ききれないときは、適宜の用紙に記載して添付してください。 【申告所得税の場合の記載例】 　私は、土地家屋を平成○年○月○日に譲渡したので、租税特別措置法第35条第１項の特別控除の規定を適用して所得税の確定申告書を提出したが、Ａ税務署長は、当該規定の適用は認められないとして更正処分等を行った。これは、次のとおり事実を誤認したものである。 （以下、主張する事実関係を詳しく記載してください。） 【源泉所得税の場合の記載例】 　Ｂ税務署長は、外注先甲に対する支払が所得税法第183条第１項の給与等に該当するとして源泉所得税の納税告知処分をしたが、この処分は次の理由により法律の適用誤りである。 （以下、適用誤りとされる理由を詳しく記載してください。） 【相続税の場合の記載例】 　私は、相続により取得したゴルフ会員権の価額を○○円と評価して相続税の申告をしたが、Ｃ税務署長はこれを△△円と評価して更正処分等を行った。しかしながら、これは次のとおり評価を誤ったものである。 （以下、誤った評価とされる理由を詳しく記載してください。） 【消費税・地方消費税の場合の記載例】 　Ｄ税務署長は、取引先乙に支払った手数料の金額が、消費税法第30条第１項に規定する仕入税額控除の対象と認められないとして更正処分等を行った。しかしながら、この手数料については、次の理由により、仕入税額控除の対象とされるべきである。 （以下、対象とされるとした理由を詳しく記載してください。） 【滞納処分等の場合の記載例】 　Ｅ税務署長は、私の所有するＡ町所在の土地を差し押さえた上に、更にＢ町所在の土地についても差押えを行ったが、次の理由により、Ｂ町所在の土地に対する差押処分は違法である。 （以下、違法であるとした理由を詳しく記載してください。）
⑬ 添付書類の確認	１　委任状（代理人の選任の場合には、税務代理権限証書） 　　代理人が選任されている場合には、委任状（代理人の選任届出書（税理士の場合には、税務代理権限証書））を添付し、番号「１」を○で囲んでください。 　　なお、納税管理人を代理人として審査請求をする場合にも、委任状が必要です。 ２　総代選任届出書 　　総代が互選されている場合には、総代選任届出書を添付し、番号「２」を○で囲んでください。 ３　審査請求の趣旨及び理由を計数的に説明する資料 　　審査請求の趣旨及び理由を計数的に説明する必要がある場合には、その資料を添付し、番号「３」を○で囲んでください。 ４　その他 　　〔　　〕内には、上記以外に添付する書類名を具体的に記載してください。 （注）３の計数的に説明する資料とは、例えば収支計算書など審査請求人の主張を補充するための資料であり、証拠書類の添付までを求めているものではありません。

審査請求書の提出先、提出方法、提出枚数、提出期限

１　提出先	・審査請求書は、所轄の国税不服審判所に提出してください。なお、その処分を行った税務署等に提出することもできます。
２　提出方法	・審査請求書は、持参又は郵便若しくは信書便により提出することができます。
３　提出枚数	・審査請求書は、初葉、次葉ともそれぞれ正副２通を提出してください。
４　提出期限	・異議申立てについての決定があった場合には、異議決定書の謄本の送達を受けた日の翌日から起算して１か月以内に審査請求書を提出しなければなりません。 ・申告所得税（及び復興特別所得税）若しくは法人税（復興特別法人税）の青色申告書又は連結確定申告書等に係る更正等に不服がある場合に、異議申立てをしないで直接審査請求をするときには、処分があったことを知った日の翌日から起算して２か月以内に審査請求書を提出しなければなりません。

第２節　審査請求手続

177

③ 代理人の選任・総代の互選

　審査請求は、審査請求人が自ら行うことも、また代理人を選任することもできる。代理人となるための資格について特に制限はなく、税理士、弁護士その他適当と認める者を代理人として選任することができる（通則法107）。

　代理人を選任した場合、その権限を証明する書面を国税不服審判所に提出する。税理士（税理士法人及び税理士業務を行う弁護士を含む）を代理人に選任する場合、税務代理権証書（税理士法30）を提出する。弁護士を代理人として選任した場合、実務上、それが弁護士の業務として行うものであるか、税理士業務を行うものであるかにかかわらず、一律に、税務代理権限証書を提出することとされている。

　また、1つの処分について複数の者が審査請求をする場合等、画一的な処理が求められる場合には、共同して審査請求を行うことができる（「共同審査請求」）。共同審査請求では、3人を超えない範囲で「総代」を互選することができるほか、国税不服審判所長は必要と認める場合は総代の互選を命ずることができる。総代は、他の共同審査請求人のために、審査請求の取下げを除き、審査請求に関する一切の行為をすることができ、総代が選任されたときは、他の共同審査請求人は総代を通じてのみ審査請求に関する行為をすることができる（通則法108、審査請求関係通達108-3）。総代を互選した場合には、その旨を記載した書面を国税不服審判所宛提出する。

④ 形式審査

　提出された審査請求書は、審査請求が法律の規定に基づく適法なものであるか否かの審査（「形式審査」）を経て、実質審理に移る。形式審査では、主として、審査請求の対象となる処分であるか否か、審査請求期間内にあるか否か、前述の審査請求書記載事項を満たしているか否かという点を審査する。

　適法な審査請求であると認められた場合、国税不服審判所長は、提出され

た審査請求書の副本を原処分庁宛送付することにより、審査請求の趣旨及び理由に対する現処分庁の主張を「答弁書」の形式にて提出するよう求めるとともに、処分の理由となった事実の証拠となる書類その他の物件提出を依頼する（改正通則法93①）。なお、審査請求書に記載漏れ等の不備がある場合は、補正を指示する（改正通則法91①）。

⑤ 却　下

　審査請求が不適法であるとき、国税不服審判所は、実質審理を行わず却下の決議をし、これに基づき却下の裁決をする（旧・改正通則法[5-1]92）。「審査請求が不適法であるとき」とは、例えば次のような場合である（審査請求関係通達92-2）。
(1) 審査請求の対象となった処分が審査請求をすることができないものであるとき
(2) 審査請求の対象となった処分が存在しないとき（当該処分がはじめから存在しないときのほか、審査請求についての裁決までに当該処分が消滅したときを含む）
(3) 審査請求の対象となった処分が審査請求人の権利または法律上の利益を侵害するものでないとき
(4) 審査請求の対象となった処分について、既に審判所長の裁決がされているとき
(5) 異議申立をしないで審査請求をすることにつき正当な理由がないにもかかわらず、異議申立をしないで審査請求をしたとき（ただしこの場合において、異議申立期間内であれば、国税不服審判所は、これを本来の異議審理庁へ提出するよう指導する）

5-1　本章の内容には、執筆の時点では改正通則法に基づく実務の扱いが不透明であることにより、改正通則法の規定に基づく実務についても、旧通則法に基づく通達の定めを参照して執筆した部分が含まれる。この部分については、改正通則法の該当条文番号と併せ旧通則法の該当条文番号を表示しているが、両者は条文番号を共通にすることから、表記を「旧・改正通則法」としている。

(6) 審査請求の前置としての異議申立が不適法であるとき
(7) 審査請求が法定の審査請求期間経過後にされたとき
(8) 不適法な審査請求につき相当の期間を定めて補正要求を行った場合において、当該期間内に補正されなかったとき（審査請求関連通達107-6但書の適用があるときを除く）

⑥ 原処分庁による答弁書等の提出

　審査請求書が提出されると、国税不服審判所長の委任を受けた各支部所長は、課税処分等を行った税務署長等（「原処分庁」）に対し審査請求書副本を送付し、審査請求の趣旨及び理由に対する原処分庁の意見を、答弁書（主張書面）の形式により提出することを求める。

　原処分庁は、答弁書により、原処分庁の求める裁決の趣旨を明らかにするとともに、原処分の適法性についてその理由を具体的に主張する（通則法93②）。同時に、原処分庁の主張を裏づける書証を提出する（通則法96①）。

⑦ 担当審判官等の指定

　国税不服審判長は、原処分庁から答弁書が提出されたときは、その審査請求に係る調査審理を行わせるため、担当審判官1名及び参加審判官2名以上を指定し、答弁書副本を審査請求人に送付するとともに、担当審判官等の所属及び氏名を書面で審査請求人に通知する（通則法94、通則令33）。

　上記のとおり、現行国税通則法においては、答弁書が提出された後に担当審判官等が指定されている。しかしながらこの場合、答弁書の提出期限が法定されていない、ということともあいまって、原処分庁側の事情により答弁書の提出までに相当の期間を要した場合、担当審判官等の指定がその間なされず、これにより、予定担当審判官は同法97条に基づく質問、検査を行うことができないまま審査請求人または原処分庁の主張内容を事実上確認するほ

かなく、事件処理が進まない、という状況が往々にしてあった。

　改正国税通則法においては、原則として国税不服審判所長は、形式審査により却下とする事件を除き、補正を了した段階で担当審判官の指定をすることが可能とされ、さらに、補正に時間を要する場合もあることから、審査請求人の主張整理を行うことを目的とした審査請求人の面談等を実施するため補正を了するまでに、担当審判官を指定することもできるとされている。審査請求人との面談等を通じて審査請求人の主張の確認をした後に、答弁書提出を求めることが可能とされたことにより、事件処理の効率化が期待できる。

　また、改正国税通則法においては、担当審判官及び参加審判官について、除斥事由が創設された（改正通則法94②）。

　従来、国税不服審判所においては、実質審理に従事する担当審判官及び参加審判官には、審査請求人の親族や、国税局出身職員については審査請求に係る処分に関与した者、民間からの採用者については審査請求人または代理人と委任関係のあった者等、手続の公正さを失わせるおそれのある者を担当審官等に指定しない運用とされていたところ、改正国税通則法により、除斥事由が創設され、次の者は、担当審判官及び参加審判官として指定することができない。

　　イ　審査請求に係る原処分または再調査の請求についての決定に関与した者
　　ロ　審査請求人
　　ハ　審査請求人の配偶者、4親等内の親族または同居の親族
　　ニ　審査請求人の代理人
　　ホ　上記ハ及びニであった者
　　ヘ　審査請求人の後見人、後見監督人、保佐人、保佐監督人、補助人もしくは補助監督人
　　ト　利害関係人（不服申立人以外の者であって不服申立に係る処分の根拠となる法令に照らし当該処分につき利害関係を有するものと認められる者（改正通則法109①括弧書））

　なお、上記除斥事由に該当しないものの手続の公正さを失わせるおそれのある者について、忌避を申し立てる手続はない。

⑧ みなす審査請求と併合審理

　税務署長等に対して異議申立がされた場合において、当該税務署長等がその異議申立（改正通則法施行後は、再調査の請求に係る手続。以下同じ）を審査請求として取り扱うことを適当と認めてその旨を異議申立人に通知し、かつ、当該異議申立人がこれに同意したときは、その同意があった日に、国税不服審判所長に対し、審査請求がされたものとみなす、とされている（旧・改正通則法89①）。これにより、例えば、法人税と消費税の更正処分が行われ、法人税について審査請求されていた場合において、法人税と消費税の更正に係る基本的な事実関係または証拠書類を同じくするときは、異議申立人の同意を得た上、消費税の異議申立について審査請求されたものとみなして取り扱い、一般に、これらの審査請求について、併合審理する。

　ただし、異議申立自体が不適法なものである場合においては、当該異議申立が審査請求とみなされたことを理由としてそれが適法な審査請求とされるものではない。

3 実質審理

① 職権主義

　司法手続である民事訴訟では、当事者双方が主導的に主張立証活動を展開し、裁判所は中立の立場をとって双方の主張について判断する（「当事者主義」）。これに対し、行政手続である審査請求においては、審判所に手続の主導権が認められている（「職権主義」）。

　審査請求手続において、担当審判官には、調査権限が付与され（「質問検査権」）、担当審判官は、事件の審理を行う上で必要と認めるときは、職権で当事者を含む事件関係者等に質問し、証拠書類の提出要求、物件の留置き、検

査・鑑定をすることができる（旧・改正通則法97①）。

また、国税不服審判所所長は、請求人等が調査に応じないことにより主張の基礎を明らかとすることが著しく困難な場合は、主張不採用とすることができるとされている（旧・改正通則法97④）。

同時に、国税不服審判所における審査請求手続は、納税者が原処分の取消しまたは変更を求め、理由とともに審判所に対し審査請求を申し立て、これに対し原処分庁は審査請求の趣旨及び理由に対応した答弁書を提出しなければならず（旧・改正通則法93②）、請求人は原処分庁の答弁書に対し反論書を提出することにより反論し、審判所はこれに対する意見を原処分庁に求めることにより、原処分庁は意見書を提出してこれを申し述べるという主張活動が展開される。立証責任が基本的に原処分庁側にあることから、立証活動については、原処分庁が調査を通じて取得し国税不服審判所に対し提出した証拠を審査請求人は閲覧することにより反証の機会を得ることが可能とされ、または自己の主張を裏づける証拠書類等を審判所に提出することにより展開される（旧・改正通則法95、96）。

このように、審査請求は、職権主義を基本としつつ、当事者主義的側面を取り入れた手続とされている点に特徴がある。審査請求のこうした特長が、審判所における裁決は行政庁としての最終判断であることとあいまって、法令解釈ではなく事実認定に争いがある事件についてなじむものと一般的に評価されるゆえんであろう。

② 争点主義的運営

不服申立に係る審理の対象範囲について、審査請求は、総額主義を基礎としつつ、争点主義的運営をする。

「争点主義」とは、確定処分に対する訴訟の対象は処分理由との関係における税額の適否である、とする見解であり、「総額主義」とは、確定処分に対する争訟の対象は処分時に客観的に存在した税額を上回るか否かを判断す

るために必要な事項のすべてに及ぶ、という見解である。

　税務争訟について争点主義によった場合、審理の結果、争点事項が誤りであったと判断され、正しい判断に基づき税額を再計算したとき、その税額が原処分の額を下回る場合、原処分は取消しとされ、職権探知により争点外事項を審理したところに基づき税額を再計算することにより原処分を維持することは許されないのに対し、総額主義によった場合、争点事項が審理の結果誤りであると判断された場合も、争点外事項の調査審理の結果に基づき再計算したとき、その税額が原処分の額を上回れば、原処分は取消しを免れることになるところ、判例及び実務は、総額主義の立場をとる[5-2]。

　審査請求における審理は、総額主義の立場に立つものであるが、審査請求手続は訴訟との比較において、簡易・迅速性が求められていることから、総額主義を基本としつつ、争点主義的運営がなされている。

　実際の調査審理においては、担当審判官には、審査請求人及び原処分庁が各々、主張をつくすことができるよう配慮することが求められていることから、担当審判官は、提出された主張書面や、面談を通じて、審査請求人及び原処分庁の主張を整理することにより争点を明確にし（「争点整理」）、争点事項に主眼を置いた調査・審理を行う。

　国税不服審判所に対する争点主義的運営の要請は、①審判所における新たな調査は原処分を補強し、これを維持する理由を発見するために新たな事実を探し回るものではないか、との疑いを避けるためであること、②不服申立を契機として新たな調査がなされ、納税者が不服申立前より悪い状態に置かれることがあってはならないためであること、③審判所が納税者の正当な権利救済の道を開く以上、のびのびと安んじて権利保護を受け得るものでなければならないこと、④総額的な調査を審判所に強いることは、審査機関としての能力と責任を超えるものであることによると説明されている[5-3]。

　なお、国税不服審判所では、後述のとおり、担当審判官は、審査請求人及

5-2　最判昭和49年4月18日訟月20巻11号175頁
5-3　南博方『租税争訟の理論と実際（増補版）』（弘文堂、1980年）59頁

び原処分庁から提出された主張や事実関係等に関し、これを整理しまとめた書面として「争点の確認表」を作成し、原則としてこれを審査請求人及び原処分庁の双方に送付する実務としている。

③ 職権探知主義

　国税不服審判所は、当事者が主張しない事実であっても、議決・裁決の基礎とすることができる（「職権探知主義」）。ただし、審査請求の段階で新たに着手する調査については、争点主義的運営の観点から、基本的に争点事項に止め、争点外事項についての改めての調査は、原処分調査の範囲を超えない範囲で行うこととされている。これにより、担当審判官は、調査・審理の過程において、一方当事者、特に請求人に不利な争点外の事実を発見した場合、総額主義により判断する必要からこれを速やかに争点化し、争点外事項を争点とすることにより不利となる当事者に対しては十分な反論・反証の機会を与えた上で議決・裁決に反映させる実務とされている。

④ 職権調査

　争点についての審理は、主として審査請求人または原処分庁から提出された証拠書類が対象とされるが、提出された証拠書類等のみでは事実関係の認定に不十分であると担当審判官が判断した場合、または審査請求人からの申立てにより、担当審判官等は職権で調査を行う。このことから、担当審判官等は、課税処分等を課すための法律上の要件に関し、審査請求人及び原処分庁双方の主張の相違点の判断において、審理のために必要があるときは証拠書類等を収集するために質問・検査、帳簿書類等の提出要求を行う（旧・改正通則法97）。担当審判官による調査は、次の方法により行われる。

　① 　審査請求人、原処分庁、関係人、その他の参考人に対する質問
　② 　上記の者の帳簿書類その他の物件について、その所有者、所持者もし

くは保管者に対し、その物件の提出を求め、またはこれらの者が提出した物件を留め置くこと
③　上記の者の帳簿書類その他の物件を検査すること
④　鑑定人に鑑定させること

　職権による調査の範囲は、審理を行うため必要があると判断される範囲とされており、また調査の要否や方法等についての判断は、担当審判官の合理的裁量に委ねられているが、現処分の補完調査であってはならず、後述の争点主義的運営の考え方に基づき、審査請求人と原処分庁による主張を通じて明らかとされた争点に主眼を置いたものとされており、争点外事項に関する調査が必要である場合は、原則として現処分調査の範囲内で行う。
　審査請求人または原処分庁が正当な理由なく質問、提出要求または検査に応じないことにより、その主張の基礎を明らかにすることが著しく困難である場合には、その部分に係る主張を採用しないことができる。なお、職権調査は、担当審判官のほか、参加審判官、国税審査官により行われる。

⑤　答弁書に対する反論書、反論書に対する意見書

　審査請求人は、原処分庁から送付された答弁書に対する「反論書」及び、反論に係る主張を裏づける証拠書類もしくは証拠物を提出することができる（改正通則法95）。これらの提出について担当審判官からその提出期限を定められたときは、その期限内に提出しなければならない。参加人についても証拠書類または証拠物の提出ができることとされている。
　参加人とは、現行通則法の下では、国税不服審判所長等の許可を得て、当該不服申立に参加する利害関係人をいい、利害関係人とは、不服申立に係る処分の根拠となる法令に照らし、当該処分につき利害関係を有するものと認められる者をいう（旧通則法109①）。例えば、滞納者から公売処分取消の審査請求がされた場合の公売財産の買受人のように審査請求人と利害の相反す

る者で当該処分の取消しによって法律上の不利益を被る者、または共同審査請求人となり得る立場にありながら自らは審査請求をしなかった者がこれにあたる（審査請求関係通達109−1）。

　改正国税通則法においては、審査請求人は反論書を提出できることに加え、参加人においても審査請求に係る事件に関する意見を記載した書面を提出することができるとされている（改正通則法95②）。担当審判官は、審査請求人から反論書の提出があったときは、これを参加人及び原処分庁に、また参加人から参加人意見書の提出があったときはこれを審査請求人及び原処分庁に、それぞれ送付しなければならない（改正通則法95③）。改正された行政不服審査法及び国税通則法において、参加人は、審査請求人、原処分庁とともに「審理関係人」と位置づけられているところ（新行審法28①）、改正された行政不服審査法は、請求人及び参加人に主張機会を十分に与えるために、審査請求人の反論書の提出に加え、参加人の意見書の提出についても規定するものであり（新行審法30②）、これを受けて国税通則法においても、参加人による意見書提出を規定したものである。

　当事者の主張は、自主的な書面の提出によるもののほか、担当審判官の釈明権の行使に基づくものがある。さらに、争点に関し法的に意味のある主張を効率的にさせるために、担当審判官は、当事者との面談時に、当事者の釈明の内容を書面により記録し、これを主張書面と同等に扱うことが、実務として行われている。

　当事者による主張の追加や変更は、原則として裁決書謄本の発送までの間であれば、自由になし得る。しかし、追加や変更に係る主張が、従前の主張の繰返しであったり、課税要件と関係しない単なる苦情にすぎないものである場合、主張として取り上げないことが可能とされている。

⑥ 物件の閲覧・謄写

　原処分庁は、処分の理由となった事実を証する書類その他の物件を担当審

判官に提供できる（任意）とされており、審査請求人においても、自己の主張を裏づける証拠書類等を、担当審判官に提出することができる。担当審判官による職権調査によって収集された、書類その他物件も、証拠とされる。

（1）現行法の取扱い

現行法上、審査請求人は、担当審判官に対し、原処分庁から提出された物件の閲覧を求めることができるとされている（旧通則法96①②）。参加人においても審査請求人による物件の閲覧の規定が準用される。

閲覧の請求があった場合、担当審判官は、第三者の利益を害するおそれがあると認めるとき、その他正当な理由があると認めるとき等の場合、その閲覧等を拒むことができる。ここに「第三者の利益を害するおそれがある」とは、例えば密告書、投書、聴取書、決議書、調査書等を閲覧させることにより閲覧請求人以外の第三者の利益を害するおそれがある場合をいう。

また、決議書、調査書等は、その記載内容によっては「第三者の利益を害するおそれがある」ときに該当するほか、税務執行上の秘密にふれるため閲覧させないことについて同項の「正当な理由がある」ときに該当することがあるとされている（審査請求関係96-1）。

審査請求人側から提出された証拠書類等は、原処分庁に対し交付・閲覧させることはない。

（2）改正法の取扱い

改正された行政不服審査法においては、審査請求人または参加人の手続保障の充実を図る見地から、閲覧請求権の対象を、原処分庁から提出された物件に限らず、担当審判官が職権調査によって収集した証拠も、その範囲としていることに加え、現行法の下では認められなかった、写しの交付も請求することができるようになった（新行審法38①）。

これを受けて、改正国税通則法においても審査請求人による証拠の閲覧対象の拡大（改正通則法97の3）が規定され、原処分庁、審査請求人、参加人の

審理関係人は、担当審判官に対し、担当審判官が所持する証拠書類等（職権収集資料）の閲覧または写し等の交付を求めることができるとされた（改正通則法97の3①）。閲覧請求権について、現行法の下では、審査請求人及び参加人についてのみ規定され、原処分庁については規定されていなかったが、改正された行政不服審査法では、審理手続の透明性を向上させるとともに当事者間の審理の公平を確保する観点から、原処分庁を含めた審査関係人に閲覧または写しの交付が請求できるようにされたものである。

閲覧または写しの交付が請求できる範囲については、以上のとおりの拡充がなされたが、さらに今後、担当審判官が審理手続において作成した、審理関係人または参考人の陳述の内容が記載された書面についてもこれに含めることが検討されることが見込まれる。

前述のとおり、改正国税通則法の下では、原処分庁の提出する証拠物件のみならず、担当審判官が職権調査により取得した証拠物件についても、閲覧の対象となる。そして、担当審判官は、これら証拠物件について閲覧・謄写の請求があったとき、第三者の利益を害するおそれがあると認められるとき、その他正当な理由があるときでなければ閲覧・謄写の請求を拒むことができない、とされている。そこで、担当審判官は審査請求人に対しこの閲覧をさせ、または交付をしようとするときは、担当審判官が閲覧または写しの交付の可否について適切に判断することができるよう、原則として、当該閲覧または交付に係る書類その他の物件の提出人の意見を聞かなければならないとされている（改正通則法97の3②。ただし、担当審判官がその必要がないと認める場合はこの限りではない）。

担当審判官は、閲覧について、日時及び場所を指定することができる（改正通則法97の3③）。また、写しの交付を受ける審査請求人または参加人は、政令の定めに基づき、実費の範囲で一定の手数料を納めなければならないとされているが（改正通則法97の3④）、担当審判官は、経済的困難その他特別の理由があると認めるときは、政令で定めるところにより手数料を減額しまたは免除することができるとされている（改正通則法97の3⑤）。

現行国税通則法に基づく現在の審査請求実務においては、原処分庁は、審判所の職権収集（旧通則法97）に応じて提出した証拠は、請求人の閲覧対象とならないことから、その手持ち証拠を網羅的に審判所に提出する傾向があるといえる。
　しかしながら、改正国税通則法施行により、審判所が職権により収集した証拠も審査請求人の閲覧・謄写の対象となることから（改正通則法97の3①）、原処分庁が調査段階で収集した資料を審判所に対し提出することは、特に、請求人に有利な証拠について、これを審判所に提出しないといった場合には、「法改正は、かえって、請求人の権利救済にとっては消極に働きかねないという問題を内包する」として、「刑事訴訟の分野で長年にわたり議論され、判例や立法により一定の解決がなされてきた、『検察官の手持ち証拠の開示の問題』と同根である」とする指摘があることから[5-4]、実務の扱いを注視してゆく必要があろう。

⑦ 合　議

　合議は、合議体の構成員全員が集まり、審査請求人及び原処分庁の主張や証拠書類等について、調査・審理を行う検討の場である。合議では、公正・妥当な結論に到達するまで審理をつくすことを旨とし、当初合議、中間合議、最終合議と、数回にわたり開催する。
　一般に、当初合議は、納税者に対して課税上または徴収上、原処分を課すための法律上の要件に関する争点の整理、調査方針の策定等を目的として行う。
　中間合議は、主張の追加、証拠の提出があった場合の再整理等、調査・審理の進行状況に応じて、適時に行う。
　最終合議は、事実の認定、法令の解釈、法令の適用等、争点についての判断が公正なものとなっているか十分に検討の上、裁決の基礎となる議決を行う。
　合議には、合議体の構成員のみならず、分担者、法規・審査担当、部長国

[5-4] 坂田真吾「審査請求における証拠の閲覧対象の拡大と今後の調査審理について」（第38回（平成27年度）「日税研究賞」入選）

税審判官、総括国税審判官が、オブザーバーとして参加する。

　法規・審査担当は、法令解釈についての助言を行うほか、合議体の要請に基づき審理全般に関し助言を行う。法規・審査担当が審査請求事件の調査・審理の過程において助言を行うのは、効率的な調査・審理の促進と、適正・迅速な事件処理を行うためと説明されている。また、支部所長は、議決内容に関し法令解釈または事実認定に誤りがあり、かつそれが議決主文に及ぶと認められる事件については、調査・審理がつくされていないとして、議決済事件を合議体に差し戻すことになるから、議決後のこうした事務遅滞を極力生じさせないためにも、合議の席において、法規審査担当者をして調査・審理手続において生ずる法令解釈や適用について的確な意見を述べさせることは望ましいと説明されている。

　部長審判官は、審判部における事件の進捗管理のために、また総括審判官は、その補佐として、合議に参加するものであると説明されている。

⑧ 口頭意見陳述と発問権

　現行法では、審査請求人は、自己の主張を書面で提出するほか、口頭で意見を述べる旨の申立てをすることができるとされており、審査請求人からこの申立てがあったときは、担当審判官はその機会を与えなければならないこととされている（旧通則法101による同法84の規定の準用）。参加人についても、この点、同様である。

　この口頭意見陳述については、実務上、あまり申立てがなく、代わって、担当審判官及び合議体が後述の「同席主張説明」を実施することにより、主張内容の確認を行う運営がなされている。

　改正された行政不服審査法において、口頭意見陳述については、審査請求人または参加人の申立てによるものとされている。そして、審理の充実を目的として、口頭意見陳述については、すべての審理関係人を招集してさせることとするとともに（新行審法31②）、相当でない場合の陳述の制限（新行審

法31④)、申立人の処分庁等に対する質問（新行審法31⑤）が規定された。この改正に合わせ、国税不服審判所における審査請求においても、審査請求人または参加人の申立てがあった場合には、担当審判官は当該申立てをした者に口頭で審査請求に係る事件に関する意見を述べる機会を与えなければならず、担当審判官が期日及び場所を指定し、すべての審理関係人を招集して口頭意見陳述をさせることとされた（改正通則法95の2）。そして新たに、審査請求人は、担当審判官の許可を得て、処分の内容及び理由に関し、原処分庁に対して質問を発することができることとされたが（「発問権」。改正通則法95の2②)、対質の形式は、採られない。

　口頭意見陳述について、改正国税通則法においては次のとおりとされている。
① 　審査請求人または参加人の申立てがあった場合には、担当審判官は、当該申立てをした者に口頭で審査請求に係る事件に関する意見を述べる機会（「口頭意見陳述」）を与えなければならない。ただし、当該申立人の所在その他、申立人が担当審判官の指定した期日及び場所に出頭して口頭で意見を述べることが困難である申立人側の事情により、意見を述べる機会を与えることが困難であると認められる場合には、この限りではない（改正通則法95の2①及び同条③による、同法84①但書の準用）。
② 　口頭意見陳述に際し、口頭意見陳述の申立てをした審査請求人または参加人は、担当審判官の許可を得て、審査請求に係る事件に関し、原処分庁に対して、質問を発することができる（発問権。改正通則法95の2②）。
③ 　口頭意見陳述は、担当審判官が期日及び場所を指定し、すべての審理関係人を招集してさせることによる（改正通則法95の2③による同法84②の準用）。
④ 　口頭意見陳述において、口頭意見陳述の申立てをした審査請求人または参加人は、担当審判官の許可を得て、補佐人（通訳や身体障がいのための介添人）とともに出頭することができる（改正通則法95の2③による同法84③の準用）。
⑤ 　口頭意見陳述において、担当審判官は、審査請求人または参加人のす

る陳述が事件に関係のない事項にわたる場合その他相当でない場合には、これを制限することができる(改正通則法95の2③による同法84⑤の準用)。

　参加審判官は、担当審判官の命を受け、上記②の許可及び上記⑤の行為をすることができるとされていることから、副審判官による事件主任制による事案の口頭意見陳述については、担当審判官の命により参加審判官である副審判官が口頭意見陳述を主導する運用とされる。
　なお、上記②の発問権に係る規定は、対審的構造を採らない再調査の請求における口頭意見陳述にはない規定である。かかる規定は、審査請求人の質問権を担保する観点から、原処分庁の出席を前提として、設けられている。

⑨ 同席主張説明

　国税不服審判所では、透明化施策のひとつとして、平成23年度から「同席主張説明」を実施している。
　同席主張説明は、合議体、審査請求人及び原処分庁の三者で、事件の理解を共通にし、また、対審的枠組みの中で当事者の主張及び争点を明確にすることを目的とし、当事者の同意を前提として担当審判官の裁量で実施される、事実上の行為である。同席主張説明の対象とする事件は、おおむね、
① 複雑困難な事件
② 争点が多岐にわたり争点相互の関係を整理する必要がある事件
③ その他同席主張説明を行うことが適正かつ迅速な審理に資すると判断される事件
であるとされている。
　同席主張説明は、担当審判官による主張整理、争点整理の手続のひとつと位置づけられる。したがって、担当審判官が必要と認める範囲で、当事者に対し質問をすることにより行うことを原則とする。このため、当事者の一方的な発言が続くなど、同席主張説明の目的が達成できないと担当審判官が判

断した場合、進行は中断または終了とされる。

　当事者に対する質問事項は、担当審判官によりあらかじめ準備されるが、当事者が同席主張説明において即答できない場合、後日、書面等により回答を求めることとなる。同席主張説明における発言が、そのまま主張として採用されることはなく、後日、主張書面の提出を求め、または別途の面談により釈明陳述録取書を作成することにより、主張とされる。証拠書類についても、同席主張説明の場で審査することはなされない。

⑩ 審理手続の計画的進行・計画的遂行

　審査請求手続において、審理手続を迅速に行うためには、審理を計画的に進捗させることが必要であり、これには、審査請求人、参加人及び原処分庁等の利害関係人がこの認識を共有して相互に協力することが欠かせない。

　このことから、改正国税通則法においては、審査請求手続の簡易・迅速かつ適正な審理実現のため、審理関係人の責務として、審理関係人は審理において相互に協力するとともに、審理手続の計画的な進行を図らなければならないこととされた（改正通則法92の2）。

　そして、審理手続を計画的に遂行するために、口頭意見陳述、証拠書類等の提出、審理のための質問・検査等の手続について、これらを計画的に遂行する必要があると認められる場合には、期日及び場所を指定して、審理関係人を招集し、あらかじめ、これらの審理手続の申立てに関する意見の聴取を行うことができるとされた（改正通則法97の2①）。

　ところで、審査請求書が提出されて裁決がなされるまでの平均期間は10か月間であるが、事案の内容により、調査・審理に要する時間は異なる。現行法の下では、国税不服審判所では、審査請求の受理後1年以内に裁決書謄本を審査請求人に送達できるよう取り組む運営とされている。ただし、査察事件に関する事案や、相互協議の係属する事案の相互協議手続期間中は、審理留保とされることから、こうした事案については、裁決に至るまでに相応の

期間を要する。

　また、審査請求手続は非公開であることから、審理の進捗状況の把握は、当事者であっても困難である。そのため、国税不服審判所では、審査請求人と連絡または面談してからの期間が3か月以上となる場合、原則として、主張書面の提出状況、調査審理の進捗状況、今後の予定等が図示された「審理の状況・予定表」を送付して、審査請求の進行状況を通知する運用としている。

　改正国税通則法においては、国税不服審判所所長は、審査請求が国税不服審判所に到達してから裁決するまでに通常要すべき標準的な期間を定めるよう努めるとともに、これを定めたときは、その事務所における備付けその他の適当な方法により公にしておかなければならないこととされた（改正通則法77の2）。改正国税通則法施行後、具体的な標準審理期間をどのように定めるかは、国税不服審判所所長の判断に委ねられる。

⑪ 争点の確認表

　審査請求手続を適正かつ迅速に進捗させることを目的として、担当審判官は、審査請求人及び原処分庁双方の主張を正確に理解する必要があり、また、審査請求人及び原処分庁はともに、争点に関し理解を共有する必要がある。このため、国税不服審判所では、担当審判官が、審査請求人及び原処分庁から提出された主張や事実関係等に関し、これを整理しまとめた書面として「争点の確認表」を作成し、原則としてこれを審査請求人及び原処分庁の双方に送付する実務としている。

　争点の確認表は、適正かつ迅速な裁決に資することを目的として、担当審判官が、審査請求人及び原処分庁の主張を的確に把握・整理するとともに、最終的に裁決書に記載すべき課税用検討要件に基づく争点を明確にするため作成するものである。

　担当審判官は、当事者の主張及び争点を、各者の提出した主張書面等に基づき、随時、整理し、争点整理が終了するまでの期間、争点整理及び調査・

審理の進行における各段階で、これをブラッシュアップする。最終的には、争点整理表の内容が、議決書・裁決書の主張欄を構成することになる。

なお、争点の確認表は、主張整理のために作成されるものではない。したがって、争点の確認表に記載されたこれまでの主張と異なる新たな主張をする場合は、新たに反論書、意見書として主張書面を提出することになる。

争点の確認表は、もともと、審査請求手続に係る透明化施策の一環として導入された。機能としては、担当審判官が、争点と争点に関する審査請求人及び原処分庁各者の主張を正確に理解しているか否か、争点の確認表を作成し、各当事者にこれを交付することにより、確認することのほか、審査請求人と原処分庁とに争点を共有化させること、事件の審理状況に係る情報を提供すること、争点を示して当事者に対し主張・立証を促すこと等を指摘することができる。

争点の確認表の交付は、法令に基づく手続ではなく、事実上の行為である。このことから、担当審判官の裁量により、例えば、当事者が主張の追加・変更を繰り返す場合で、かつそれが従前の主張の表現変更や苦情であるといったときには、交付しない扱いとする場合もある。

⑫ 調査審理の終了

改正国税通則法には、新たに、迅速な事件処理及び審理関係人の手続的権利を保障する観点から、審理手続終結と、必要な手続が規定された。

具体的には、担当審判官が必要な審理を終えたと認めるときは、審理手続を終結するものとされ（改正通則法97の4①）、また期限を定めて提出を求めた主張書面や書証が期限内に提出されなかったときや、口頭意見陳述を求めたにもかかわらず正当な理由なく出頭しないときにも、審理手続を終結することができるとされた（改正通則法97の4②）。そして、担当審判官が審理手続を終結したときは、速やかに、審理関係人に対し、審理手続を終結した旨を通知するものとするとされた（改正通則法97の4③）。

⑬ 議　決

　調査・審理が終了すると、合議体を構成する担当審判官及び参加審判官は、合議体の過半数の意見によって決定された合議により審査請求に対する結論を議決する。

　合議体が作成する議決書は、裁決を行う国税不服審判所長に対する、いわば報告書と位置づけられるものであるところ、議決書は、裁決の処理について国税不服審判所長の内部委任を受けた支部所長を補佐する法規・審査担当の文書審査を受ける。

⑭ 法規・審査

　審査請求に係る事件の処理については、調査・審理担当のほかに、法規・審査担当が設置されている支部がある。支部法規・審査担当は、裁決の処理に関する権限を国税不服審判所長から内部委任された支部所長が、裁決を行うにあたって1つの行政庁としての判断の統一性を確保することを主たる目的とし、この目的を達成するために支部所長を補佐する役割を果たすものとして設置されている。こうした設置目的から、法規・審査担当の本来的事務は、合議体が作成する議決書の文書審査等を行うことであり、合議体が行った議決及び作成した議決書は、裁決に先立ち、法規・審査担当の文書審査等を受ける。議決内容に関し、事実認定または法令解釈に誤りがあり、その帰趨が議決主文に及ぶと認められる事件については、調査・審理がつくされていないとして、合議体に差し戻される。

　経済取引の複雑化を背景とした困難事案への対応や、効率的事件処理の要請から、法規・審査担当の今日的事務として、調査・審理の早い段階から随時、合議体の求めに応じ、法令または通達の解釈と適用について的確な助言を与えることにも重点が置かれるようになってきている。

⑮ 裁　決

　国税不服審判所長は、合議体の議決に基づき、裁決を行うものとするとされている（改正通則法98④、通則令35）。「議決に基づき」とは、議決に基礎を置くことを意味し、議決と離れて裁決をすることは許されない。したがって、国税不服審判所長から裁決の処理に関する内部委任を受けた支部所長は、議決内容に関し、事実認定または法令解釈に誤りがあり、その帰趨が議決主文に及ぶと認められる事件については、調査・審理がつくされていないとして、合議体に事件を差し戻すこととなる。裁決の種類は、次のとおりである。

① 全部取消し
　審査請求人が原処分の全部の取消しをもとめる場合において、その請求の全部が認められたもの

② 一部取消し
　審査請求人が原処分の全部の取消しを求める場合において、その請求の一部が認められたもの、または審査請求人が原処分の一部の取消しを求める場合において、その請求の全部または一部が認められたもの

③ 棄　却
　審査請求人が原処分の取消しまたは変更を求める場合において、その請求が認められなかったもの

④ 却　下
　審査請求が法定の期間経過後にされたとき、国税の法律に基づく処分に該当しないもの（延滞税のお知らせなど）を審査請求の対象としているとき、審査請求に前置されるべき異議申立が法定の期間経過後にされたことにより却下されているときなど、不適法な審査請求である場合に、審理の対象として取り上げられなかったもの

　裁決書謄本が発送されるまでの期間、請求人は審査請求をいつでも取り下げることができる。事件係属中に原処分庁が処分を取り消した場合において、

審査請求人が審査請求を取り下げない場合、審査請求の申立ては不適法な申立てとして却下とされる。

4・国税庁長官への意見の申出

　国税不服審判所長は、国税庁長官の法令の解釈である通達の定めに拘束されることなく、これと異なる解釈により裁決をすることができる。

　ただし、国税不服審判所長は、国税庁長官の法令の解釈である通達の定めと異なる解釈により裁決をするとき、または、法令の解釈に関し通達の定めがない場合であって、裁決で採用しようとする法令の解釈が他の処分を行う際における重要な先例となると認められる裁決をするときは、あらかじめその意見を国税庁長官に通知しなければならないとされている。そして、国税庁長官は、この通知があった場合において、国税不服審判所長の意見が審査請求人の主張を認容するものであり、かつ、国税庁長官が当該意見を相当と認める場合を除き、国税不服審判所長と共同して当該意見について国税審議会に諮問しなければならなならない。またこの場合に、国税不服審判所長は、当該国税審議会の議決に基づいて裁決をしなければならないとされている（通則法99）。また、国税庁長官は、これを受けて、通達の改正等を行う。

国税庁長官に対する意見通知の手続

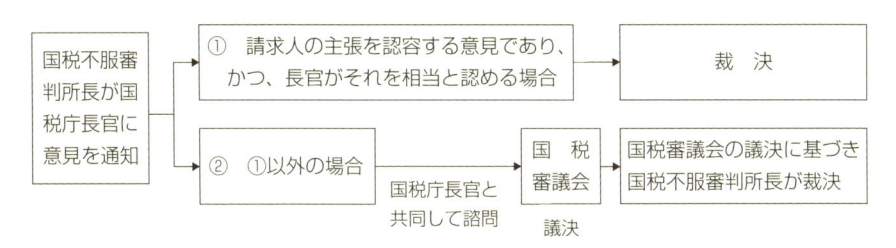

国税不服審判所長が国税庁長官に意見を通知	① 請求人の主張を認容する意見であり、かつ、長官がそれを相当と認める場合	裁　決
	② ①以外の場合 → 国税庁長官と共同して諮問 → 国税審議会 議決	国税審議会の議決に基づき国税不服審判所長が裁決

＊　出所：国税不服審判所パンフレット「審判所ってどんなところ？」7頁
　　（http://www.kfs.go.jp/introduction/pamphlet/pdf/pamphlet.pdf）

第3節 地方税の審査請求

1 地方税の審査請求の構造

　国税とは異なり、地方税における不服申立（審査請求）については、国税通則法ではなく、基本的に行政不服審査法によって不服申立手続が規律されている（地法19から19の9）。

　改正後の行政不服審査法4条は、審査請求すべき行政庁を規定している。すなわち、同条1号は、処分をした行政庁（処分庁）に上級行政庁がない場合には当該処分庁、同条4号は、同条1号ないし3号以外の場合は、当該処分庁の最上級行政庁に対して審査請求を行うべき旨を規定している。

　したがって、地方税の場合については、市町村長が処分権限を委任せず自ら行使する場合には、市町村長が処分庁であり、かつ、上級行政庁がない場合に該当するので、当該市町村長に対して審査請求を行う（新行審法4一）。一方で、道府県の知事等が、処分権限を県税事務所長等に委任している場合（地法3の2）には、当該道府県の知事等が委任を受けた処分庁の最上級行政庁に該当するので、当該道府県の知事等に対して審査請求を行う（新行審法4四）。

　このように、地方税における審査請求においては、国税における国税不服審判所のような第三者的機関に対して審査請求を行うことにはならない。

2 実際の審査請求の流れ

① 審査請求の申立て

ア 地方税における審査請求は、原則として処分があったことを知った日の翌日から起算して3月以内に、審査請求をすべき行政庁に対して、審査請求書を提出して行う（新行審法18、19）。

イ 審査請求書には次に掲げる事項を記載しなければならない（新行審法19②）。
  (1) 審査請求人の氏名または名称及び住所または居所
  (2) 審査請求に係る処分の内容
  (3) 審査請求に係る処分があったことを知った年月日
  (4) 審査請求の趣旨及び理由
  (5) 処分庁の教示の有無及びその内容
  (6) 審査請求の年月日

ウ 審査請求書に不備がある場合には、審査庁は、相当の期間を定め、その期間内に不備を補正すべきことを命じる（新行審法23）。審査請求人が上記期間内に不備を補正しないときは審査請求は却下される（新行審法24）。

② 審理手続

ア 審査請求がされた行政庁（審査庁）は、審査庁に所属する職員のうちから審理手続を行う者（審理員）を指名し、審査請求人、処分庁（審査庁以外の処分庁）に通知する（新行審法9）。

イ 審理員は、審査庁から指名されたときは、直ちに、審査請求書の写しを処分庁に送付し（処分庁が審査庁である場合にはこの限りでない）、処分庁は、処分の内容及び理由を記載した弁明書等を提出する（新行審法29）。

ウ 審査請求人は、弁明書に記載された事項に対する反論書を提出すること

エ 審査請求人は、審理員に対し、証拠（提出書類等）の閲覧、写し等の交付を求めることができる（新行審法38）。旧行審法では閲覧しか認められていなかった（旧行審法33）が、法改正によって写し等の交付も求めることができることとされた。

オ 審査請求人は、審理員に対し、口頭で審査請求に係る事件に関する意見を述べる機会の付与を申立てることができる（新行審法31①、口頭意見陳述）。なお、口頭意見陳述に際し、申立人は、審理員の許可を得て、審査請求に係る事件に関し、処分庁に対して質問を発することができる。

③ 審理手続の終結、審理員意見書作成、行政不服審査会への諮問、答申、裁決

ア 審理員は、必要な審理を終えた場合には、審理手続を終結させ（新行審法41）、審理員意見書（審査庁がすべき裁決に関する意見書）を作成し、事件記録とともに、審査庁に提出する（新行審法42）。

イ 審査庁は、審理員意見書の提出を受けたときは、行政不服審査会に諮問を行う（新行審法43）。

ウ 審査庁は、行政不服審査会から諮問に対する答申を受けたときは、遅滞なく、裁決を行う（新行審法44）。

なお、裁決書には次の事項を記載する。

① 主文
② 事案の概要
③ 審理関係人の主張の要旨
④ 理由（①の主文が審理員意見書、行政不服審査会の答申書と異なる内容である場合には、異なることとなった理由を含む）

3 固定資産の価格に関する審査申出

① 不服申立制度の概略

　第1章で述べたように、固定資産の価格に関しては、固定資産評価審査委員会に対する審査の申出という特別の不服審査制度が設けられている（地法432。なお、固定資産税の価格についても、例外として、市町村長ではなく、道府県知事、総務大臣が価格等の決定もしくは配分またはこれらの修正を行った場合には、地法19八により、行政不服審査法に基づく審査請求制度が適用される）。

　このことについて、最判平成2年1月18日民集44巻1号253頁は、「法が固定資産の登録価格についての不服の審査を評価、課税の主体である市町村長から独立した第三者的機関である委員会に行わせることとしているのは、中立の立場にある委員会に固定資産の評価額の適否に関する審査を行わせ、これによって固定資産の評価の客観的合理性を担保し、納税者の権利を保護するとともに、固定資産税の適正な賦課を期そうとするもの」であると説示している。

　固定資産評価審査委員会は、次頁の図表のとおり、地方税法432条1項の審査の申出を受けた場合においては、直ちにその必要と認める調査その他事実審査を行い、その申出を受けた日から30日以内に審査の決定をしなければならない（地法433）。

② 新行審法の規定の適用

　地方税法433条11項は、改正された行政不服審査法の手続規定を一定程度準用しているから、基本的には、同法と同趣旨の手続によって審査が行われると考えられる。

　ただし、審理員制度（新行審法9）、行政不服審査会への諮問制度（同法43

固定資産税の価格に関する審査申出

固定資産の価格に関する不服については、固定資産の評価の客観的合理性を担保する必要があるとともに、評価が専門的知識を必要とし、技術的な面も多いことなどを踏まえ、市町村長から独立した中立的・専門的な機関として固定資産評価審査委員会を設置し、審査決定させている。

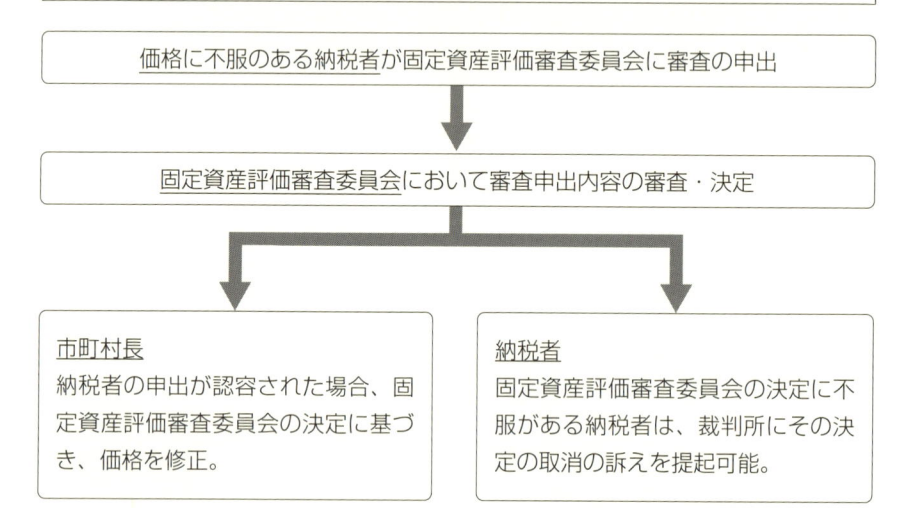

```
価格に不服のある納税者が固定資産評価審査委員会に審査の申出
                            ↓
       固定資産評価審査委員会において審査申出内容の審査・決定
           ↙                              ↘
  市町村長                              納税者
  納税者の申出が認容された場合、固      固定資産評価審査委員会の決定に不
  定資産評価審査委員会の決定に基づ      服がある納税者は、裁判所にその決
  き、価格を修正。                      定の取消の訴えを提起可能。
```

*1　30日を経過しても委員会の決定がない場合、審査の申出が却下されたとみなされる。

*2　出所：総務省「第8回 地域の自主性・自立性を高める地方税制度研究会」配布資料2より

の規定は準用されていない（固定資産評価審査委員会は、地法138の4に規定する委員会であることから、新行審法9①三に掲げる機関が審査庁である場合に該当し、審理員の指名は行われない、とされている）。

③ 実際の審査手続の流れ

次の東京都固定資産評価審査委員会の例が参考になるので参照されたい。

第3節 ● 地方税の審査請求

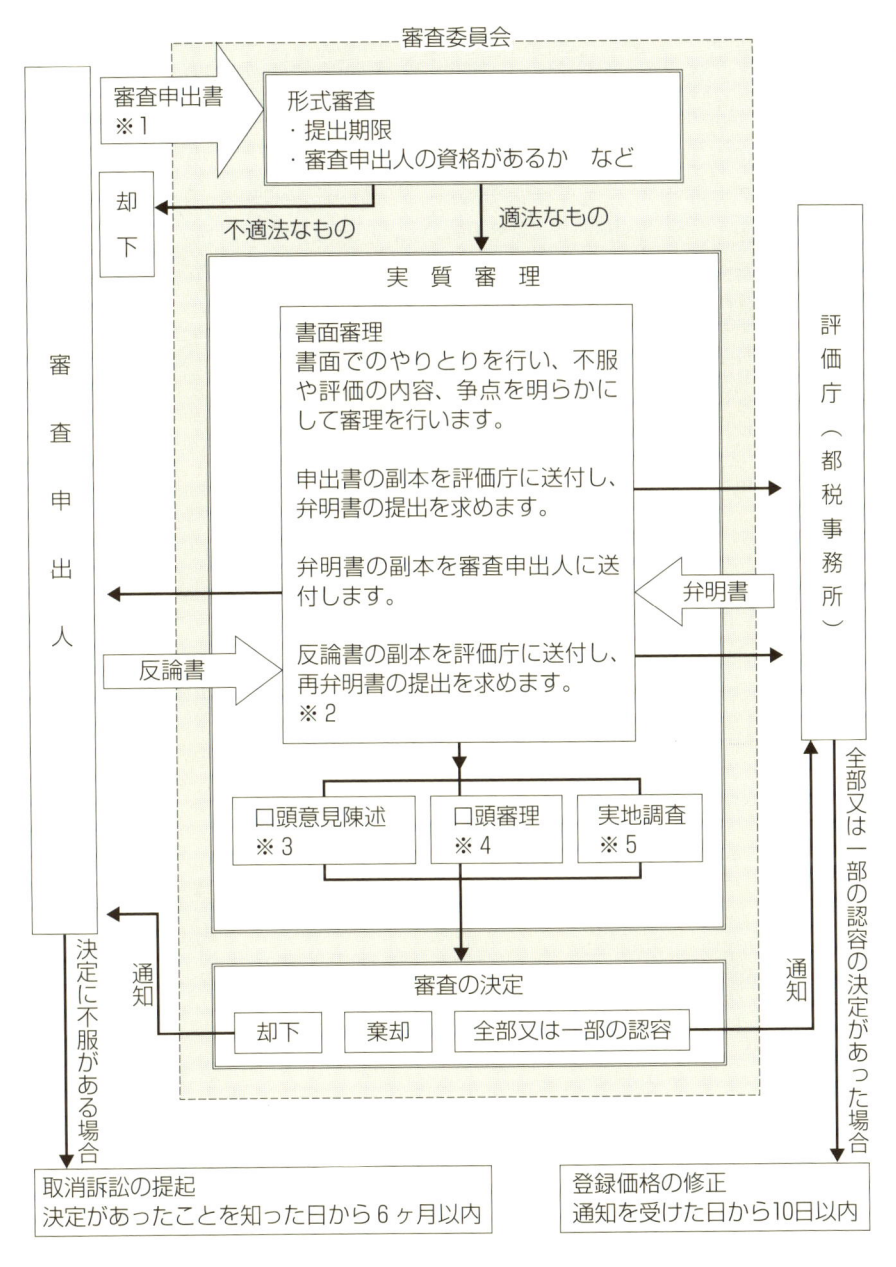

```
┌─────────────────────────────────────────────┐
│ 審査委員会                                    │
│                                              │
│  審査申出書  ┌─────────────────────┐          │
│    ※1   ⇒ │ 形式審査              │          │
│            │ ・提出期限            │          │
│            │ ・審査申出人の資格があるか など │          │
│            └─────────────────────┘          │
│   ┌──┐                                      │
│   │却│← 不適法なもの    │ 適法なもの         │
│   │下│                   ↓                  │
│   └──┘                                      │
│                                              │
│   ┌─────────────────────────────────┐       │
│   │         実 質 審 理              │       │
│   │  ┌──────────────────────────┐  │       │
│   │  │ 書面審理                   │  │       │
│   │  │ 書面でのやりとりを行い、不服 │  │       │
│   │  │ や評価の内容、争点を明らかに │  │       │
│   │  │ して審理を行います。         │  │       │
│   │  │                            │  │       │
│   │  │ 申出書の副本を評価庁に送付し、│  │       │
│   │  │ 弁明書の提出を求めます。     │  │       │
│   │  │                            │  │       │
│   │  │ 弁明書の副本を審査申出人に送 │  │       │
│   │  │ 付します。                  │  │       │
│   │  │                            │  │       │
│   │  │ 反論書の副本を評価庁に送付し、│  │       │
│   │  │ 再弁明書の提出を求めます。   │  │       │
│   │  │ ※2                         │  │       │
│   │  └──────────────────────────┘  │       │
│   │                                  │       │
│   │  ┌─────┐ ┌─────┐ ┌─────┐        │       │
│   │  │口頭意見│ │口頭審理│ │実地調査│        │       │
│   │  │陳述 ※3│ │ ※4   │ │ ※5   │        │       │
│   │  └─────┘ └─────┘ └─────┘        │       │
│   │                                  │       │
│   │  ┌──────────────────────────┐  │       │
│   │  │      審査の決定             │  │       │
│   │  │ ┌──┐┌──┐┌────────────┐ │  │       │
│   │  │ │却下││棄却││全部又は一部の認容│ │  │       │
│   │  │ └──┘└──┘└────────────┘ │  │       │
│   │  └──────────────────────────┘  │       │
│   └─────────────────────────────────┘       │
└─────────────────────────────────────────────┘
```

左側：審査申出人
右側：評価庁（都税事務所）

審査申出人 ← 弁明書の副本
反論書 → 評価庁
弁明書 ← 評価庁
通知 → 審査申出人
通知 → 評価庁

決定に不服がある場合：
取消訴訟の提起
決定があったことを知った日から6ヶ月以内

全部又は一部の認容の決定があった場合：
登録価格の修正
通知を受けた日から10日以内

205

※1　所管の都税事務所を経由して提出することもできます。

※2　さらに再弁明書・再反論書の提出がある場合は、上記のやりとりが繰り返されます。

※3　審査申出書、反論書等の書面では十分に主張することができなかった点を補う場合等に、審査申出人が委員に対して口頭で意見を述べることをいいます。

※4　審査申出人及び評価庁の出席を求め、双方が質問、応答して争点を整理して行う審理手続のことをいい、委員会が審査のために必要と判断した場合に行います。

※5　必要に応じて行います。

*　出所：東京都主税局 東京都固定資産評価審査委員会「審査の申出の流れ（フロー図）」(http://www.tax.metro.tokyo.jp/kazei/info/data/shinsa-flow.pdf)

審査申出書の例

第3節 ● 地方税の審査請求

審査委員会様式(1)[土地](委員会提出分)（正 ・ 副 ・ 控）

委員会受領印	都税事務所受付印

審査申出書

平成　年　月　日

東京都固定資産評価審査委員会　殿

地方税法第432条の規定により、審査の申出をします。

審査申出人	住　所（所在地）	〒	連絡先電話番号（　）
	ふりがな氏　名法人名＊1代表者氏名		印
代理人又は総代＊1	住　所	〒	連絡先電話番号（　）
	ふりがな氏　名		印
固定資産の種類		土　　　地	
審査の申出の趣旨及び理由		別紙審査委員会様式(1)-2［土地］のとおり	
＊2口頭意見陳述の希望		有	無
添付書類			

＊1 「法人名(法人でない社団又は財団を含む。)・代表者氏名」、「代理人又は総代」欄に記載した者の資格を証する書面を添付してください。

＊2 口頭意見陳述とは、審査申出人が東京都固定資産評価審査委員会の指定する場所で、委員に対し、口頭で不服に関する意見を述べることです。

別添記載要領に従い、漏れのないように記載してください。
審査申出書の記載事項に不備がある場合、補正を求めることがあります。

＊　出所：東京都主税局 東京都固定資産評価審査委員会 様式「審査申出書（土地）」(http://www.tax.metro.tokyo.jp/kazei/info/hyoukashinsa/a.pdf)

別紙 審査委員会様式（1）-2［土地］（委員会提出分）（ 正・副・控 ）

審査申出人 氏名・法人名	

審　査　の　申　出　の　趣　旨

審　査　の　申　出　の　物　件						決定を求めようと
土　地　の　所　在　地			地　目	地積（㎡）	台帳価格（円）	する価格（円）
1	区 丁目	町 番	登記 現況	登記 現況		
2	区 丁目	町 番	登記 現況	登記 現況		
3	区 丁目	町 番	登記 現況	登記 現況		
4	区 丁目	町 番	登記 現況	登記 現況		
5	区 丁目	町 番	登記 現況	登記 現況		

審　査　の　申　出　の　理　由

第6章

国税不服審判所の裁決と
その後の対応

第1節

裁 決

1 裁決とは

　一般に「裁決」とは、行政処分に対する審査請求、再審査請求に対して行政庁が判断を与える行為をいう。これにより、当該行政庁の最終的な判断を示すものである。

　国税に関する法律に基づく処分についての審査請求に対しては、国税不服審判所長が示す判断のことである（改正通則法98）。すなわち、その審査請求についての国税不服審判所（ひいては国税庁）の結論となる。

　国税不服審判所長は、審理手続を経ないでする却下裁決（改正通則法92）以外の裁決をする場合には、担当審判官及び参加審判官の議決に基づいてこれをしなければならない（改正通則法98④）。

　国税不服審判所は、東京（霞が関）にある本部のほか、全国に12の支部及び7の支所があり、原則として、各支部・支所がその管轄区域内における審査請求事件の調査・審理を行うが、裁決はすべて東京本部にいる国税不服審判所長が記名押印した裁決書によりされる。

　裁決書には、①主文、②事案の概要、③審理関係人の主張の要旨、④理由が記載され（改正通則法101①）、謄本が審査請求人及び原処分庁へ送付される。また、改正通則法109条の規定による参加人がある場合には、参加人にも送付される（改正通則法101④）。

2 裁決の時期

　裁決の時期について、国税通則法には特別の規定がないが、審理手続を終結し（改正通則法97の4）、担当審判官及び参加審判官の議決（改正通則法98④、改正通則令36）後ということになる。

　実務的には、議決後、それに基づいた裁決書が作成され、国税不服審判所内の法規・審査部門による文書審査が行われることから、審理手続の終結があってから相当の期間の後となる。

　なお、国税不服審判所では、審査請求書を提出してから裁決がされるまでの期間を平均10か月と公表している。審理留保（一定の理由により国税不服審判所での審理を留保すること）の事案など、特別の場合を除き、審査請求受理後、原則として1年以内に裁決書謄本を送付するよう取り組んでいるところでもある。また、「争点の確認表」（当事者の主張をまとめた文書）や「審理の状況・予定表」（答弁書・反論書の提出の記録やその後の手続の予定が記載された文書）などを審査請求人等に送付することで、審理関係人におおよその進捗状況を伝える努力がされているため、いつ出るかわからない裁決を漠然と待たされるというようなことはないように運用がされている。

　改正により、審理手続の終結を審理関係人に通知することとなった（改正通則法97の4③）ことからも、ある程度裁決時期を予測することはできるはずである。

3 裁決の種類

① 全部取消し

　審査請求に理由があり、処分全体を取り消す場合である（改正通則法98③）。

すなわち、原処分がまったくなされなかったのと同じ状態に戻すことである。

通常、審査請求人が原処分の全部の取消しを求める請求に対し、その主張のすべてが認められたような場合が想定されるが、審査請求は、訴訟における処分権主義や弁論主義の適用はなく、当事者の請求の範囲に拘束されないため、審査請求人が処分の一部の取消しを求めている場合でも、国税不服審判所により、その全部が取り消されるべきであると判断される場合には、全部取消しとなることもありうる。

争点に主眼を置いた調査・審理を行うこととされているが、課税処分の場合、国税不服審判所の判断に基づいて最終的な税額の計算がされるため、計算の結果として、課税処分に係る税額すべてが取り消されることとなる場合には、審査請求人の請求の趣旨（一部取消しを求めているのか、全部取消しか等）にかかわらず、全部取消しという結果になるのである。

全部取消しの例（1）

原　処　分	＝	商品取引がないにもかかわらず、あるかのように仮装した。 ⬇ 法人税の青色申告の承認の取消処分
審査請求の趣旨	＝	仮装の事実はない → 原処分の取消しを求める。
国税不服審判所の判断	＝	法人税法127条1項3号に規定する青色申告の承認の取消事由を認めることはできない。 ⬇ 法人税の青色申告の承認の取消処分は、これを取り消す。

（国審平成25年6月13日裁事91等）

全部取消しの例（２）

原　　処　　分　＝　請求人が個人事業を廃止していわゆる法人成りしたことに伴い個人事業を廃止した年分の必要経費に算入した従業員退職金を否認する　→　更正処分

審査請求の趣旨　＝　全部の取消しを求める。

国税不服審判所の判断　＝　事業所得の金額の計算上、本件退職金は必要経費に算入できる（原処分庁の主張は採用できない）。

　　　　　↓

〈国税不服審判所による計算〉
① 事業所得の金額　　○○○○○円となる。
② 不動産所得の金額、配当所得の金額及び給与所得の金額は、請求人及び原処分庁の双方に争いがなく、当審判所の調査によっても相当でそれぞれ△△△円、＊＊＊＊＊円、※※※円。
③ 総所得金額は、事業所得の金額と上記②の金額との合計で、×××××円となり、確定申告に係る総所得金額を下回る。

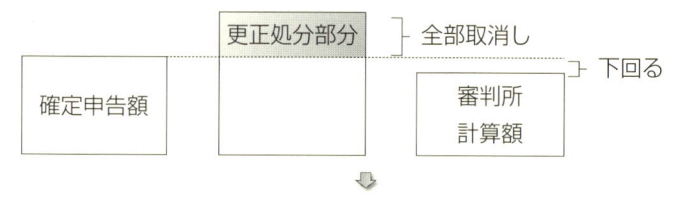

確定申告額	更正処分部分	審判所計算額

更正処分部分 ＋ 全部取消し
審判所計算額 ＋ 下回る

↓

更正処分はその全部を取り消すのが相当である。

（国審平成13年10月17日裁事62・76頁）

② 一部取消し

　原処分のうち、一部を取り消す場合である（改正通則法98③）。ここでも注意が必要なのは、課税処分の場合、処分の内容は結果として税金の金額とい

う数字で表れることから、納税者に有利に課税処分の金額が一部減額される場合には、一部取消しという分類になるということである。

一部取消しのパターン例

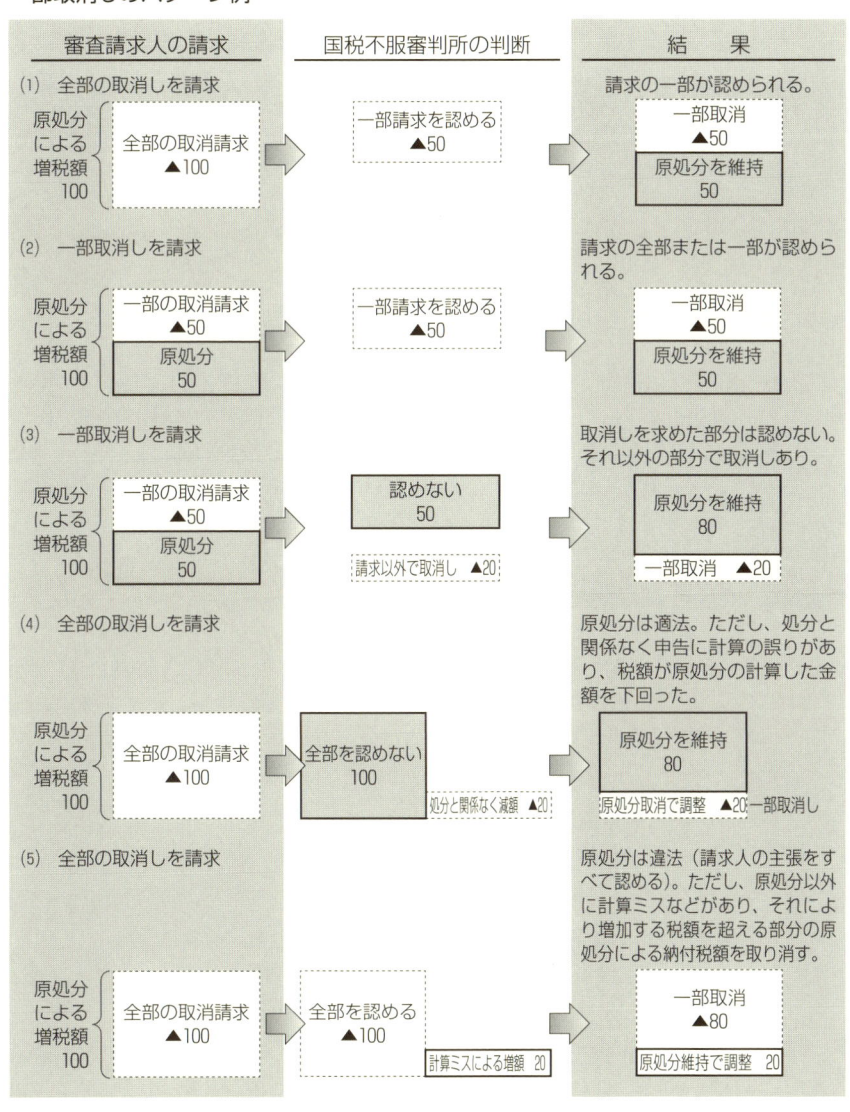

(1) 全部の取消しを請求

- 原処分による増税額 100
- 審査請求人の請求：全部の取消請求 ▲100
- 国税不服審判所の判断：一部請求を認める ▲50
- 結果：請求の一部が認められる。
  - 一部取消 ▲50
  - 原処分を維持 50

(2) 一部取消しを請求

- 原処分による増税額 100
- 審査請求人の請求：一部の取消請求 ▲50／原処分 50
- 国税不服審判所の判断：一部請求を認める ▲50
- 結果：請求の全部または一部が認められる。
  - 一部取消 ▲50
  - 原処分を維持 50

(3) 一部取消しを請求

- 原処分による増税額 100
- 審査請求人の請求：一部の取消請求 ▲50／原処分 50
- 国税不服審判所の判断：認めない 50／請求以外で取消し ▲20
- 結果：取消しを求めた部分は認めない。それ以外の部分で取消しあり。
  - 原処分を維持 80
  - 一部取消 ▲20

(4) 全部の取消しを請求

- 原処分による増税額 100
- 審査請求人の請求：全部の取消請求 ▲100
- 国税不服審判所の判断：全部を認めない 100／処分と関係なく減額 ▲20
- 結果：原処分は適法。ただし、処分と関係なく申告に計算の誤りがあり、税額が原処分の計算した金額を下回った。
  - 原処分を維持 80
  - 原処分取消で調整 ▲20 一部取消し

(5) 全部の取消しを請求

- 原処分による増税額 100
- 審査請求人の請求：全部の取消請求 ▲100
- 国税不服審判所の判断：全部を認める ▲100／計算ミスによる増額 20
- 結果：原処分は違法（請求人の主張をすべて認める）。ただし、原処分以外に計算ミスなどがあり、それにより増加する税額を超える部分の原処分による納付税額を取り消す。
  - 一部取消 ▲80
  - 原処分維持で調整 20

前頁の図のとおり、「一部取消し」とは、一部取消しの請求に対する一部取消しの事案とは限らない。

　例えば、原処分が相続税額の計算上Ａ土地の評価だけを更正していたとして、審査請求人がその全部の取消しを求め、Ａ土地の評価に対する審査請求人の主張が全面的に認められていたとしても、その結果を基に、相続税の課税価格及び納付税額を国税不服審判所が計算したところ、他の部分で計算間違いなどがあり、審査請求人が申告納付した相続税額より、国税不服審判所が計算した相続税額のほうが多かった場合には、取り消されるのは国税不服審判所が計算した税額が異議決定を経た後の原処分の税額を下回る部分だけなのである（前頁図(5)のパターン。不利益変更がされないというのは、単に、原処分の内容より審査請求人に不利益にならないということである）。

　また、逆に、原処分が相当と認められ、審査請求人の主張がまったく認められなかった場合でも、その結果を基に国税不服審判所が計算した税額が、異議決定を経た後の原処分の税額を下回る場合には一部取消しとなる（前頁図(4)のパターン）。

審査請求人の主張は認められないが一部取消しとなった例

原　　処　　分　＝	Ａ土地の広大地評価（財産評価基本通達24－4）は認めない。他の課税価格または税額についても更正　→　更正処分
審査請求の趣旨　＝	Ａ土地は広大地に該当
	⬇
	原処分の一部（Ａ土地の評価に関し）取消しを求める。
国税不服審判所の判断　＝	Ａ土地は広大地に該当しない（原処分の計算が正しい）。ただし、Ａ土地以外の土地の価額に計算誤りあり。
	⬇
	「一部取消し」

> 「本件土地以外の土地の価額について検討したところ、原処分庁が算定したa市b町○−○ほかの土地の相続税評価額に誤りが認められ、請求人の取得財産の価額及び各相続人の取得財産の価額の合計額がそれぞれ減少することとなるから、それに基づき請求人の納付すべき税額を計算すると、本件更正処分の額を下回る。したがって、本件更正処分は、その一部を別紙1「取消額等計算書」のとおり取り消すべきである。」
>
> （国審平成23年12月6日裁事85）

③ 変　更

　国税に関する法律に基づく処分をされた者が、処分の変更を求める場合に、その全部または一部を認める場合である（改正通則法98③）。

　少ない事例ではあるが、以下の処分についての異動がこれに該当する。

　（ア）耐用年数の短縮に関する処分（所令130③及び④ならびに法令57③及び④）

　（イ）特別修繕準備金に関する処分措令12の2⑥及び⑦ならびに33の7⑩及び⑪）

　（ウ）相続税額及び贈与税額の延納条件に関する処分（相法39②、㉙及び㉜）

　（エ）納税の猶予に関する処分（通則法46及び同法49）

④ 棄　却

　審査請求に理由がない場合には、棄却の裁決がされる（改正通則法98②）。

　審査請求人が原処分の全部または一部の取消しや変更を求める場合に、その請求がまったく認められなかった場合である。

　ただし、棄却の場合においても、課税処分に関する場合には最終的な税額を基準とした話になるのであり、「審査請求人の主張が認められない」とは、あくまで税金の金額の増減の結果としてということである。審査請求人の主張の全部または一部が認められた場合で、その部分については審査請求人の

主張どおりの計算がされたとしても、原処分の税額が、国税不服審判所長の判断を基にして計算した税額以下であれば、結果的に、納税者に還付される税金がないことから、審査請求は棄却という結論になるのである。

⑤ 却　下

　審査請求が法定の期間経過後にされたものである場合その他不適法な場合には、却下の裁決となる（改正通則法98①）。請求内容が審理の対象として取り上げられないということである。審理はされなくとも裁決で判断が示され、却下となった理由が説明される。

　その他不適法な場合の例としては、処分でないと解されている「延滞税の通知」について審査請求されている場合や、処分を受けた本人ではない者が審査請求をした場合などである。

　また、審査請求人に不服申立をする利益がない場合も不適法とされる。審査請求によって、処分が取り消された場合に、審査請求人に利益となることがない場合である。

審査請求の利益がない場合の例

原　処　分	＝ 貸金業を営む請求人の事業所得の金額の計算上、貸倒損失を否認 → 平成3、4、5、6年分を増額更正処分 　　　　平成7年分を減額更正処分
請求の趣旨	＝ 平成3〜7年度に対し、一部取消しを求める。
国税不服審判所の判断	＝ 平成7年分について、 「請求人は、平成7年分の更正処分についても、一部の取消しを求めているが、当該更正処分は、当該年分の確定申告の納付すべき税額を増加させる更正処分でないことから、請求人の権利又は利益を侵害するものとはいえない。 したがって、請求人は、平成7年分の更正処分の取消しを求

> める利益はなく、審査請求は請求の利益を欠く不適法なものである。」
>
> ⬇
>
> 却 下
>
> (国審平成15年3月25日裁事65・118頁)

　上記のように、審理手続を経た結果、不適法であることが明らかとなり却下と判断される場合のほか、審査請求人が、審査請求書の不備を期間内に補正しない場合など、審理手続を経ないでする却下裁決（改正通則法92）の規定による却下がある（第5章参照）。

4 通達の法令解釈と異なる解釈をする場合

　国税不服審判所長は、国税庁長官が発した通達に示されている法令解釈に拘束されることなく裁決を行うことができるが、国税庁長官が発した通達と異なる法令解釈により裁決をするときは、あらかじめその意見を国税庁長官に通知しなければならない。他の国税に係る処分を行う際における法令の解釈の重要な先例となると認められる裁決を行う場合も同様である（通則法99①）。

　通達とは、行政の上層機関が下部機関や職員に対して発する業務上の命令である（国家行政組織法14②）から外部の者に拘束力はないものである。したがって、納税者は国税に係る処分の根拠となった通達の法令解釈が誤りだと考えた場合には、不服を申し立てることができる。また、国税不服審判所の判断も通達に拘束されないこととされている。一方で、税法解釈は税務職員の個々の判断であってはならず、また、納税者独自の見解に任せることはできないことから、公平で妥当な解釈により税法運用の統一を図るために国税庁長官が発しているのが、国税における税法解釈通達である。そのような

ことから、国税不服審判所の中立性確保の一方で、国税不服審判所長の裁決が国税庁の最終判断となりその後の国税業務に影響することを勘案し、国税不服審判所の判断の慎重を図ったのが、通則法99条の規定である。

国税庁長官に通知した後、その法令解釈により審査請求人の主張を認容する場合には、国税庁長官が相当と認める場合を除き、国税不服審判所長と国税庁長官の共同で国税審議会に諮問しなければならず、その議決に基づいて裁決をしなければならない（通則法99②③）。

5 裁決の効力

① 効力発生の時

裁決の効力は、審査請求人に裁決書の謄本が送達された時に生ずる（改正通則法101③）。

② 拘束力

裁決は、行政部内の最終判断となる。したがって、裁決により原処分の全部または一部が取り消された場合には、処分を行った税務署長等は、裁決に拘束され、裁決の趣旨に従ってその後の手続を行うことになる（改正通則法102参照）。

例えば、青色申告の承認の取消処分が違法であるとして「取消し」裁決がされた場合には、その納税者は引き続き青色申告者として納税手続をすることが認められることとなり、課税処分の一部が取り消された場合には、課税処分により納めた税のうち、多すぎるとされた税が還付されることとなる。

また、原処分庁は、裁決内容について争うことはできず、「一部取消し」や「全部取消し」の裁決を不服として訴訟を提起することはできない。

③ 再更正の可能性

　国税に係る処分に対する裁決は国税庁の最終判断となるため、原処分の全部または一部の取消しがされた場合には、その後同様の処分（同じ状況、同じ理由で行われる同じ処分）がなされることはない。ただし、法定期限内（通則法70）である場合には、別の理由により、更正または再更正が行われる可能性はある。

6 一般的な裁決書の読み方

　今回の改正により、裁決の方式等が法定された（改正通則法101）ところではあるが、国税不服審判所の裁決は、従前からある程度定型化されていて、改正による法定記載事項はすべて含まれているため、改正により裁決書の記載が大きく変化することはないものと考えられる。

　裁決書記載の内容としては、1枚目に、裁決書番号（当該事案を審査した支部や事案の税目、裁決の出た事務年度などが略記されたもの）、裁決日付、国税不服審判所長の記名押印（改正通則法101①柱書）、審査請求人、原処分庁などの審理関係人、原処分及び主文（同項一）が記載され、2枚目以降に裁決の結論に対する具体的な理由（同項四）として、事案の概要（同項二）、争点及び主張（同項三）などが記載される（222・223頁参照）。

① 原処分

　審査請求の対象となる課税処分等を明らかにするため、処分日付や対象年（所得税）、対象課税期間（法人税）または被相続人の氏名（相続税）などが記載される。

　また、増額更正処分の他に過少申告加算税などの賦課決定処分がされてい

裁　決　書

　　　　　　　　　　　　　　　　　　○○（所）平○○年 第○○号
　　　　　　　　　　　　　　　　　　平成○○年 ○○月○○日

　　　　　国税不服審判所長　　○○　○○　　［国税不服審判所長印］

審査請求人　　（住所・氏名）
原処分庁　　　○○税務署長
原 処 分　　　平成○○年○○月○○日付でされた平成○○年分の所得税の
　　　　　　　更正処分及び過少申告加算税の賦課決定処分（平成○年○月×
　　　　　　　日付でされた異議決定によりいずれもその一部が取り消された
　　　　　　　後のもの）

　上記審査請求について、次のとおり裁決する。

　　　　　　　　　　　　主　文

原処分の一部を別紙「取消額計算書」のとおり取り消す。

　　　　　　　　　　　　理　由

　　　　　　　　　　　　　⋮

1　事　実
　(1)　事案の概要
　　　本件は、審査請求人の＊＊＊＊について、原処分庁が＊＊＊＊であるとして所得税の更正処分等を行ったのに対し、審査請求人が、……を理由に、同更正処分等の取消しを求めた事案である。
　(2)　審査請求に至る経緯
　(3)　関係法令の要旨
　(4)　基礎事実
　　　次の事実については、請求人と原処分庁との間に争いがなく、当審判所の調査の結果によってもその事実が認められる。
2　争　点
　　本件各支出は、請求人の事業所得の金額の計算上交際費に該当するか。
3　主　張

原処分庁	請求人
交際費とは、……であるから、本件各支出は交際費に該当しない。	交際費とは、……であるから、本件各支出は交際費に該当する。

4　判　断
　(1)　法令解釈
　(2)　認定事実
　(3)　あてはめ
　(4)　本件更正処分について
　　　上記(3)を前提とすると、請求人の平成○○年分の所得税の総所得金額及び納付すべき税額は、いずれも別表の「審判所認定額」欄のとおり本件更正処分の額を下回るから、本件更正処分は、別紙「取消額等計算書」のとおりその一部を取り消すべきである。
　(5)　本件賦課決定処分について
　　　上記(4)のとおり、本件更正処分はその一部を取り消すべきであるから、国税通則法第65条《過少申告加算税》第1項の規定により過少申告加算税の額を計算すると……。
　(6)　その他
　　　原処分のその他の部分については、審査請求人は争わず、当審判所に提出された証拠資料等によってもこれを不相当とする理由は認められない。よって、主文のとおり裁決する。

② 主　文

審査請求に対する「却下」「棄却」「全部又は一部取消し」または「変更」の結論が記載される。

③ 事　実

審査請求に関する基礎的な事実関係が記載される。

(1) 事案の概要

どのような事案かわかるように、原処分の基となった審査請求人の国税に関する処理内容、原処分及びその理由、審査請求人の請求の趣旨が、「本件は……」で始まり「……事案である」で終わる一文で簡潔に記載される。

(2) 審査請求に至る経緯

原処分の基となった審査請求人の期限内申告、期限後申告または無申告の事実等に始まり、課税庁の調査があった場合にはその事実、原処分の概要、異議申立（改正後は再調査の請求）を経ている場合には申立て（請求）から決定までの経緯、審査請求人が修正申告や更正の請求を行っている場合にはその事実が記され、最終的に審査請求に至るまでの経緯が時系列で記載される。これは、審査請求人が処分を受けた後、法定期間内に適正に審査請求をしているか否かというような手続的な事実を確認することを示すところである。

(3) 関係法令等

審査請求の対象となった「国税に関する法律に基づく処分」の根拠となった法律の条文が記される。

(4) 基礎事実

国税に係る処分に関係する事実のうち、原則として、審査請求人と原処分庁との間において争いのない事実が記載される。

④ 争 点

原処分庁と審査請求人の主張の相違点のうち、原処分が法律の規定に従っていたか否かを判断するために、国税不服審判所の判断を必要とする項目が記載される。

古い裁決では、争点が個別に明記されていない場合もある。そのような場合には、理由を述べている文章中から、国税不服審判所が何を判断しているかにより争点を見つける必要がある。

⑤ 審理関係人の主張の要旨

争点に関する原処分庁と審査請求人の主張が、対比する形で記載される。文中に「原処分庁」「請求人」と項目だてて記載されるか、あるいは表形式で、それぞれ主張の対立点が左右に並べて記載される。

争点が複数ある場合には、争点ごとに主張がまとめられる。また、1つの争点について、双方が複数の対立した意見を述べている場合には、それぞれその対立点を比較する形でまとめられる。

明確な決まりはないが、記載順序は、立証責任のあるほうが先（左右に並べられる場合には左側）とされる。税務争訟の場合、処分をする国税側に立証責任のあることがほとんどである。納税者側に立証責任があるとされるのは、過少申告加算税の納付が例外的に免除されるための「正当な理由」（通則法65④）の存在を主張する場合や、法人税額の計算上「外国税額の控除」を受けるときに適用要件とされる書類の保存について、保存がないことに「やむを得ない事情」（法法69⑫）があると主張する場合などである。

国税通則法65条（過少申告加算税）

更正に基づき納付すべき税額の計算の基礎となった事実のうちにその更正前の税額の計算の基礎とされていなかったことについて、「正当な理由がある」

⬇

その正当な理由があると認められる事実に基づく税額として計算される部分には過少申告加算税が課されない。

法人税法69条（外国税額の控除）

外国税額控除の適用を受けるには、確定申告書に一定事項を記載した書類の添付があり、控除対象外国法人税の額を課されたことを証する一定の書類を保存している場合でなければならない。

⬇

その書類の保存がなかったことについてやむを得ない事情がある

⬇

保存がなくても外国税額控除の適用が受けられる。

　裁決を参考にする場合、処分を取り消した裁決の中で請求人がどのような主張をし、それが国税不服審判所でどのように認められているかを確認することが有用である。

⑥ 理由（法令解釈、認定事実、結論）

　審査請求に係る処分の全部または一部を維持する場合には、その維持される処分を正当とする理由が明らかにされていなければならない（改正通則法101②、84⑧）。裁決書では、処分を維持する場合も含めすべての場合に、争点に対する国税不服審判所の判断の理由が記載される（改正通則法101①）。争点を中心とする処分全体に対する国税不服審判所の考え方が明らかにされる部分となる。

国税不服審判所では、原処分が法律の規定に従って適正にされたものであるか否かを課税要件に従ってすべて確認するのであるが、争いも問題もないところについては裁決書への記載が省略される場合が多く、理由として記載されるのは、争点を中心とした判断についてである。

(1) 法令解釈

　「法令解釈」では、争点に関係する法令について課税要件の抽出に必要な解釈が記載される。先例裁決として意味を持つのは、主としてこの部分となる。

　法令の解釈自体が審査請求人と原処分庁の間で争われている場合、国税不服審判所の結論としては、審査請求人の主張する解釈を採用する場合もあれば、原処分庁の主張する解釈を採用する場合もあるほか、まったく別の解釈を示す場合もある。また、法令解釈に争いがない場合にも、認定した事実をあてはめ当該事案の結論を導くために必要な範囲で関係する法令の解釈が示される。法令解釈は、当事者の主張とは関係なく国税不服審判所が適切に判断すべき事項のひとつである。

　問題となった法律の解釈について、最高裁判所の判例がある場合には、国税不服審判所もそれに従った解釈を示すこととなる。また、過去に同じ法令部分に対する裁決が出ている場合には、先例裁決が踏襲される場合が多い。納税者間の課税の公平と税務実務の統一性を考えれば、税務行政内において、法令解釈は統一的に判断されなければならないからである。

　それゆえ、審査請求をする場合には、過去の類似の事案の裁決例を参考にすることが有益となる。ある法令解釈について、過去に裁決例が出ていて、同様の解釈による税務行政実務が広く執り行われている場合に、審査請求人がそれと異なる独自の見解を展開し、どんなに自説の正当性を論じても、国税不服審判所が先例裁決を変更する可能性は少ないからである。事案にもよるが、法令解釈等で争う場合には、（最高裁判所の判例がある場合は別として）、できれば、過去の国税不服審判所の判断から大きく離れない理論構成を探るところから始めるのが有意義である（なお、市販の書籍等に掲載されていても、

国税不服審判所で非公開の裁決は、先例性を有しない場合があるので要注意)。

(2) 認定事実

「認定事実」とは、原処分関係資料、審査請求人が提出した資料及び国税不服審判所が調査した証拠に基づいて、国税不服審判所が認定した事実である。

例えば、贈与税の計算において、贈与の事実があったか否かなど、事実の認定が問題となっているような事案では、どのような資料、事情からどのような事実が認定されたかが裁決書のこの部分に記載されるため、国税不服審判所の事実認定の内容が参考となる部分である。

[例] Yの贈与税の課税価格算入が問題となっている金員100万円
　　　(証拠) 平成25年12月31日付のX (個人) とY (個人) の贈与契約書
　　　　　　　　　　　　　　　↓
　　　Xが、平成25年12月31日、Yに対して、100万円を贈与する旨の合意をした (贈与税の課税要件事実 (第2章参照))。

225頁 (4) で説明した「基礎事実」とともに争点の判断とその後の税額計算等で必要とされる範囲の事実が記載される。明確な決まりはないが、原則的に「基礎事実」には原処分庁と審査請求人の間に争いがなく国税不服審判所も相当と認める事実が記載され、「認定事実」には、争いがあったり、明確でなかったりしたところを証拠資料等から国税不服審判所が認定した事実が記載される。

事実について原処分庁と審査請求人の間に争いがなく、事実関係が複雑でない事案の場合には、基礎事実と認定事実を分けずに1か所にまとめて記載される場合もある。

(3) あてはめ

常に「あてはめ」とタイトルが記されるわけではなく、「判断」や「結論」などという場合もあるが、要するに、認定した事実を法令解釈にあてはめて、

課税要件を充足しているか否かを判断するところである。

事実を法令解釈にあてはめた結果により、争点に対する国税不服審判所の判断が示される。

ただし、ここでの判断は、あくまで、争点に対する判断であるから、主文の結論に必ずしも直接的に結びつくところではない。

例えば、所得税の青色申告の承認の取消しの事案の場合であれば、認定した事実（審査請求人の帳簿書類の記載内容や備付の状況など）により、所得税法150条に規定する承認の取消事由となる事実があるか否かを判断し、取消事由がなかったと判断された場合には、処分は違法であると判断され、（全部）取消しとなるが、212頁の **3** で記載したとおり、課税処分の場合には、争点に対する判断を基に課税価格及び納付税額の計算が行われるため、国税不服審判所で計算した税額を原処分庁の処分により計算した金額が上回る場合にのみ、その部分が違法と判断されることになる。

したがって、課税処分の場合等では、争点に対する判断が行われた後、「本件課税処分について」「本件賦課決定処分について」等として税額上の計算結果が示される。

⑦ その他

たいていの場合「原処分のその他の部分については、審査請求人は争わず、当審判所に提出された証拠資料等によってもこれを不相当とする理由は認められない。」との文言が記載される。争点以外の部分に争いがないことを確認し、審査請求人が求める論点をすべて検討したこと及び必要な調査を行ったことにより審査請求が審理不尽でないことを示すための記載である。

7 公表裁決について

　国税不服審判所では、納税者の利便や、税務行政の適正な運営の確保に資するとの観点から、先例となるような裁決については、国税不服審判所ホームページへ裁決事例集（平成4年分以降）や裁決要旨の掲載という形で公表している。また、平成21年分（No.78）までは、冊子「裁決事例集」を作成し、国税不服審判所の各支部（支所を除く）や都道府県立図書館に備え付けてあるので参照されたい（各々の国税不服審判所の所在地については『審判所の概要』(http://www.kfs.go.jp/introduction/) を、裁決事例集が備え付けてある図書館については『都道府県立図書館一覧』(http://www.kfs.go.jp/service/library.html) を参照されたい)。

　なお、裁決書は、行政文書に該当するため、行政機関の保有する情報の公開に関する法律（情報公開法）に規定する開示請求の対象となる。裁決が公表されていない事案に関しては、開示請求をすれば、個人に関する情報（氏名、生年月日その他の記述等により特定の個人を識別することができるもの）や公にすることにより、個人の権利利益を害するおそれがあるなどの情報をマスキングした上で、それ以外の部分が公開される。

第2節 裁決への対応

　棄却の裁決がされた場合など、裁決があった後の処分になお不服があるときは、原処分の取消しを求めて訴訟を提起することができる。その場合の留意点には以下のようなことがある。
① 訴訟には費用がかかる
　　たとえ裁判で処分が取り消され、判決により「訴訟費用は被告（国）の負担とする」と宣言されても、ここでいう「訴訟費用」とは、あくまで裁判所に収めた印紙代や郵便代であり、訴訟をするために支払った弁護士や税理士の報酬などは当然には戻らない。処分取消しの結果、税金が戻り還付加算金が付いたとしても、納税者は経済的な負担を免れない。
② 訴訟には長期間を要する
　　訴訟は、訴状の提出 → 国側の答弁書 → 原告側の準備書面など、様々な手続を経るため、地方裁判所の判決が出るまでに通常1～2年の期間を要する。高等裁判所、最高裁判所に上訴された場合には、さらなる期間が必要となる。
　　課税庁側から訴訟の提起をされることはないが、仮に地裁で一部でも取り消された場合には、国側（行政処分の取消しを求める訴訟の被告は国＝代表者は法務大臣）も上訴することができるので、納税者の側が一部取消しで妥協する気になっていても、さらに争わなければならない場合もおこりうる。
③ 代理人に制限がある
　　弁護士代理の原則（民訴54①）により、弁護士以外が代理人となるこ

とはできない。なお、税理士は、補佐人として租税に関する事項について陳述することができる（税理士法2の2）。

④　国側の主張は、国税不服審判所のロジックに拘束されない

裁決が、行政部内の最終判断であったとしても、原処分が維持されたところについて、国税不服審判所の棄却（一部取消しの場合は、請求人の主張を認めなかった部分）の理由がそのまま、訴訟における処分の理由となるわけではない。したがって、裁決における国税不服審判所の理由に対し完璧な反論を用意しても、訴訟の相手は国（法務大臣）であり、また実務的なところは国税の審理課職員が担当しているという事情から、裁決内容に関係なく、原処分庁の主張が繰り返されたり、新たな主張が展開されたりする場合もありうる。

⑤　訴訟は公開法廷で行われる

裁判は公開が原則である（憲法82①）。公正な裁判を保障するためであるが、納税者にとっては自己の財産に関する争いであることから、公開法廷であるということも考慮に入れるべきであろう。

以上より、訴訟の提起をするか否かは、処分の内容が審査請求人の後続年（度）の納税にどのように影響するかという事情のほか、手間と時間と費用のかかるリスクを総合的に勘案し、過去の裁決事例などを参考に、勝訴の可能性を検討した上で判断するのが賢明である。

1　一部取消しの場合

一部取消しがされた残りの部分に不服がある場合には、国税不服審判所の裁決で示された内容について、取消しを求めることができる。

2 全部取消しの場合

　原則として、審査請求人の主張がすべて認められた結果であり、その事案は原処分がなかった状態に戻ることで確定し、原処分庁はもちろん、審査請求人においても訴訟を提起することはできない（提起しても、訴えの利益がないため却下となる）。

　例えば、増額更正処分の場合に、審査請求人が主張した事実が認められなかったにもかかわらず、争点や処分の対象となった事実以外の要素が影響することで、国税不服審判所で計算した納税額が、更正処分前の税額と同額以下となり、更正処分により納めた税額がすべて納めすぎであったと判断された場合には、全部取消しとなることがある。そのような場合、審査請求人としては、自分の主張する部分の解決にはなっていないため、そのところに不満が残ることとなるが、その部分について訴訟を提起したくとも、審査請求人には訴えの利益はない。

3 却下の場合

　却下の裁決に対しても、却下を不服として訴えを提起することができる。

認められた例

> 【事　案】
> 　所得金額の更正処分に関する審査請求について、違法な却下決定があった場合における当該更正処分の取消を求める訴の適否が争われた。
> 【判　旨】
> 　所得金額更正に関する審査請求の却下決定があつた場合でも、右却下が違法である場合には、右更正処分の取消を求める訴は審査の決定を経たものとして適法

> である。
> 「審査の決定があつたものとして適法に出訴ができるものと解すべきである。」
>
> (最判昭和34年6月13日民集15巻7号1966頁)

4・裁決固有の瑕疵

　審査請求における手続が法律に従ってされていなかったなど、裁決における国税不服審判所の手続の違法を「裁決固有の瑕疵」という。審査請求の裁決の判断（棄却や却下など）について不服がある場合とは別に、裁決固有の違法を理由に裁決の取消しを求める訴えを提起することができる(行訴3③)。被告は、国（代表：法務大臣）である。裁決があったことを知った日から6か月以内（行訴14①）に、管轄を有する地方裁判所（行訴12①）へ訴えの提起をする。

　これは、裁決の手続上の違法点などの主張をするものであって、審査請求の対象となった処分の取消しを求める訴訟とは別であるから、裁決の取消訴訟で審査請求の対象となった国税に関する法律に基づく処分の違法を理由とすることはできない（行訴10②）。裁決の取消しを求める訴えを提起した場合でも、審査請求の対象となった国税に関する法律に基づく処分についての取消訴訟を提起しないまま法定期間を経過した場合、国税に係る処分は確定してしまうので注意が必要である。仮に裁決の取消しが認められたとしても裁決がなかった状態に戻るだけ（裁決のやり直し）である。

第3節 行政訴訟

1 行政事件訴訟法と国税通則法の関係

　国税に関する法律に基づく処分の取消しを求める訴訟は、行政事件訴訟法に規定される抗告訴訟（行訴3①）のうち、「処分の取消しの訴え」（同条②）にあたる。したがって、訴訟は、他の法律に特別の定めがある場合を除くほか、行政事件訴訟法の定めるところによる（同法1）。
　一方、国税通則法114条では、「国税に関する法律に基づく処分に関する訴訟については、この節及び他の国税に関する法律に別段の定めがあるものを除き、行政事件訴訟法……その他の一般の行政事件訴訟に関する法律の定めるところによる」と規定されている。
　国税に関する法律に基づく処分に関する訴訟について、国税通則法に規定されている別段の定めの主なものは、次で説明する不服申立前置（改正通則法115）くらいであるから、それ以外の事項については、行政事件訴訟法の定めるところによることとなる。

2 不服申立の前置等

① 原　則

　国税に関する法律に基づく処分で、不服申立をすることができるものの取

消しを求める訴えは、審査請求についての裁決を経た後でなければ提起することができない（改正通則法115①）。

　行政事件訴訟法8条1項では、行政事件について、審査請求と取消訴訟を自由に選択できることを原則としているが、国税に関する法律に基づく処分に関しては、別段の定め（改正通則法115）により審査請求の前置が原則とされている。平成26年6月に行政不服審査法関連3法が成立し、行政への不服申立に関し、審査請求前置が広く見直されたところではあるが、国税に関する法律に基づく処分については改正がなかった。これは、国税に関する法律に基づく処分については、大量の不服申立があり、直ちに出訴されると裁判所の負担が大きくなると考えられているためである。

② 審査請求がされた日の翌日から起算して3か月を経過した場合

　国税に関する法律に基づく処分について、審査請求がされた日の翌日から起算して3か月を経過しても裁決がないときは、裁決を経ずに処分の取消しを求める訴えを提起することができる（改正通則法115①一）。

　前述のとおり、裁決には平均10か月の期間がかかることからすると、すべての審査請求は、3か月経過時点で裁決を待たずに出訴できることとなるが、実際に、裁決を待たずに出訴される例は少ない。

③ 正当な理由がある場合等

　審査請求についての裁決を経ることにより生ずる著しい損害を避けるために緊急の必要があるときや裁決を経ないことにつき正当な理由があるときには、審査請求を経ずに取消しの訴えを提起することができる（改正通則法115①三）。

　ただし、「裁決を経ることにより生ずる著しい損害」や「正当な理由」が

認められることは相当少ない。

正当な理由が認められた判例

> 【事　案】
> 　アメリカ合衆国デラウェア州法に基づき、無限責任を負うゼネラル・パートナー及び原則として出資額を限度とする有限責任を負うリミテッド・パートナーから組成された事業形態であるリミテッド・パートナーシップ（LPS）が、我が国の租税法上の法人に該当するか否かが争われた事件において、先行する同様の処分に対する棄却裁決があることを理由に不服申立手続（裁決）を経ずに処分の取消しを求める訴訟を提起したことにより、本案前の争点として、不服申立前置のないことの是非が問われた。
>
> 【判　断】
> 　各処分が処分の理由を共通にし、不服申立てにおいて攻撃する点も専ら共通の処分理由に対するものであり、かつ、それに対する行政庁等の基本的な判断が一つの処分に対する不服申立手続において既に示されていて変更の余地がないような場合には、他の処分についての不服申立手続を経ないで取消訴訟を提起したとしても、そのことにつき通則法115条１項３号の「正当な理由」があると解すべきである。
>
> 　→　事例において「正当な理由がある」。よって、不服申立手続を経ないで更正処分等の取消しを求める訴えは適法。
>
> （東京地判（平成19（行ウ）78）平成23年７月19日）

3 訴えの提起

① 期　限

　国税不服審判所の裁決があった後の処分になお不服がある場合には、課税処分の違法を訴える訴訟を裁決のあったことを知った日から６か月以内に提起しなければならない（行訴14①）。

その裁決を経ないことにつき正当な理由があるとき（同法8②三）等により、審査請求を経ないで訴訟提起をする場合には、取消しを求める処分があったことを知った日から6か月以内である。

② 費　用

裁判費用としての印紙代や郵便代の納付が必要である。

③ 提出先

管轄を有する地方裁判所（行訴12）に提出する。

第4節 地方税に係る行政訴訟

　地方税に係る行政訴訟については、行政事件訴訟法の規定が適用されるところ(地法19の11)、基本的には国税に係る行政訴訟と同様の手続と考えてよい。

　なお、国税と同様に、不服申立前置主義が採用されており（地法19の12）、処分の取消しの訴えは、当該処分についての審査請求に対する裁決を経た後でなければ、提起することができない。

　また、処分の取消しの訴えは、裁決があったことを知った日から6か月以内に提起する必要がある（行訴14）。

第7章

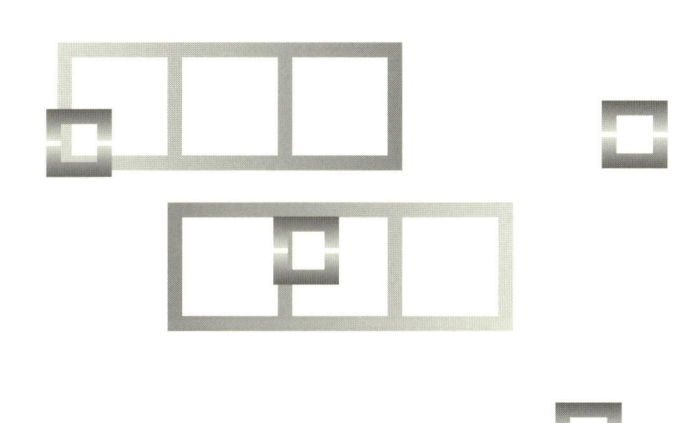

事例研究

■裁決の調べ方・読み方

〈審判所裁決例の意義〉

　租税実務では判断に悩むことも少なくない。現実の経済取引を租税法に照らしてどのように理解するべきか、申告にあたってどのように処理すべきか、また税務調査を受けて検討していなかった視点から指摘を受けることもある。

　基本的には条文の文言にあたることになろう。その上で条文の公的解釈として税務官庁の解釈通達、その解説を検討することになる。解釈通達は租税行政の統一的運用執行のための公的解釈であり、行政実務の視点から課税対象を狭め納税者有利な運用を許している場合も少なくない。また法案起草者側が執筆公刊している『改正税法のすべて』（大蔵財務協会）で立法趣旨を探ることもあろう。また裁決例・裁判例も法解釈の先例として参考になる。

　法的判断は、法の三段論法で構成される。まず法を解釈することで抽象的な規定内容をブレークダウンする。次に適用対象となる事実を明らかにする。その後、その事実を課税要件にあてはめ、結論として納税義務が導き出される。

　つまり法的判断の作業は法解釈と事実認定であるが、実務上は事実認定が問題となる場合が少なくない。もちろん裁決例は行政先例としてその判断内容に意味があるが、事案の多くは事実認定が争われている。その意味で審判所の裁決例は事実認定の方法、立証の方法を学ぶ宝庫でもあり、この意味でも裁決例に親しむことに意義がある。

〈事実認定〉

　訴訟における証拠論は緻密であるが、租税実務の場においても事実認定について理解をしておくべきであろう。

法的判断における事実認定は単なる事実の認識ではない。例えば、銀行の口座への入金という具体的事実があったとして、これが借入れなのか、返済なのか、売掛金の回収なのかとその事実の意味付けをする必要がある。これが法的な事実認定である。

　主張を立証する事実が証拠であるが、まずその証拠としての能力を判断しなければならない。証言があったとして、利害関係が薄い第三者によるものか、身内の証言か、その内容は直接見聞きしたものか、人からの伝聞なのか、記憶によるものか、なんらか記録に基づくものなのか、その人の識別能力はどうか等々が検討される。

　またその内容は前後の他の証拠等と矛盾するものかによって価値が異なる。1枚の契約書がありそれにより事実が明らかであるような場合は租税実務で問題となることは少ない。通常はいくつもの事実の積重ねにより判断される。ひとつの課税要件事実、例えば収入金額を構成する売上の存否についても、請求書に加え商品が出荷受領されている事実が求められるかもしれない。原材料の仕入れ加工の事実が補強する場合もある。どのような証拠により補強され、事実認定されるのかは重要である。

　租税法の課税要件に該当する課税要件事実を証するには、何をどのように組み立てていくのか、裁決例は多くの素材を提供してくれる。

〈裁決例の探し方〉

　国税不服審判所は裁決事例集を公刊しており、国税不服審判所の各支部（支所を除く）や都道府県立図書館、日本税理士会連合会の研究財団である「公益財団法人日本税務研究センター」[7-1]の図書室にも同集が備えられている。ただし印刷物としての公刊は平成22年までである。

　国税不服審判所のホームページには、平成4年以降発行の「裁決事例集」

7-1　公益財団法人日本税務研究センター　図書室
　　〒141-0032　東京都品川区大崎1-11-8　日本税理士会館2階
　　　　TEL：03-5435-0915（直通）／FAX：03-5435-0916（直通）

に掲載された裁決事例の全文が「公表裁決事例」として掲載されている。このホームページは、国税不服審判所が設置された昭和45年以降の裁決事例のうち参考となる裁決の要旨を「公表裁決事例要旨」として国税通則法関係、法人税関係などとして税目別に掲載している。ただしこのホームページの「公表裁決事例」「公表裁決事例要旨」は、「法令の改廃、判決結果等を勘案」して掲載されているので、その後の裁判所の判決結果によっては省かれるものがある。また公開が原則の裁判と異なり、個々の納税者の権利救済機関としての性格から裁決は非公開が原則であるので、個人が特定されることがないように配慮されている。

　このホームページ掲載の裁決事例は、内容が整理省略されている面があるが、ホームページ上キーワード検索機能が備えられているので必要な裁決事例を探すのに便宜である。また「公表裁決事例要旨」は税目別かつ体系的に整理されているので、法人税における役員給与に関連する裁決事例を一括して探すこともできる。

　また、日税連税法データベースTAINS[7-2]は、税務に関する判決・裁決・通達・事例そして雑誌目次等の様々な情報が入っており、情報は、編集担当の税理士によって日々更新されている。ここには公表裁決事例が網羅的に収録されているとともに、情報公開請求により収集された非公開裁決事例も収録されている。データベースは、キーワードにより検索できる。

〈裁決例の読み方〉

　裁決を読むのは、研究のためという場合もあろうが、租税実務上の具体的課題の解決のために情報を探す場合が多い。こうしたとき審判所の結論のみを拾い読みしても意義は少ないものと思う。どのような事実関係の中でどのような事実を証拠として判断にいたったのかという視点から読み込むべきであろう。

7-2　一般社団法人 日税連税法データベースが運営するWEB上のデータベース。利用には会員登録が必要である。

裁決の原本は「裁決書謄本の送達について」とする鏡文が付され、続く裁決書の冒頭に請求人、原処分など事件を特定する記載がある。この部分は個人の特定につながるため公表されない。裁決の全体は、裁判所の判決の形式に順じ、裁決の結論である「主文」とその「理由」とで構成されている。

　「理由」は、「事実」「主張」「判断」という順であるが、その記載に様式が決められているものではない。通常、事実欄において事件の概要、争いのない基礎事実などが記述され、続く「主張」で争点ごとに双方の主張が整理されており、最後に審判所の「判断」が示される。

　裁決書を読む焦点は、争われている点に関する双方の主張に対し審判所がどのように答えているかである。「判断」は通常、争点ごとに法的三段論法に従い、法令の解釈を示した上で事実認定を行い結論を導いている。

　裁決を読む意義は、納税者が勝った負けたという結論よりもその結論にいたる審判所の判断過程の追体験にある。争点に関する主張がなにゆえ採用されたのか、あるいは排斥されたのかを読み取ることが重要であろう。

第1節

名義預金・株式関係

　相続税の課税物件は、被相続人が相続開始時に所有していた財産、すなわち相続財産である（相法2①。相続財産とみなされるものもある。相法3以下）。ただ、財産の名義とその所有関係は必ずしも一致しないから、名義のみによって相続財産か否かの判断をすることはできない。

　問題は、どのような観点から、相続財産か否かの判断を行うかである。若干の表現の違いはあるが、この点が争われた裁判例では、①当該財産または購入原資の出捐者、②当該財産の管理及び運営の状況、③当該財産から生ずる利益の帰属者、④被相続人と当該財産の名義にならびに当該財産の管理及び運用する者との関係、⑤当該財産の名義人がその名義を有することになった経緯等を総合考慮して判断するとされており[7-3]、裁決においても、後述するとおり、おおむね、同様の考慮要素を勘案して相続財産か否かの判断を行っている。

　そういった意味では、相続財産か否かの判断を行う際の考慮要素について、既に一定の共通認識が形成されているといってよい。ただ、考慮事項が多岐にわたることから、個々の事案で適正に結論を導くことは容易ではなく、納税者と課税当局との間で、見解の相違が生じることも珍しくない。

　そこで、以下では、特に問題となりやすい預貯金及び株式・出資が相続財産について、上記の考慮要素が具体的な裁決事例においてどのように勘案されたのか、を概観する。

[7-3] 東京地判平成18年9月22日税資256号（順号10512）、東京地判平成20年10月17日税資258号（順号11053）等

1 預貯金が相続財産か否かが問題となった事例

① 預貯金の帰属をめぐる民事判決の傾向

　預貯金の帰属は、通常の民事事件でも問題となることが多く、その判断基準について議論の積重ねがある。かつては出捐者が預金者となると解されていたが[7-4]、最高裁平成15年2月21日判決（民集57巻2号95頁。普通預金の事案）を機に、定期預金、普通預金を問わず、預金原資の出捐関係、預金開設者、出捐者の預金開設者に対する委任内容、預金口座名義、預金通帳及び届出印の保管状況等の諸要素を総合勘案した上で、誰が自己の預金とする意思を有していたかという観点から、統一的に認定判断する、との見解が有力となっている[7-5]。

　相続財産の範囲については、原則として、私法上の法律関係を前提とすることから[7-6]、相続税に関して預貯金の帰属を判断する際にも、このような民事事件における有力見解は参考になる。後述する相続税に関する裁決例でも、出捐関係、預金開設者、出捐者の預金開設者に対する委任内容、預金口座名義、預金通帳及び届出印の保管状況等の諸要素を勘案している。

7-4　最判昭和48年3月27日民集27巻2号376頁参照。無記名定期預金の事案
7-5　福井章代「預金債権の帰属について——最二小判平成15.2.21民集57巻2号95頁及び最一小判平成15.6.12民集57巻6号563頁を踏まえて」判夕1213号25頁以下。難波孝一＝堀禎男「預金者の認定」奥田隆文他編『民事事実認定重要判決50選』（立花書房、2015年）257頁
7-6　金子前掲書（注1-1）590頁にも、「相続及び遺贈の概念は民法からの借用概念である」との記載がある。

② 相続税に関する裁決の全般的傾向

相続税に関連して預貯金の帰属が争点となった事例は、次頁のとおりである[7-7]。非公表裁決で具体的にどのような認定がなされたのか不明だが、要旨レベルでは、次のような傾向が指摘できる。

第1に、種々の考慮要素のうち、出捐関係が特に重視されている。例えば、納税者の主張が認められた事例の多くは、相続人等による出捐が認められた事案である（事例1、19、20、26、28、30、33、35）。逆に、被相続人が出捐したと認められた場合には、生前贈与が認められる場合を除き（事例5、33）、当該預貯金は相続財産とされている（事例6、9、16、17、18、22、27、29、32、36、40、45）。

預貯金の原資が明確でない場合には、被相続人及び相続人等の収入状況から出捐関係が推認され、財産の帰属が判定されることがある。特に、相続人等に預貯金の額に見合った収入がない場合には、被相続人による出捐が推認されやすい（事例18、28、35、40）。ただし、相続人等に被相続人と同程度の収入がある場合に、形成された財産も同程度であるとの原処分庁の主張が排斥された事例がある（事例10）。

第2に、出捐ほどは重視されていないが、開設手続、預金通帳及び届出印の保管といった預貯金の管理状況に着目する裁決は多い（事例7、11、12、15、23、25、31、38、39、41、42）。ただし、委任関係があったとして、預貯金の管理者が預金者でないとした事例もある（事例34、38、40、45）。

第3に、預貯金の名義が相続人名義であることは重視されていない（逆に被相続人名義であることは重視される傾向にある）。民事事件では、金融機関等による顧客等の本人確認等に関する法律（いわゆる本人確認法）の施行後は、

7-7 国税不服審判所の裁決要旨検索システムにおいて、争点番号を「3 相続税の課税財産の認定／7 預貯金等／2 預貯金」と指定して検索した結果のうち、特殊な事例を除いたものである。

相続税に関連して預貯金の帰属が争点となった事例

事例	裁決日	結論	名義人	出捐	開設等手続	通帳・証書
1	H8.12.10	△	相続人	一部が相続人	—	—
2	H9.5.6	×	被相続人・相続人の連名	被相続人・相続人	—	—
3	H9.6.4	×	被相続人	不明	—	—
4	H9.6.12	×	被相続人	相続人ではない	—	—
5	H10.11.5	○	仮名	被相続人	—	—
6	H11.3.8	×	法人	被相続人	—	—
7	H12.1.31	×	相続人？	—	被相続人？	—
8	H12.2.4	×	被相続人	相続人ではない	—	—
9	H13.3.7	×	？	被相続人	—	—
10	H13.3.29	○	相続人ら	被相続人の配偶者	—	—
11	H13.6.27	×	家族名義	—	—	—
12	H13.8.2	△	相続人	被相続人？	—	被相続人（一部未確認）
13	H13.8.29	×	被相続人	一部は明らかに被相続人	—	—
14	H14.3.12	×	相続人	—	—	被相続人
15	H14.5.9	×	被相続人	—	—	—
16	H14.9.10	×	相続人	被相続人	相続人の配偶者	—
17	H15.2.6	×	第三者	被相続人	被相続人の配偶者	相続人
18	H15.7.7	×	？	被相続人	—	—
19	H15.10.24	△	相続人	一部が相続人	—	—
20	H15.10.27	△	被相続人の配偶者	一部が被相続人配偶者	—	—
21	H16.3.16	×	第三者	同族法人の架空経費	—	—
22	H16.3.18	×	被相続人の内縁の妻	被相続人	—	—
23	H16.4.21	×	第三者	—	—	—
24	H16.5.24	×	被相続人	不明	—	—
25	H16.6.7	×	相続人	被相続人	被相続人	—
26	H17.3.22	△	親族	一部が相続人	—	—
27	H17.5.17	×	相続人名義	被相続人	—	—
28	H18.1.27	△	相続人	一部が相続人	—	—
29	H18.4.26	×	？	被相続人	—	—
30	H18.8.14	△	相続人	一部が相続人	—	—
31	H19.3.5	△	一部相続人	—	—	証書は被相続人名義の貸金庫
32	H19.4.11	×	被相続人の配偶者	被相続人	—	—
33	H19.6.25	△	相続人	一部が相続人	—	—
34	H19.9.4	×	親族	被相続人	—	親族
35	H19.10.4	△	相続人	一部を除き被相続人	一部が相続人	—
36	H21.2.17	×	相続人	被相続人	被相続人	被相続人
37	H22.7.6	×	被相続人	？	—	—
38	H23.11.22	×	相続人	不明	相続人	被相続人
39	H24.8.27	×	相続人ら	被相続人？	被相続人	被相続人
40	H24.12.19	×	相続人	被相続人	—	—
41	H25.12.10	○	相続人ら	不明	—	不明
42	H26.2.4	×	相続人	—	被相続人とその配偶者	—
43	H26.4.14	×	相続人	相続人の可能性	—	—
44	H26.8.19	△	孫	一部不明・一部被相続人	一部被相続人の配偶者	一部相続人
45	H26.8.25	×	家族名義	被相続人	—	—

○：当該争点で、請求人の主張の全部が認められたもの　　×：当該争点で、請求人の主張が認められなかったもの

印影・署名	その他管理運用	委任・経緯	利益帰属	贈与等	その他
—	—	—	—	—	
—	—	—	—	—	相続人が自己分を費消したと認定
—	被相続人？	—	—	—	
—	—	—	被相続人・相続人	—	
—	—	—	—	○	民事事件で生前贈与認定
—	被相続人	—	—	—	
被相続人？	被相続人	なし	—	×	
被相続人管理口座と同じ	—	—	—	—	
被相続人	—	—	—	×	
相続人・被相続人の配偶者	被相続人の配偶者	—	被相続人ではない	—	
被相続人	—	—	—	—	
被相続人（一部未確認）	—	—	—	—	未確認部分を取消し
—	—	—	—	×	証拠・申告の不存在を理由に贈与否定
被相続人名義口座と同じ	—	—	—	×	他の相続人が自認
—	被相続人	—	—	—	相続人による主張立証なし
—	—	—	—	×	
—	—	主宰法人の資金確保	—	—	
—	—	—	—	—	収入状況から出捐を推認
—	—	—	—	×	
—	—	—	—	—	
—	被相続人	個人財産形成	—	—	
—	被相続人	—	—	×	
被相続人管理口座と同じ	—	—	—	×	登録住所は被相続人住所地
—	—	—	—	×	
—	被相続人	—	—	—	
—	—	—	—	—	被相続人作成のメモ等から出捐を認定
—	—	危篤状態での預け替え	—	×	被相続人が危篤下で解約された同人の預金が原資
—	—	—	—	—	収入状況から相続人の一部出捐を認定
被相続人	被相続人	—	—	—	
—	—	—	—	×	
一部が相続人	—	—	—	—	
一部が被相続人	被相続人？	生活費の余剰？	—	×	請求人は生活余剰分を贈与したと主張
—	相続人	—	—	○	被相続人出捐部分は贈与認定
親族	親族	被相続人が病気時に委任	—	×	経緯から名義人である親族への贈与否定
一部が相続人	相続人	—	—	—	出捐不明で相続人開設のみ相続財産否定
被相続人	—	—	相続人ではない	×	同様の状況にある普通預金を相続財産として申告
—	—	—	—	—	遺産分割協議の対象
—	—	被相続人による開設委任	—	—	
相続人	—	—	—	×	贈与が争点
—	相続人	被相続人の委任	—	×	出捐は収入から認定
相続人？	—	—	—	不明	収入から出捐が推認できないとした
—	被相続人とその配偶者	—	—	×	贈与税の申告がないことを勘案
—	—	—	相続後に共同相続人	—	相続人が自認、収入から出捐認定
—	—	—	—	—	出捐不明部分を取消し
—	相続人	被相続人による委任	—	×	

△：当該争点で、請求人の主張の一部が認められたもの

名義の重要性が高まるとの指摘がされているが[7-8]、少なくとも裁決要旨レベルでは、そのような傾向は見い出せない。

　第4に、利益の帰属を考慮した事例はそれほど多くはなく、考慮した場合でも、複数の考慮要素のなかのひとつという位置づけである（事例2、4、36、43）。

　第5に、口頭での贈与が納税者から主張されることがあるが、ほとんどの事例で当該主張は採用されていない（事例7、9、13、14、16、22、23、24、27、30、32、34、35、36、39、40、42、45。例外的に事例5、33）。

2 公表裁決における判断

　以上が裁決要旨レベルでの傾向である。このうち、事例5、10、35、41は、公表裁決なので、さらにその内容を紹介する。

① 　仮名預金が相続財産でないとされた事例（国審平成10年11月5日裁事56・328頁：事例5）

② 　相続人名義の定期預金が相続財産でないされた事例（国審平成13年3月29日裁事61・512頁：事例10）

③ 　相続人名義の預貯金の一部が相続財産でないとされた事例（国審平成19年10月4日裁事74・255頁：事例35）

④ 　相続人等名義の預貯金等が相続財産でないとされた事例（国審平成25年12月10日裁事93：事例41）

7-8　福井前掲書（注7-5）36頁以下

① 仮名預金が相続財産でないとされた事例

> **事例5** 国審平成10年11月5日裁事56・328頁

【事案の概要】

被相続人Hが平成2年10月9日に死去し、K、L、M及びN（以下、Kら）がこれを相続した。ただ、被相続人Hは、あらかじめその所有する財産をすべて、Y（相続人ではない）に包括遺贈する旨の公正証書遺言をしていた。

Kらは、平成3年2月27日、Y及び遺言執行者Tに対して、遺留分減殺請求をした上で、Y及びTと協議し、①被相続人Hが、Yに、相応の財産を生前譲渡したこと及び当該譲渡にはKらは異議を述べないこと、②Yは、Kらに対して、遺贈の減殺によって、財産目録記載の財産及び目録の記載のない相続財産すべてがKらに帰属することを異議なく承諾するなどの合意をした。

審査請求では、F信金に仮名で預金されていた1億5,000万円が相続財産にあたるか否かが争点となり、具体的には当該預金が被相続人の生前にYに贈与されていたかが、争われている。

なお、相続税の問題とは別に、民事事件でも当該仮名預金の帰属が争われており、裁判所は、①F信金の支店長及び従業員が、その生前に被相続人から、当該定期預金5億円についてはYに譲渡した旨聞かされていた、②Yも、当該定期預金5億円を被相続人から建築資金として贈与されたと認識していたことなどを根拠に、当該預金が被相続人からYに生前贈与されたとの判決を下している。

本裁決は、当該仮名預金の原資が、被相続人Hが架空名義で預け入れていた定期預金5億円の一部であることを認定した上で、民事判決を根拠として、口頭による生前贈与の存在を認定し、当該仮名預金は相続財産ではないと判断した。

前述したとおり、口頭による贈与が認定される事例は稀であり、本裁決は

そのような稀な事例といえようが、民事判決で生前贈与が認定されたという特殊な事情があった。その意味では、本裁決の先例としての価値は低いと思われる。

ただ、本裁決は、相続財産か否かを判断するにあたって、「時点」という要素が重要であることを理解する上で、参考になる。すなわち、問題となった仮名預金の出捐者は被相続人Hであるとされ、もともとは当該仮名預金が被相続人の財産であった。ただ、その後に、生前贈与があったことから、相続開始の時点では、被相続人の財産ではないと判断したわけである。

財産の帰属と時点の問題

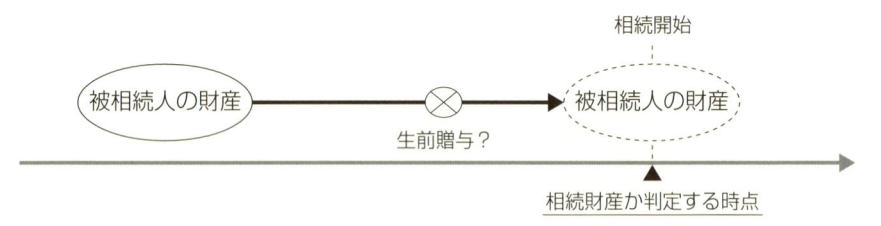

つまり、出捐からは被相続人の財産とされる場合であっても相続開始の時点までに、贈与・譲渡の事実を立証できれば、当該預貯金は相続財産ではないという結論となるわけである。逆に、出捐によって被相続人の預貯金とされた場合には、贈与・譲渡の事実が立証できなければ、当該預貯金は相続財産ということになる（事例7参照）。

② 相続人名義の定期預金が相続財産でないとされた事例

事例10 国審平成13年3月29日裁事61・512頁

【事案の概要】

被相続人Fが、平成8年1月15日に死亡し、X、G及びHがこれを相続した。なお、被相続人Fの配偶者Kは、平成7年1月4日に死亡しており、K名義の定期預金について、X及びHが相続する旨の届出が、金融機関に提出されている。

審査請求では、K名義の定期預金が被相続人Fの相続財産にあたるか否かが争点となり、具体的には、関係書類の署名、取引の指示の状況とともに、出捐の状況が争われている。

本裁決は、K名義の定期預金等に係る署名や指示がKのものであるとしても、それはKの財産であることを推測させる事実にすぎず、被相続人Fの財産であることを推測させる事実ではないとした。さらに、本裁決は、収入割合から資産の割合を推認する場合には、収入期間、収入状況、生活状況一切の要素を考慮する必要があるとして、被相続人FはKと比べて勤務期間が10年も短い上、被相続人F及びKが退職したのは、被相続人F及びKの相続開始の日から15年も前のことであり、その後の資産の形成状況は不明であるとして、収入割合から資産状況を推認することを認めず、K名義の定期預金は相続財産とはいえないとした。

本裁決のいうとおり、相続人の財産ではないことは、被相続人の財産であることを意味しない。ただ、多くの事例では、相続人の財産か、被相続人の財産か、そのいずれでしかありえない状況であることが多く、そのため、原処分庁は、相続人の財産でないことから、被相続人の財産であると即断したのであろう。ただ、本件のような相次相続が生じた場合には、相続人固有の財産、被相続人固有の財産のいずれでもなく、被相続人の配偶者の財産で、

それが相続等によって相続人等に承継されている可能性がある。相次相続の場面で、被相続人の財産にあたるか否かが問題となった場合には、本裁決の考え方は参考になろう。

また、本裁決は、収入から出捐を推認する範囲に限界があることを明示した点でも参考になる。収入の状況から預貯金の出捐を推認できる場合はあるとしても、収入割合から、即、預貯金の出捐状況を推認することはできない。なぜなら、収入が同程度であっても、支出の程度（本裁決が生活の状況というのはこの趣旨であろう）によって、資産状況は異なってくるからである。

③ 相続人名義の預貯金の一部が相続財産でないとされた事例

> **事例35** 国審平成19年10月4日裁事74・255頁
>
> 【事案の概要】
> 　被相続人Ｊが、平成16年2月に死亡し、妻Ｌ及び子Ｋが相続した。
> 　審査請求では、Ｌ及びＫ名義の預貯金が相続財産といえるかが争点とされ、具体的には、その出捐者、管理者が争われている。

　本裁決は、問題となった預貯金の大部分について、①被相続人Ｊが預貯金の残高等を記載したメモを作成しており、自らの日記帳にも当該残高等を記載していること、②各種届出書の印影が被相続人Ｊの署名や被相続人Ｊの使用する印章のものであること、③Ｊ名義の預貯金の通帳及び証書も被相続人Ｊ宅で保管されていたことなどから、当該預貯金等の管理者は被相続人Ｊであると認定した。

　また、本裁決は、被相続人Ｊには預貯金をするに足る収入があった一方、Ｌ及びＫにはそのような収入がなく、贈与税の申告もないことなどから、当該預貯金の出捐者も被相続人Ｊであると認定し、結論としても、当該預貯金

の大部分が相続財産であるとした。ただ、L名義の普通預金の一部については、原資が不明であり、届出印もLの印章だとして、相続財産とはいえないとし、審査請求の一部を認容した。

本裁決で注目すべきは、L及びK名義の預貯金の残高の記載した被相続人のメモ及び日記帳から、被相続人Jが当該預貯金の管理をしていると認定したところである。相続税に関しては、客観的な証拠に乏しいことが多いこともあり、とうてい帳簿とはいえないメモ類から、出捐や財産管理の事実が認定されることも多い。そのような課税実務における証拠評価のあり方を知る上で参考になる裁決である。

なお、平成27年度の税制改正により、財産債務調書が導入された。これにより、その年分の総所得金額及び山林所得金額の合計額が2,000万円を超え、かつ、その年の12月31日において、その価額の合計額が3億円以上の財産等を有する場合には、その財産の種類、数量及び価額ならびに債務の金額その他必要な事項を記載した財産債務調書を提出しなければならないこととされている。今後はこの財産財務調書の記載が重視されることになると思われる。

④ 相続人等名義の預貯金等が相続財産でないとされた事例

事例41　国審平成25年12月10日裁事93

【事案の概要】

被相続人Kが、平成21年12月に死亡し、H、F及びJ（Fの配偶者で、Kの養子）がこれを相続した。FとJとの間には、子として、M、N及びPがいる。

審査請求では、H名義の預貯金、M名義の預貯金その他の家族名義の預貯金が相続財産となるかが争点とされ、具体的には、当該預貯金の管理運用者、出捐者が争われている。

本裁決は、原処分庁が問題となる預貯金を「平成17年までは」被相続人Kが管理していたと主張するのみで、使用印鑑の状況等について何らの具体的な主張立証をせず、また出捐関係についても、相続開始日前3年間の被相続人Kの収入が多額であるなどと主張するのみで具体的な主張立証がないとした。

　本裁決は、その上で、①平成17年にHが入院した後は、F及びJがH名義の預貯金の管理運用を行っていたこと、②それ以前も、被相続人K名義及びH名義の預貯金の届出印はもっぱらHが使用しており、それ以外の名義の預貯金の届出印はF及びJが使用していたことから、被相続人K名義及びH名義の預貯金はHが管理運用し、それ以外の預貯金はF、Jが管理運用していたといえるとした。また、当該預貯金について出捐者を確定できず、贈与が不存在であったともいえないことをも併せて考慮すれば、当該預貯金は相続財産とはいえないとした。

　この裁決は、原処分庁が相続財産であるについての立証責任を負うことを前提にして、家族名義の預貯金が相続財産であると積極的に認定できないことを理由に、審査請求を認容した。相続財産であるか否かについて、決め手を欠く場合が少なくないことから、そのような際にどのような結論となるかを示したものとして参考になる。

3 株式・出資

① 株式・出資の帰属をめぐる民事判決の傾向

　株主の認定は、商事事件でも問題となることが多い。一般的には、株式取得資金の拠出者、名義貸与者と名義借用人との関係及びその間の合意の内容、株式取得の目的、取得後の利益配当金や新株等の帰属状況、名義貸与者及び名義借用者と会社との関係、名義借りの理由の合理性、株主総会における議

決権の行使状況などを総合的に判断すべきとされている[7-9]。

預金の場合と同様に、相続税に関して株主・出資が相続財産にあたるか否かを判断する際にも、このような商事事件における判例の動向は参考になるものと思われる。

② 相続税に関する裁決の全般的傾向

相続税に関連して株式・出資の帰属が争点となった事例は、次頁のとおりである[7-10]。公表裁決以外はどのような認定がなされたのか、詳細は不明であるが、要旨レベルでも、次のような傾向が指摘できる。

第1に、預貯金同様、種々の考慮要素のうち、出捐関係が特に重視されている[7-11]。例えば、納税者の主張が認められた事例の多くは、相続人等による出捐が認められた事例である（事例1、2、13、19、34）。逆に、出捐が被相続人と認定された事例は、いずれも被相続人の財産とされている（事例3、8、9、15、20、25、27、31、32、33。）。

第2に、配当金の受領の有無も、出捐と同様に、重視されている。相続人等が配当金を受領したと認定された事案では、株式・出資はいずれも相続人等の財産とされ（事例2、5、10、13、14、34）、逆に、被相続人が配当金を受領したと認定された事案では、株式・出資はいずれも被相続人の財産とされている（事例3、7、8、18、20、27、31、33）。

なお、配当所得の申告の事実については、株主の帰属を判断する際に考慮すべきとする事例（事例18、20、31）と考慮すべきでないとする事例がある（事

[7-9] 東京地判昭和57年3月30日判タ471号220頁、東京地判平成24年12月12日判時2182号140頁。東京地方裁判所商事研究会編『類型別会社訴訟Ⅱ』（第1版）791頁

[7-10] 国税不服審判所の裁決要旨検索システムにおいて、争点番号を「3 相続税の課税財産の認定／6 有価証券／1 株式、出資」と指定して検索した結果のうち、特殊な事例を除いたもの。

[7-11] 商事事件の裁判例でも出捐が重視されることについては、目黒大輔「株主権の認定」奥田隆文他編『民事事実認定重要判決50選』（立花書房、2015年）469頁

相続税に関連して株式・出資の帰属が争点となった事例

事例	裁決日	結論	名義人	出捐	株券	運用管理	印鑑
1	H9.2.17	○	相続人	一部は被相続人	―	相続人	―
2	H10.3.31	○	相続人	祖母	相続人	―	―
3	H11.3.29	×	被相続人	被相続人	―	―	被相続人
4	H11.6.15	×	被相続人	―	所在不明	―	―
5	H12.1.18	△	第三者	―	―	―	―
6	H12.6.20	×	相続人	―	―	―	―
7	H12.7.31	×	相続人?	―	被相続人	―	被相続人
8	H12.12.14	△	相続人	被相続人	―	被相続人	―
9	H12.12.22	×	相続人?	被相続人?	不発行	―	―
10	H13.2.7	○	被相続人	―	―	一部は名義人	―
11	H13.3.16	×	相続人・被相続人	一部相続人	―	―	―
12	H13.3.25	△	相続人	一部は不明	―	被相続人	―
13	H13.4.26	△	相続人	一部相続人	―	被相続人	―
14	H13.5.28	○	相続人	―	―	―	相続人
15	H13.6.29	×	被相続人	被相続人	―	―	―
16	H13.7.6	△	相続人・同族会社	―	―	―	―
17	H13.7.6	△	相続人・被相続人	増資分は被相続人	相続人(増資部分は発行なし)	―	―
18	H14.7.16	×	被相続人	―	不発行	―	―
19	H15.3.25	△	相続人	一部は相続人	―	被相続人	―
20	H15.7.7	×	?	被相続人	―	―	―
21	H16.4.21	×	相続人等	―	―	―	被相続人名義と同一
22	H16.6.7	×	?	―	―	被相続人	―
23	H18.2.22	×	被相続人	―	被相続人	―	―
24	H18.7.7	×	第三者	―	―	―	―
25	H19.5.17	×	相続人	被相続人	―	相続人	―
26	H19.6.26	×	?	―	?	―	―
27	H19.9.4	×	親族	被相続人	―	被相続人	―
28	H19.10.29	×	被相続人?	―	―	相続人ではない	―
29	H19.10.29	×	相続人	―	―	被相続人(メモ)	―
30	H19.11.12	×	相続人	―	―	被相続人(メモ)	―
31	H20.3.14	×	被相続人	被相続人	―	被相続人(担保)	―
32	H21.4.14	×	家族名義等	被相続人?	―	―	―
33	H21.8.25	×	相続人	被相続人	被相続人	被相続人	―
34	H22.5.28	○	相続人	相続人	―	―	―
35	H24.6.26	△	被相続人	―	―	一部は被相続人ではない	―

○：当該争点で、請求人の主張の全部が認められたもの　　×：当該争点で、請求人の主張が認められなかったもの

第1節 ● 名義預金・株式関係

経緯等	配当金の受領	贈与（譲渡）	譲渡承認	その他
—	—	—	—	原資である金員の贈与認定（相法19条適用）
—	祖母	死因贈与	—	祖母からの生前贈与を認定
—	被相続人	—	—	
—	—	—	—	
—	名義人	○（譲渡）	—	譲渡の有無が争点
—	—	×	—	贈与の有無が争点
—	被相続人	—	—	
—	被相続人	○（譲渡）	—	一部は第三者に売却を認定
—	配当なし	証拠なし	—	贈与の有無が争点
—	被相続人のみではない	—	—	同じ貸倉庫に保管された株式の処分状況に着目
—	—	—	—	相続人の取得部分不明・1/3とした原処分庁是認
—	—	—	—	出捐不明部分は夫婦であるから各1/2の所有とした
—	相続人	—	—	
—	相続人	—	—	
—	—	—	—	
—	—	一部譲渡あり	—	譲渡の有無が争点（同族会社部分は譲渡認定）
—	—	—	—	増資部分以外は相続財産ではない
—	被相続人（申告）	×	なし	贈与が争点。贈与税の申告なし
—	—	—	—	出捐割合が不明だが、夫婦なので1/2とした
—	被相続人（申告）	×	—	収入で出捐を推認
—	—	×	—	登録住所が被相続人住所
—	—	×	—	贈与の有無が争点。贈与税の申告なし
—	—	—	—	株券の権利推定を援用
—	—	×	—	譲渡の有無が争点。通謀虚偽表示認定（根拠不明）
被相続人による委託	実質被相続人	×	—	
—	—	×	なし	贈与税の申告あり。株券の記名や遺産分割は相続財産前提
—	被相続人	×	—	配当所得の申告は名義人たる親族
—	—	×	—	民事判決で贈与認定なし。相続人の一部が名義株と自認
—	—	—	—	証券会社の担当者の陳述も援用
—	—	—	—	贈与の有無が争点。関係者の認識等も援用
—	被相続人（申告）	—	—	
—	—	—	—	詳細不明
—	被相続人	×	—	運用の認定は、①動きが一緒、②メモ
—	相続人	—	—	株式交換による株式の取得
—	—	—	—	被相続人の取得の有無が争点

△：当該争点で、請求人の主張の一部が認められたもの

例27)。ただ、いずれも、株式・出資が相続財産であるとの結論を出す方向で考慮している。この点は、やや恣意的といえようか。

　第3に、商事事件と異なり、少なくも要旨レベルでは、株主総会の議決権の行使状況が問題とされた例はない。非上場会社において、株主総会が正式な招集手続を経て開催されることは少なく、議決権行使書面など議決権の行使状況を的確に把握できる資料を残っていないからだと思われる。

　第4に、預貯金の場合と同様に口頭による贈与・譲渡が認定される事例は少ない（事例6、9、18、20、21、22、24、25、26、27、28、33。例外的に事例2、5、8、16）。

　株式・出資に特有なのは、譲渡承認（事例18、26）や株券交付（事例23。株券の権利推定効（株券を占有する者は所有者と推定される））の不存在が、贈与・譲渡を否定する論拠とされることがあるという点である。

4 公表裁決における認定

　以上が裁決要旨レベルでの傾向である。このうち、事例2、3、10、35は、公表裁決なので、さらにその内容を紹介する。

　① 相続人名義の株式が相続財産にあたらないとされた事例（国審平成10年3月31日裁事55・425頁：事例2）

　② 相続人名義の株式が相続財産にあたるとされた事例（国審平成11年3月29日裁事57・395頁：事例3）

　③ 被相続人名義の株式の一部が相続財産にあたらないとされた事例（国審平成13年2月7日裁事61・496頁：事例10及び国審平成24年6月26日裁事87：事例35）

① 相続人名義の株式が相続財産にあたらないとされた事例

事例2 国審平成10年3月31日裁事55・425頁

【事案の概要】

被相続人Lが平成4年11月16日に死去し、J及びKがこれを相続した。

審査請求では、J名義のX社、Y社及びZ社の各株式が相続財産にあたるかが争点とされ、具体的には、当該株式がLの母MからJに直接贈与されたかどうかが争われた。

本裁決は、被相続人Lの母であるMがJ名義でX社、Y社及びZ社の株式を取得したことを認定した上で、MがJ名義で取得したことから贈与の意思があったとは認定できないが、Mが生前Jに対して購入目的を告げ、死亡直前には、JあてでX社、Y社及びZ社の各株式をAに預け、実際にLの死亡後にAが当該各株式をJに引き渡したことなどから、Jに対するMの黙示の死因贈与があったと認定して、J名義のX社、Y社及びZ社の各株式が相続財産ではないとした。

本裁決は、口頭による贈与、それも死因贈与が認められた、珍しい事例である。Jを含む関係者の陳述からMにJへの贈与の動機があったことを認定し、そこから、死因贈与の存在を認定しており、口頭による贈与を立証しようとする際には参考になろう。

② 相続人名義の株式が相続財産にあたるとされた事例

事例3 国審平成11年3月29日裁事57・395頁

【事案の概要】

被相続人Wが、平成7年4月3日に死亡し、X、Y及びZがこれを相続した。

審査請求では、Xら名義のR社株式が相続財産に該当するかが争点とされ、具体的には、配当金の受領や税務調査時における供述から、上記株式が相続財産に該当するといえるかが争われた。

本裁決は、XやR社の取締役Sの税務調査または審査請求における供述を根拠に、①Xが払込資金を用意したことはなく、ある増資についてXら名義分を含め払込金は被相続人Wが負担していること、②YらはR社の株式を取得したことがないこと、③Xに係る株式申込証に押印されている印影は被相続人Wが使用していたものであること、④配当金は被相続人Wが受領していたことなどを認定して、Xら名義のR社株式は、相続財産と認定された。

本裁決は、税務調査及び審査請求における供述から結論を導いており、帳簿書類の保存が義務づけられていない相続税においては、このような事例は少なくないと思われる。納税者としても、税務調査で誤解を生む供述を取られないように、注意する必要があろう。

③ 被相続人名義の株式の一部が相続財産にあたらないとされた事例

> **事例10** 国審平成13年2月7日裁事61・496頁

【事案の概要】

被相続人Fが、平成6年12月3日に死亡し、Xらが相続した。当該相続開始時には、①Xら及び被相続人Fを含む数名が開設届をした貸金庫甲に、G社の株式に係る株券（「甲株券」）35万8,400株が、②被相続人Fが開設届をした貸金庫乙に、G社の株式に係る株券（「乙株券」）10万8,200株が、それぞれ保管されていた。

なお、被相続人Fは、公正証書により、株式数を特定することなく、Xに、G社株式を遺贈する旨の遺言をしていた。

審査請求では、甲株券及び乙株券のうち被相続人F名義となっている18万4,200株（甲株券部分が8万株、乙株券部分が10万4,200株）が被相続人の財産であるか否かが争点とされた。

具体的には、①貸金庫甲の甲株券8万株に係る配当金が被相続人F名義の口座に入金されていること、②株主名簿の記載上も被相続人Fの保有株式数は18万4,200株であり、被相続人Fの所得税申告もこれを前提としていること、③乙株券のZ名義株式に係る配当金が被相続人F名義の口座に入金されていることから、被相続人F名義及びZ名義株式が相続財産であるといえるか、が争われている。

本裁決は、①貸金庫甲の開閉は開設者全員の同意が必要であること、②貸金庫甲には、R名義のa社株式が保管されていたが、当該a社株式がb社に譲渡された際、その譲渡代金は開設者等の合意によって分配されたこと、③貸金庫乙には被相続人Fの財産が保管されており、その開閉はG社の常務が代行していたことなどから、貸金庫乙に保管されていた乙株券は相続財産であるが、貸金庫甲に保管されていた甲株券は被相続人Fの親であるHの未分

割財産であると認定し、その結果、Xが遺贈により取得したのは、甲株券のうち4万4,800株（Xの法定相続分8分の1相当）、乙株券10万8,200株の計15万3,000株と判断した。

さらに、原処分庁の主張については、株主名簿の記載や配当所得の申告は必ずしも真実の株式の帰属を示すものではないこと、甲株券及び乙株券に係る配当金が被相続人F名義の口座には原処分庁が被相続人Fの保有でないと自認している株式の配当金も原資となっていることなどとして、原処分庁の主張を排斥した。

本裁決は、詳細な事実認定に基づいて貸金庫に保存されていた株式の帰属を判断した裁決として参考になる。貸金庫に保管されていた株式以外の財産の帰属を判断する上でも、参考になろう。

ここでもう1つ、被相続人名義の株式の一部が相続財産にあたらないとされた事例を見てみよう。

事例35　国審平成24年6月26日裁事87

【事案の概要】

被相続人Lが、平成19年7月に死亡し、被相続人の妻M、子であるP、G、Q及びJが相続した。なお、被相続人は、生前に成年被後見人となり、Mがその成年後見人となっていた。

審査請求では、相続財産となる特例有限会社K社の出資の口数が600口なのか、900口なのかが争点となっている。具体的には、①K社の定款において、被相続人Lが保有するのは900口である記載があること、②後見事務報告書及び後見終了報告書における相続財産引受書にも900口と記載されていることから、相続財産は900口との原処分庁の認定が正しいかが問題となっている。

本裁決は、①被相続人Lが、その先妻Nが有していたK社出資330口を、遺産分割により承継したこと、②特例有限会社の出資の譲渡には社員総会の承認が必要なところ、社員総会の承認があったと認めるに足る証拠がないことから、被相続人Lがそれ以上にK社出資を譲り受けたと認められないなどとして、被相続人Lが相続開始時に有していたK社出資は、当初から被相続人が有していた500口に、Nから相続した330口を加えた、830口であるとした。
　他方、定款、後見事務報告書及び後見終了報告書の各記載については、当該記載に対応する譲受けは認定できないにもかかわらず、そのような譲受けがあったとの誤解に基づくものであるとした。
　定款、後見事務報告書など、一般的には信用性が高いとされる書面よりも、会社法上必要な社員総会の承認を得ていないことを重視したところに、本裁決の特徴がある。ただ、（譲受けがなかったことまで認定せずに）譲受けがあったと認められないことから、定款等の記載が誤解に基づくものと認定したことについては、異論の余地があろう。

第2節 広大地

　相続税・贈与税の計算において、広大地の評価というものがある。

　土地の評価にあたって、一定の場合に減額の補正を行う取扱いであり、財産評価基本通達24-4に定められている。土地の評価であるから納税額に与える影響は大きく、納税者と課税庁の間で見解の相違による争いが生じやすいところでもある。

　ここで特記すべきは、広大地の評価の取扱いが相続税法の条文に直接規定されているのではなく、土地の評価の一方法として国税庁の通達で定められているものであること、また、広大地に該当するか否かの判断が難しいことから、国税庁が、納税者に対する情報として、通達の文言の個々の解釈や詳細な判断基準を国税庁質疑応事例として公表していることである。

　そして、広大地評価に関して納税者と課税庁側との解釈が異なり争いとなる場合には、通達に定められる広大地の評価の適用要件の解釈や事実の認定が争点として挙げられることとなるのである。

　また、納税者にとっては、土地評価額の減額補正という納税者に有利なこの通達を、申告納税方式をとる相続税の計算において自己の責任と判断により適用した場合、後に課税庁側から否認されるとなると、新たに納める税金のほかに過少申告加算税がかかるというリスクがある。

　そこで、以下では、相続税法における財産評価の方法や広大地評価の位置づけを確認した上で、その適用上問題となりうる点を挙げ、国税不服審判所の過去の裁決事例により、どのような判断がされているのかを紹介する。

1 ▪ 相続税法22条（評価の原則）

　租税は、国の資金を調達するために、国民の財産の一部を国家の手に移すものであるから、その賦課・徴収は必ず法律の根拠に基づいて行われなければならない。換言すれば、法律の根拠に基づくことなしには、国家は租税を賦課・徴収することはできず、国民は租税の納付を要求されることはない。この「租税法律主義」という原則は、国民の自由と財産を保障する憲法（同法84）原理である[7-12]。

　では、相続税・贈与税の計算においてはどうか。取得した財産の評価における根拠法令は、相続税法22条にある。

【相続税法】
（評価の原則）
第22条　この章で特別の定めのあるものを除くほか、相続、遺贈又は贈与により取得した財産の価額は、当該財産の取得の時における時価により、当該財産の価額から控除すべき債務の金額は、その時の現況による。

　条文は「相続、遺贈又は贈与により取得した財産の価額」は原則として、「取得の時」の「時価」で評価すればよいと規定する、いたってシンプルなものである。それゆえに「時価」としての評価が問題となるのである。

　この場合の時価とは、当該財産を取得した日において、それぞれの財産の現況に応じ不特定多数の当事者間で自由な取引が行われる場合に通常成立すると認められる価額、すなわち、当該財産の客観的な交換価値をいうものと解されている[7-13]。

　しかし、相続税・贈与税の課税対象となる財産は多種多様であることから、

[7-12]　金子前掲書（注1-1）73頁
[7-13]　国審平成18年3月15日裁事71・505頁、東京高判平成17年2月23日税資255号（順号9941）、東京高判平成12年9月12日税資248号711頁、財産評価基本通達1(1)

個々の財産について「客観的な交換価値」を明確に特定するのは容易ではない。

そこで、国税庁は、相続等により取得した財産の評価の一般的な基準を「財産評価基本通達」によって定め、各種財産の評価方法に共通する原則や各種の財産の評価単位ごとの評価方法を具体的に規定し、課税の公平、公正の観点から、その取扱いを統一するとともに、これを公開し、納税者の申告、納税の便に供している[7-14]のである。そして、こうした統一的評価基準が合理的であるとされていることから、相続等により取得した財産の評価は、財産評価基本通達に定められた評価方式によらないことが正当として是認されるような特別な事情がある場合を除き、課税の公平の観点から、原則として、財産評価基本通達の評価方式に基づいて行うことが相当と解され[7-15]ている。

通達は、行政庁内部における運用方針などについての命令ないし指令であるから、課税庁職員には拘束力を持つが、納税者に拘束力を持つものではない。したがって、納税者が通達によることを不合理と考えた場合には、通達によらない評価計算をすることも認められる。

財産評価基本通達に定める評価方法によらない場合に関する裁決事例

> （財産）評価基本通達に定める評価方法は、個別の評価によることなく、画一的な評価方法が採られていることから、同通達に基づき算定された評価額が、取得財産の取得時における客観的な時価と一致しない場合が生ずることも当然に予定されているものというべきであり、同通達に基づき算定された評価額が客観的な時価を超えていることが証明されれば、当該評価方法によらないことはいうまでもない。
> （国審平成14年7月22日裁事64・416頁）

ただし、通達によらない方法が、納税者独自の見解に偏り、ほかの納税者との公平性を欠くようなことになることは許されないから、通達によらないことが許されるのは、財産評価基本通達を適用して評価することが不適当と認められる特別な事情が存する場合、すなわち、財産評価基本通達により算

[7-14] 国審平成14年7月22日裁事64・416頁など
[7-15] 国審平成18年12月8日裁事72・565頁

定される土地等の評価額が客観的交換価値を上回る場合[7-16]等に限られる。その場合でも、あくまで、ほかの合理的な評価方法により時価を求めることが必要とされるのである。

相続税・贈与税の計算における上記財産評価基本通達の位置づけの中、広大地の評価は、財産評価基本通達に定められる宅地の評価のひとつ、すなわち、相続税法における「時価」の評価計算の一方法として定められている。

2 広大地の評価

① 広大地の評価

原文は次のとおりである。

【財産評価基本通達】

（広大地の評価）
24-4　その地域における標準的な宅地の地積に比して著しく地積が広大な宅地で都市計画法第4条（(定義)）第12項に規定する開発行為（以下本項において「開発行為」という。）を行うとした場合に公共公益的施設用地の負担が必要と認められるもの（22-2（(大規模工場用地)）に定める大規模工場用地に該当するもの及び中高層の集合住宅等の敷地用地に適しているもの（その宅地について、経済的に最も合理的であると認められる開発行為が中高層の集合住宅等を建築することを目的とするものであると認められるものをいう。）を除く。以下「広大地」という。）の価額は、原則として、次に掲げる区分に従い、それぞれ次により計算した金額によって評価する。
(1)　その広大地が路線価地域に所在する場合
　　その広大地の面する路線の路線価に、15（(奥行価格補正)）から20-5（(容積率の異なる2以上の地域にわたる宅地の評価)）までの定めに代わるものとして次の算式により求めた広大地補正率を乗じて計算した価額にその広大地の

[7-16]　国審平成18年3月15日裁事71・505頁

地積を乗じて計算した金額

$$広大地補正率 = 0.6 - 0.05 \times \frac{広大地の地積}{1,000 \text{m}^2}$$

(2) その広大地が倍率地域に所在する場合

その広大地が標準的な間口距離及び奥行距離を有する宅地であるとした場合の1平方メートル当たりの価額を14（（路線価））に定める路線価として、上記(1)に準じて計算した金額

(注)

1　本項本文に定める「公共公益的施設用地」とは、都市計画法第4条《定義》第14項に規定する道路、公園等の公共施設の用に供される土地及び都市計画法施行令（昭和44年政令第158号）第27条に掲げる教育施設、医療施設等の公益的施設の用に供される土地（その他これらに準ずる施設で、開発行為の許可を受けるために必要とされる施設の用に供される土地を含む。）をいうものとする。

2　本項(1)の「その広大地の面する路線の路線価」は、その路線が2以上ある場合には、原則として、その広大地が面する路線の路線価のうち最も高いものとする。

3　本項によって評価する広大地は、5,000平方メートル以下の地積のものとする。したがって、広大地補正率は0.35が下限となることに留意する。

4　本項(1)又は(2)により計算した価額が、その広大地を11（（評価の方式））から21－2（（倍率方式による評価））まで及び24－6（（セットバックを必要とする宅地の評価））の定めにより評価した価額を上回る場合には、その広大地の価額は11から21－2まで及び24－6の定めによって評価することに留意する。

「広大地」とは、その地域における標準的な宅地に比べて著しく地積が広大な宅地で、戸建住宅分譲用地として開発した場合にその開発区域内に道路等の開設が必要な宅地をいう。

広大地の評価は、開発行為により土地の区画形質の変更をした際に道路、公園等の公共公益的施設用地としてかなりの潰れ地が生じることを当該土地の個別事情として考慮し、価値が減少していると認められる範囲で減額の補正を行うこととしたものである。

したがって、その宅地が中高層の集合住宅等の敷地用地に適している（いわゆるマンション適地）と認められる場合や、郊外路線商業地域（都市の郊外の幹線道路（国道、都道府県道等））沿いにおいて、大型路面店の敷地として活用できる土地の場合等には、分割しないで有効利用できるため、分譲による潰れ地を考慮する必要がないことから、広大地に該当しないこととされている。

② 広大地の評価で争いとなりうる点

　納税者と課税庁との間で財産評価の金額が争いになる場合、終局的には、納税者の主張する評価額と課税庁の主張する評価額のどちらが「時価」として合理的かという争いになるのであるが、通達の取扱いが問題となっている場合には、通達の文言の解釈や通達の適用に関係する事実のうち双方の主張の相違があるところを直接争点として取り上げることが多い（細かい意見の相違が争点として取り上げられない場合でも、「当事者の主張」でそれぞれの言い分が比較される）。

　過去の裁決例などから見ると、広大地の評価の適用の場合に主として争われるのは、以下の点である。

(1)「その地域」

　広大地評価の適用には、その宅地が「その地域における標準的な宅地の地積に比して著しく地積が広大」であることを要するから、「その地域」の区切り方により、「標準的」といえる地積の判定が異なることとなり、適用の可否に影響する。周辺土地のどのあたりを「その地域」とするかの解釈が、納税者と課税庁で相違する場合である。

(2) 著しく地積が広大であるかどうかの判断

　原則として、評価対象地が都市計画法施行令19条1項及び2項の規定に基づき各自治体の定める開発許可を要する面積基準以上であれば、著しく地積

が広大であると判断することができるのであるが、その地域の標準的な宅地の地積と同規模である場合は除かれるなど、除外される場合の判定も必要となることから、納税者と課税庁の判断が分かれるところとなる。

（3）公共公益的施設用地の負担の要否

「標準的な宅地の地積に比して著しく地積が広大」な土地であっても、その形状により、道路などの開設をする必要がない場合（下の図の＊1）には、減額の必要がない（広大地評価の適用はない）こととなるのであるが、土地の区画の仕方により、道路が必要となる場合とならない場合があるような土地の場合（下の図の＊2）に、その区画案（AかBか）の合理性をめぐり、争いとなる場合がある。

＊1　間口が広く、分割しても道路などの開設が不要な場合

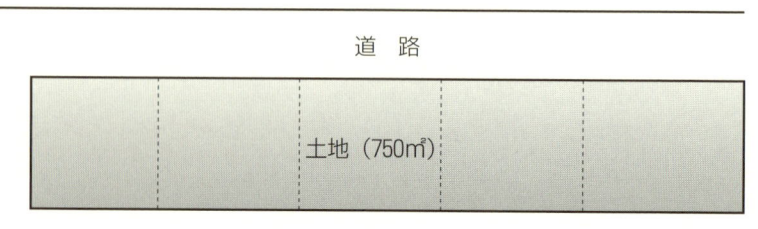

道　路

土地（750㎡）

（その地域の標準的な宅地の地積150㎡で5分割する）

＊2　分割の方法により道路の要否が異なる場合

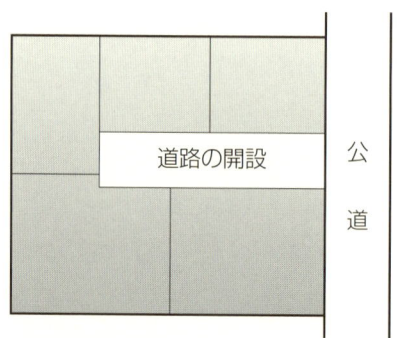

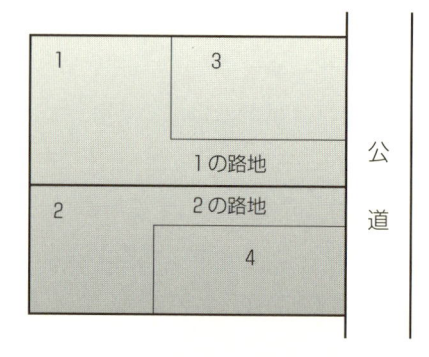

A（道路が必要な場合）　　　　　B（道路が不要な場合）

道路の開設　公道

1　3
1の路地
2　2の路地
4
公道

(4) 中高層の集合住宅等の敷地用地に適しているもの

いわゆるマンション適地かどうかという判断であるが、問題となる宅地が、戸建住宅と中高層の集合住宅等の混在する地域にある場合には、マンションの敷地として使用することが最有効使用と判定できるのかの判断が困難な場合があるため、争いとなる。

また、環状道路などに面している土地で、大型路面店と住宅地が混在するような地域にある土地についても、その面積のままで需要がある土地なのか、分譲が必要な土地なのか等の判断が争いとなる場合がある。

3 広大地が問題となった裁決事例

① 「その地域」(事例1)

事例1は、国税不服審判所が、審査請求人及び原処分庁双方の「その地域」に関する意見を採用せず、まったく別の範囲を「その地域」と認定した事例である。結果として、国税不服審判所が(審判所判断のその地域から)認定した「標準的な宅地の地積」は、原処分庁主張の「標準的な地積」よりさらに広くなり、それ以下である請求人の土地は、広大地に該当しないと判断されている。

事例1 国審平成18年12月8日裁事72・565頁

財産評価基本通達24-4(以下「本件通達」という。)でいうその地域とは、利用状況、環境等がおおむね同一と認められるある特定の用途に供されることを中心としたひとまとまりの地域を指すものであり、①河川や山などの自然的状況、②行政区域、③都市計画法による土地利用の規制など公法上の規制等、④道路、⑤鉄道及び公園など、土地の使用状況の連続性及び地域の一体性を分断する場合

> がある客観的な状況を総合勘案し、判断すべきものである。
> そうすると、本件通達でいう標準的な地積を導くための評価宅地の属する「その地域」は、原処分庁が主張するように、都市計画法第8条第1項第1号に規定する用途地域のみをもって判断するものではなく、また、本件通達でいう標準的な地積は、請求人らが主張するように、本件各土地からの距離のみをもって、第一種住居地域の平均的な広さである200㎡とすべきものではない。
> 本件各土地の属する本件地域のおける宅地は、評価時点において、主として倉庫、事務所等の敷地として利用され、その利用区分ごとの地積の平均は、約2,000㎡程度であることなどからすれば、本件各土地（各約800㎡）は、広大地にはあたらず、本件通達の適用はない。

（1）問題となった土地

都市計画法8条の「準工業地域」に所在する2筆（地積800.85㎡と852.80㎡）の不整形地である。

（2）主張の内容

次のとおりである。

	その地域	標準的宅地の地積
請求人の主張 （広大地に該当する）	本件土地から（距離的に近い地域である）50mの距離にある第一種住居地域	第一種住居地域の標準 200㎡
原処分庁の主張 （広大地に該当しない）	本件土地及び近傍公示地周辺で、準工業地域として区分された地域	公示地の地積 1,652㎡

（3）国税不服審判所の判断 ⇒ 広大地に該当しない

次のとおりである。

判断の基準	事例1のその地域	標準的宅地の地積
①自然的状況、②行政区域、③公法上の規制等、④道路、⑤鉄道及び公園など、客観的な状況を総合勘案して判断すべき	道路、行政区域、都市計画法の規定による用途地域及び周辺の宅地の利用状況を総合勘案した結果 ⇒ 市道n、k、p及び県道mに囲まれた地域	「その地域」における利用区分の地積の平均 ⇒ 約1,970㎡程度

　国税不服審判所は、広大地の通達を定めた趣旨は、施設用地の負担が必要な都市計画法に規定する開発行為を行わなければならない土地である場合にあっては、当該開発行為により土地の区画形質の変更をした際に道路、公園等の公共公益的施設用地としてかなりの潰れ地が生じる場合があることから、潰れ地が生じることを当該宅地の価額に影響を及ぼすべき客観的な個別事情として価値が減少していると認められる範囲で減額の補正を行うこととしたものであるとした。そして、このような趣旨に鑑み「その地域」とは、①自然的状況、②行政区域、③公法上の規制等、④道路、⑤鉄道及び公園など、客観的な状況を総合勘案して判断すべきであるとして、本件における一定の地域を「その地域」として指定した。

　ここでの「その地域」の解釈は、国税庁ホームページの質疑応答事例にも載っているところであり、「その地域」を判断する場合には、この「客観的な状況」として挙げられた各項目を意識しておくべきである。

② 著しく地積が広大であるかどうかの判断（事例2）

　事例2は、問題となる土地が、審査請求人と原処分庁の間で、その地域において「著しく地積が広大な宅地」であることを前提に、開発により公共公

益的施設用地の負担（道路の設置）が必要となるか否かが争われた事案である。これに対し、国税不服審判所は、事例地がそもそも所在する地域における標準的な宅地の地積に比して著しく地積が広大であるとは認められないと判断し、結果、広大地に該当しないと判断した。

> **事例2** 国審平成23年12月6日裁事85・330頁
>
> 　請求人は、本件土地を戸建住宅の敷地として分譲開発した場合に開発道路の設置という公共公益的施設用地の負担が必要であるから、本件土地が財産評価基本通達24－4《広大地の評価》（広大地通達）に定める広大地に該当する旨主張する。しかしながら、本件土地は、その所在する地域における標準的な宅地の地積に比して著しく地積が広大であるとは認められない。仮に、本件土地の地積が著しく広大であるとしても、①本件土地を低層店舗等の敷地として区画割する場合に公共公益的施設用地の負担が必要であるとは認められず、また、②本件土地を戸建住宅の敷地として分譲開発したとしても、公共公益的施設用地の負担が必要ではない路地状開発による区画割の方が、開発道路を設置する区画割に比べて経済的に合理的であると認められる。したがって、本件土地は、広大地通達に定める広大地には該当しない。

（1）問題となった土地

　面積1,077.15㎡。南東側で幅員が7mを超える国道、南西側で幅員が7mを超える市道、北西側で市道にそれぞれ接する。相続開始日において未利用。開発行為をする場合に許可を受けなければならない地積の基準は500㎡以上であった。

（2）主張の内容

　審査請求人、原処分庁ともに、戸建分譲を前提とした公益的施設用地の負

担の必要性の有無についての主張で、国税不服審判所の判断に影響していないことから、記載を省略する。

(3) 国税不服審判所の判断

事例地が南東側で接する国道沿線地域の状況から、財産評価基本通達24－4に定める「その地域」を、同国道沿線地域とするのが相当であると判断（請求人及び原処分庁が主張していた「その地域」は、公表裁決書（抄）からは不明）。

⬇

同国道沿線地域における標準的な宅地の地積は、少なくとも1,000㎡以上と認定。

⬇

面積1,077.15㎡の本件土地は、標準的な宅地の地積に比して著しく地積が広大ではない。

⬇

広大地には該当しない。

広大地の評価が適用される宅地に該当するか否かの判断の難題のひとつは、個々の宅地により様々である周辺地域の状況の中から「その地域」の判定をし、次の段階でその地域の「標準的な宅地の地積」を判定しなければならないところにある。

国税庁ホームページの質疑応答事例には「広大地の評価における「著しく地積が広大」であるかどうかの判断基準が公表されている。そこでは、原則的には開発許可を要する面積基準で判断でき、「標準的な宅地の地積」と同規模である場合は適用しないというところがなお書きで書かれていることから、例外的な規定として位置づけられているようにも読めるのである。しかし、本事例のように、原処分庁と請求人に争いがなくとも、国税不服審判所で「標準的な宅地の地積」と同規模であると判断される裁決もあることから、本通達の適否の判断の際には、評価の対象となった土地の周辺にある土地の

③ 公共公益的施設用地の負担の要否（事例3）

　事例3は、問題となる土地が、その地域において「著しく地積が広大な宅地」であることを前提に、開発により公共公益的施設用地の負担（道路の設置）が必要となるか否かが争われた事案である。

　具体的には、①標準的宅地の地積及び、②想定される開発（土地の区分方法）について、争われていた。国税不服審判所は、①標準的宅地の地積については、原処分庁の主張に近い面積であると判断したが、②想定される開発による土地の区分方法については、事例地の属する地域内の開発事例と事例地の状況を検討し、請求人が予備的に主張していた開発案（その2）（原処分庁主張の面積が標準的宅地の面積であるとされた場合の分割案）の区分方法が合理的であると認めた。その結果、公共公益的施設用地の負担が必要であることから、事例地は「広大地」に該当するとして原処分の全部を取り消した。

事例3　国審平成23年5月9日裁事83・565頁

　原処分庁は、本件土地が属する財産評価基本通達24－4《広大地の評価》（本件通達）に定める「その地域」（本件地域）の標準的な宅地の地積に基づき区画割をすると、本件土地は4区画に分割して路地状開発することが可能であること、路地状開発を行うとした場合は、路地状部分の土地は、通路に限らず駐車場として利用でき、建ぺい率・容積率の算定上道路を開設するよりも有利な点があること、また、本件地域に路地状開発の事例もあることから、路地状開発による開発が経済的に最も合理的な開発であるとして、本件土地は本件通達に定める広大地に当たらない旨主張する。しかしながら、原処分庁の主張する本件地域の標準的な宅地の地積の算定は誤っており、正しい地積に基づき区画割をすると本件土地

> は4区画又は5区画に分割して開発するのが経済的に合理的であると認められる。また、本件地域においては、路地状開発による事例もみられるものの、当該事例は道路の開設による開発がもとより困難な土地の事例であり、本件土地とは条件を異にする。他方、本件地域において本件土地の形状及び公道との接続状況及び面積等並びに本件地域における近年の土地の開発状況等からすれば、本件土地については、道路を開設して戸建住宅の敷地として分譲開発するのが経済的に最も合理的な開発方法であると認められる。したがって、本件土地は、本件通達に定める広大地として評価するのが相当である。

（1）問題となった土地

その東側で幅員約7mの公道に接面。間口19.10m、奥行距離が27.83mのほぼ長方形の形状をした面積が528㎡の宅地である。

財産評価基本通達に定める普通住宅地区にあり、開発行為をする場合には、市長の許可を受けなければならない基準を超える土地であった。

（2）主張の内容

次のとおりである。

	標準的宅地の地積	想定した開発
請求人の主張 （道路の設置が必要）	（その1）主位的主張 80㎡	（その1の場合） 5区画の分割となり、道路分の負担が必要（次頁図その1）
	（その2）予備的主張 110㎡ないし150㎡程度の場合	（その2の場合） 4区画となっても、本件土地は県内有数の高級住宅地に所在するから、全区画が道路に接面する開発のほうが土地の交換価値を上げる

		ことになり市場の需要の観点から合理的（下記図その２）
原処分庁の主張（道路の設置不要）	110㎡ないし150㎡程度	路地状部分を有する宅地を組み合わせる４区画とすることで公共公益的施設用地の負担は不要（次頁の上の図）

国税不服審判所 裁決事例別紙

* 請求人が主張する開発想定図（その１）

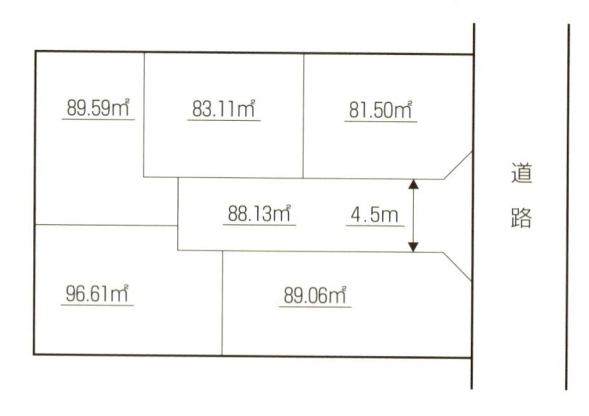

（区画：89.59㎡、83.11㎡、81.50㎡、88.13㎡、96.61㎡、89.06㎡、路地状部分 4.5m、道路）

* 請求人が主張する開発想定図（その２）

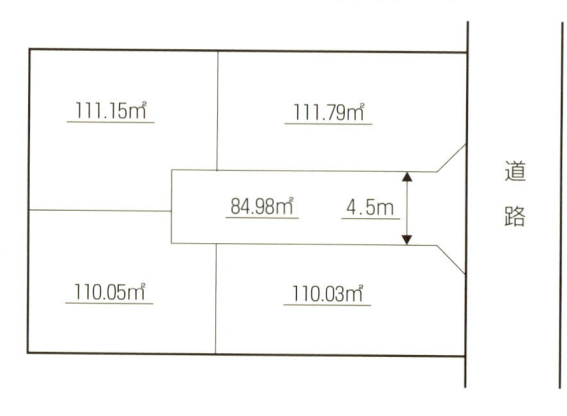

（区画：111.15㎡、111.79㎡、84.98㎡、110.05㎡、110.03㎡、路地状部分 4.5m、道路）

＊　原処分庁が主張する開発想定図

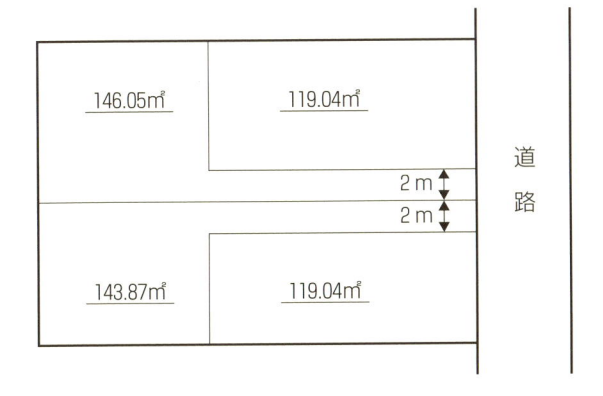

```
        146.05㎡    119.04㎡
                          ↕ 2m      道
                          ↕ 2m      路
        143.87㎡    119.04㎡
```

（3）国税不服審判所の判断

次のとおりである。

判断の基準	標準的宅地の地積	想定した開発
経済的に最も合理的に戸建住宅用地の開発を行った場合の、その開発区域内での道路等の開設の必要性により判断する	90㎡ないし120㎡未満	本件地域における近年の土地の開発状況等及び本件土地の形状等からすれば、「請求人が主張する開発想定図（その２）」のように、道路を開設して開発するのが経済的に最も合理的である

　課税庁は、土地の最有効利用として路地状の土地を有する分割地（住宅建築にいう旗竿地）を含む区分ができる場合、その想定が最も合理的だと主張することがあるが、本件のように、その土地の存する地域の開発事例などから、道路を開設して開発するほうが経済的に合理的であると認められる場合もある。したがって、路地状の土地による分割が一般的に行われている地域か否か等、その土地の地域性を分析し、経済的に最も合理的な場合を検討することが必要である。

④ 中高層の集合住宅等の敷地用地に適しているもの（事例4）

　事例4は、問題となる土地が、①その地域において「著しく地積が広大な宅地」であること、②広大地から除かれるマンション適地等にはあたらないことを前提に、審査請求人及び原処分庁との間で、想定される開発方法（土地の分割案）が争われていたところ、国税不服審判所が、①「著しく地積が広大な宅地」である点は認めた上で、②マンション適地等にはあたらないとする請求人及び原処分庁の判断を否定し、当該土地は、中高層の集合住宅等の敷地用地に適しているもの（マンション適地）であるから広大地に該当しないと判断したところに特色がある。

事例4 国審平成19年7月9日裁事74・326頁

　請求人らは、本件土地について、戸建分譲による開発行為を行うとした場合には、公共公益的施設用地（道路）の負担が必要であるから、財産評価基本通達24-4《広大地の評価》（以下「本件通達」という。）を適用すべきである旨主張し、また、原処分庁は、戸建分譲を行うにしても、路地状開発の方法によれば道路等の公共公益的施設用地の負担は必要ないため、本件通達の適用はない旨主張する。

　しかしながら、本件土地周辺地域の、①都市計画法上の用途地域などの指定状況、②P市のP市プランによる都市計画方針、③建築物の現状及び過去10年間の建築状況などからすると、本件土地は、いわゆるマンション適地等と認められるため、本件通達の適用はなく、原処分は適法である。

（1）問題となった土地

　三方路に面した矩形の平坦な宅地1,279.03㎡。事例地のある市において都市計画法の規定により開発許可を受けなければならない面積規模は500㎡以上である。

（2）主張の内容

審査請求人、原処分庁ともに、戸建分譲を前提とした公益的施設用地の負担の必要性の有無の主張に終始し、国税不服審判所の判断に影響していないことから、記載を省略する。

（3）国税不服審判所の判断

「評価対象地がマンション適地等と認められる場合とは、その評価対象地における用途地域・建ぺい率・容積率や地方公共団体の開発規制等が厳しくなく、交通、教育、医療等の公的施設や商業地への接近性から判断（社会的・経済的・行政的見地から判断）して、マンション適地等と認められる場合や評価対象地の「その地域」に現にマンション等が建てられており、また、現在も建築工事中のものが多数ある場合、つまり、マンション等の敷地としての利用に地域が移行しつつある状態で、しかもその移行の程度が相当進んでいる場合をいうものと解するのが相当である」と一般論を述べた後、本件土地が属する地域が、幹線道路の状況や交通の便の良さから、中高層の集合住宅等のほか大規模な店舗や事務所の建築に適した地域であり、開発許可が必要となる地積500㎡以上の土地に係る建築物の建築状況を見ると、集合住宅等や商業施設などが建築されている状況にあることなど認定し、社会的・経済的・行政的見地から総合的に見て、マンション適地等に該当するものと認め、したがって広大地には該当しないと判断した。

事例4は、原処分庁もマンション適地とは判断せず、請求人とその開発案で争っていたのであるが、広大地に該当しないという結論において、原処分に違法はないと判断されている。平成19年の事案ではあるが、マンション適地該当の適否は、課税庁側においても判断の難しいところのようである。

どのように判断すべきか、国税庁ホームページの質疑応答事例に「広大地の評価における「中高層の集合住宅等の敷地用地に適しているもの」の判断」として記載されている。その土地の存在する地域のマンション建設の流れなど、近年における標準的な使用状況の検討が必要である。

以上、広大地の評価の通達の適用が問題となる事案では、結論に至るまでの個々の要件において、原処分庁の判断が国税不服審判所で否定される場合も多い。評価の対象となる土地についての環境が個々に違うことから、統一的な判断が難しいのである。

　広大地の評価の適否に関しては、通達に定める個々の適用要件の該当性について、その土地及びその土地を取り巻く地域の特性を把握し、分析することが重要である。

第3節 契約書がなくても主張が認められる場合

1 問題の所在

　税務調査において、納税者が契約書の文言と事実が異なると主張しても、税務署が否認する場合がある。このような税務署の主張は、審判所や裁判所の事実認定のあり方からして、一般論としては是認できるものである。

　すなわち、文書の証明力には、「形式的証明力（文書が立証者の主張する特定人（作成名義人）の意思を表現するものと認められること）」と「実質的証明力（文書の記載内容が証明に役立つこと）」とに区別される。そして、契約書などの処分証書については、その真正な成立が認められれば（形式的証明力が認められれば）、特段の事情がない限り、一応その記載どおりの事実（契約等の法律行為がなされたこと）が認められることになる（これを「処分証書の法理」という）。

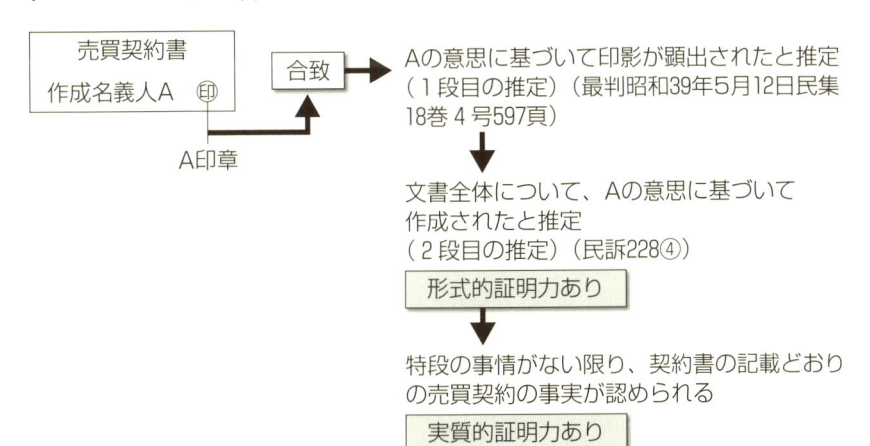

```
┌─────────────┐         ┌─────┐    Aの意思に基づいて印影が顕出されたと推定
│  売買契約書  │ ──→ │合致 │ →  （1段目の推定）（最判昭和39年5月12日民集
│ 作成名義人A ㊞│        └─────┘    18巻4号597頁）
└─────────────┘           ↑
       ↑                                文書全体について、Aの意思に基づいて
      A印章                              作成されたと推定
                                        （2段目の推定）（民訴228④）
                                        ┌──────────┐
                                        │形式的証明力あり│
                                        └──────────┘

                                        特段の事情がない限り、契約書の記載どおり
                                        の売買契約の事実が認められる
                                        ┌──────────┐
                                        │実質的証明力あり│
                                        └──────────┘
```

したがって、原則としては、異議申立、審査請求等においても、契約書の存在や文言が事実認定の重要な要素となるといえるのである。

とはいえ、契約書記載のとおりに事実が認められるというのは、あくまでも原則であって、例外的に特段の事情のある場合には契約書と異なる事実認定がなされる場合も少なくない。契約書が存在していたとしても、これが事実認定上どの程度の証拠価値を有するかは、当該契約書の作成経緯、他の直接事実、間接事実、補助事実との整合性、全体としての事実のストーリーの自然さ等の種々のことから実質的に判断されるのである。

また、納税者の主張する内容の契約書が存在しない場合にも、それだけで直ちに納税者の主張が認められないというものでもない。契約書が作成されないことに合理性があったり（たとえば親族間での貸借など）、その他の事実と整合していたりする場合には、契約書等の書面の証拠がなくても契約関係が認められうる。なお、民法の原則としては、契約は双方の意思表示の合致によって成立するから、書面が作成されなければ契約が成立しないというわけではなく、口頭でも契約は有効に成立する。

以上のことは、裁判所での訴訟実務のみならず、審判所での審査請求実務においても常識的な事柄であるが、こと、税務調査では、調査官によっては契約書の有無内容に拘泥した形式的な主張が述べられることもあるようである。

そこで、以下では、審判所の過去の裁決事例で契約書の存在、内容と当事者の主張が齟齬するケースを取り上げ、審査請求の事実認定においては、単に形式的な契約書の有無、文言のみではなく、その他の事実との整合性などから、実質的に事実認定がなされていることを紹介する。

2 契約書がある場合の事実認定が問題となった事例

まず、一定の契約書がある場合に、これと齟齬する事実が認められるか否かが問題となった事例を取り上げる。①事例1（国審東京支部平成24年10月10日、

290頁参照）は、賃貸借契約書の文言に一時使用という文言があっても実態として一時使用ではないとされた事例、②事例2（国審沖縄支部平成15年3月25日、290頁参照）は、債権譲渡契約書が存在するものの、債権譲渡の事実が否定された事例、③事例3（国審熊本支部平成24年7月3日、291頁参照）は、徴収処分で、請求人が提出した売買契約書を否認した原処分が取り消された事例、④事例4（国審東京支部平成25年7月5日、292頁参照）は、原処分庁が、金銭消費貸借契約書に沿っての貸付けであると主張したが当該契約書の作成経緯からして貸付けではないとされた事例、⑤事例5（国審金沢支部平成9年11月28日、293頁参照）は、同一の売買に係る契約書が複数ある場合に、種々の事実を認定して原処分庁が主張する契約書の証明力を否定した事例である。

① 賃貸借契約書で一時使用という文言があっても実態として否定とされたケース

事例1では、原処分庁は、被相続人の所有する建物についての賃貸借契約書が、「建物（店舗）一時使用による賃貸借契約書」とされているところ、原処分庁は、当該契約書の表題に一時使用との記載があること、賃借人の借家権がないことを再確認する明示があること、建物の構造が簡易であること等を理由として、貸家ではなく自用家屋として評価すべきであるとして相続税の更正処分等を行った事案である。

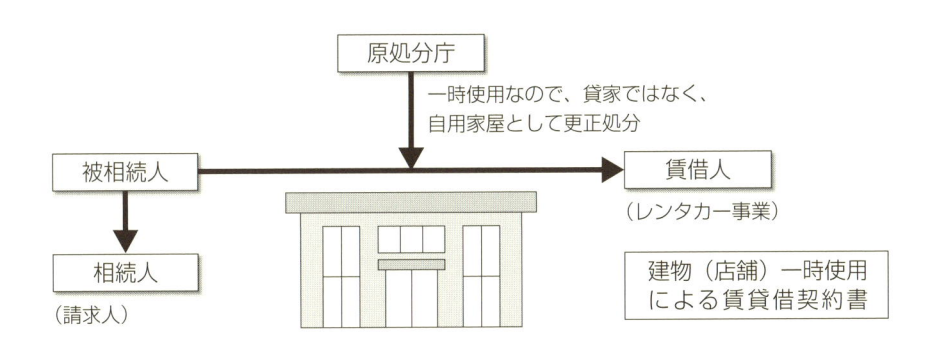

番号	裁決年月日	支部	裁決事例集等	裁決の要旨
1	平成24年10月10日	東京	No.89	原処分庁は、本件建物の評価にあたり、本件建物の賃貸借は一時使用のためのものであることが明らかであるから、本件建物には借家権が存せず、貸家として評価することはできない旨主張する。しかしながら、本件建物の賃貸借契約に係る契約書の文言や当該賃貸借契約締結後の更新状況からすると、本件被相続人が、当該賃貸借契約を特に短期間に限定して存続させる意思を有していたとは認め難いし、賃借人においても、当該賃貸借契約を特に短期間に限定して存続させる意思を有していたとも認め難い。加えて、当該賃貸借契約については、賃貸人から当該被相続人に対して、高額の保証金が差し入れられた上で、相当額の賃料の支払いが継続されており、また、当該賃貸借契約の内容が通常の賃貸借契約と大きく異なるとはいい難い。これらの事実からすれば、当該賃貸借契約は、当事者双方が賃貸借契約を短期間に限って存続させる合意をしたものであることが客観的に明らかであるとは認められず、むしろ、当事者双方において、特段の事情が生じない限り継続することを前提とした賃貸借契約関係を継続してきたものと認められる。したがって、当該賃貸借契約は、一時使用のための賃貸借であるとは認められないから、本件建物は、財産評価基本通達93《貸家の評価》の定めにより貸家として評価すべきである。
2	平成15年3月25日	沖縄	No.65 118頁	請求人は、債権譲渡による貸倒損失の処理において、仮装、隠ぺいの事実はない旨主張する。しかしながら、請求人は、債権譲渡が行われていないにもかかわらず、債権譲渡が行われたか

				のように本件譲渡契約書を作成し、あたかも債権譲渡損失が生じたかのごとく仮装し、それに見合う金額を必要経費に算入し、これに基づいて納税申告書を提出したものと認められる。この行為は、国税通則法68条1項に規定する「国税の課税標準等又は税額等の計算の基礎となるべき事実の全部又は一部を隠ぺいし、又は仮装し、その隠ぺいし、又は仮装したところに基づき納税申告書を提出していたとき」に該当する。したがって、原処分庁が同条同項の規定に基づき行った賦課決定処分は適法である。
3	平成24年7月3日	熊本	No.88	原処分庁は、請求人の代物弁済に係る契約書（本件契約書）には証拠能力が乏しく、貸付金の原資についてもその出所が不明確で、滞納法人に貸し付けたという事実は認められないことから、請求人には第三者名義で登録されていた自動車（本件自動車）の権利取得が認められない旨主張する。しかしながら、民法482条《代物弁済》は、①債権が存在すること、②本来の給付と異なる他の給付をなすこと、③給付が履行（弁済）に代えてなされること、④債権者の承諾があることを成立要件としているところ、請求人は、本件自動車の購入資金として滞納法人に金銭を貸し付け、その貸付金を担保するために、返済ができなかった場合には本件自動車をもって代物弁済を行う旨の予約を本件契約書で行い、以後全く弁済がされなかったことから、請求人と滞納法人との間で代物弁済の予約実行の合意が行われ、その弁済の履行として本件自動車が請求人に引き渡されたと認められることから、その所有権は請求人にあるとみるのが相当である。

| 4 | 平成25年7月5日 | 東京 | No.92 | 原処分庁は、請求人の中国の子会社への送金（本件送金）は、請求人と当該子会社との間の金銭消費貸借契約に基づく貸付けである旨主張し、請求人は、本件送金に係る金員は、当該子会社からの仕入れに係る値増金であって損金の額に算入されるものであり、仮に、本件送金が経済的利益の無償の供与等とされる場合であっても、合理的な経済目的に基づいて行ったものであるから寄附金には該当しない旨主張する。
　しかしながら、請求人及び当該子会社が金銭消費貸借契約書を作成したことは、請求人が中国の外貨管理局の許可を得て当該子会社に必要な資金を送付するために、金銭消費貸借契約の形式を採用したにすぎないと認められ、請求人と当該子会社との間に当該金銭消費貸借契約に基づく貸付けがあったと認めることはできず、一方、本件において作成された値増しに係る合意書及び覚書に記載された値増金の算定根拠によれば、本件送金は、当該子会社の為替差損、諸経費の増加、裁判費用、建物の補修費及び赤字補填のために行われたとみるのが相当であり、親会社である請求人が、資金不足に陥った当該子会社に対し、金銭の贈与（本件金銭贈与）を行ったものと認めるのが相当である。
　そして、本件金銭贈与がなければ当該子会社が倒産する状況にあったとは認められないから、本件金銭贈与が当該子会社の倒産を防止するなどのためにやむを得ず行われたものとはいえず、また、合理的な再建計画に基づくものであるなど、本件金銭贈与をしたことについて、相当な理由があるとは認められないから、本件金銭贈与の額は、租税特別措置法66条の4《国外関連者との取引に係る課税の特例》第3項に規定する寄附金の額に該当し、その全額が損金の額に算入されない。 |

| 5 | 平成9年11月28日 | 金沢 | No.54 180頁 | 原処分庁は、本件土地の売買に関する契約書として、売買価額を2,511万3,000円とする契約書（以下、甲契約書）、売買価額を4,518万円とする契約書（以下、乙契約書）及び売買価額を6,024万円とする契約書の3通が存在するが、本件土地の買受人の代理人の答述及び売買代金の支払等が記録されたメモ等の内容から、本件土地の売買価額は乙契約書に基づく4,518万円と認めるのが相当である旨主張する。しかしながら、次の事実等を照らし合わせると、乙契約書が真に本件土地の売買を表すものと認定することはできない。
　乙契約書は、作成時期が明らかでない上、仲介手数料は異なった金額が二段書きされているなど不自然な箇所がある。
　本件土地の買受人の代理人の答述等は、その時々により内容が異なっており信用ができず、また、提出されたメモ等の記載内容も真実のものか疑わしいといわざるを得ない。
　本件土地の売買代金について検証できる部分は、2,511万3,000円だけであり、現金で支払ったとされる2,006万7,000円については証拠がない。
　以上から、請求人が本件土地の売買に際し、甲契約書記載の売買代金以外の金銭を受領した事実は認められず、また、ほかにもその受領の事実を認めるに足りる証拠はないので、本件土地の譲渡価額は、請求人が確定申告した2,511万3,000円であると認められる。よって、請求人の平成2年分の分離短期譲渡所得の金額は、申告に係る分離短期譲渡所得の金額と同額であるから、本件更正処分はその全部を取り消すべきである。 |

審判所は、建物の形態、昭和55年から当該賃借人が賃借してレンタカー事業を行っていること、更新条項が設けられ30年間にわたり契約の更新がされてきたこと、相当額の賃料（40万円）、保証金（500万円）が定められていること、賃貸人（被相続人）、賃借人とも、特に短期間に限定して賃貸借契約を存続させる意思を有していたとは認められないこと等を理由に、原処分庁の主張を排斥した。

当該事例では、30年以上にわたり賃貸借契約が継続しており、月額賃料の10倍以上の保証金が納められていたというのであり、これが一時使用目的の賃貸借契約（借地借家法40）であるとする原処分庁の主張は、相当に無理があったと思われる。

本件は、契約の解釈は、必ずしも契約書の文言だけからは定まらないことを示す例といえるだろう。

② 債権譲渡契約書が存在するものの債権譲渡の事実が否定されたケース

事例2では、貸金業を営む請求人（個人）とF社間には、請求人の第三者に対する貸付債権を、請求人がF社に対して債権総額の3％で譲渡する旨の債権譲渡契約書が存在し、請求人は、当該契約書に沿って、債権譲渡によって生じた損失が事業所得の金額の計算上必要経費に算入されるとして申告していた。原処分庁は、請求人とF社との間では債権が譲渡されておらず、債権譲渡契約書は仮装されたものであるとして、所得税の増額更正処分及び重加算税の賦課決定処分を行った。

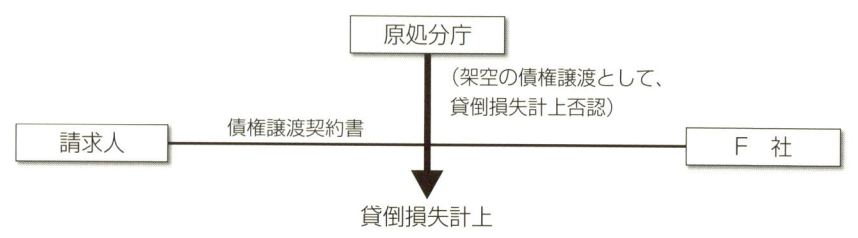

```
                    ┌──────────┐
                    │  原処分庁  │
                    └──────────┘
                         │ （架空の債権譲渡として、
                         │  貸倒損失計上否認）
                         │
┌────────┐  債権譲渡契約書  │          ┌────────┐
│ 請求人 │──────────────┼──────────│ F 社  │
└────────┘                 ▼          └────────┘
                      貸倒損失計上
```

審判所は、Ｆ社は、債権譲渡契約書に係る貸付債権の元金及び利息の回収金額に基づき、債務者名、入金日、入金額等を記載した入金リストを作成し、請求人に交付しており、請求人はこれに基づき売上報告書を作成し、Ｆ社が回収した金額の60％相当額をＦ社に対する集金手数料として支払っている等の事実を認定し、債権譲渡契約書は形式的なものであって、実質は債権の取立委託であり、債権譲渡の事実が認められないとして請求人の主張を排斥した。

　このケースでは、形式的には債権譲渡契約書があるものの、そのほかの事実と契約書の内容が整合しないことが事実認定の決め手になっていると考えられる。例えば、契約書どおりの債権総額の３％がＦ社から請求人に支払われていないし、また、そもそも、債権譲渡をしたならば、その後の債権回収は譲受人にて行うことになるのであるから、その後にＦ社が請求人に入金リストの交付をする理由は通常はない。さらに、請求人自身の経費帳にも、Ｆ社の入金リストに基づく売上報告書の累計総入金額の60％相当額は「集金手数料」として記載されていたというのであり、これらの債権譲渡契約書や請求人の主張と整合しない事実が種々認定されている。

　このように、契約書があっても、他の事実と整合しない場合には、その契約書の内容は否認されることになる。

③ 請求人が提出した売買契約書を否認した原処分が取り消された事例

　事例３は、徴収処分の事案である。原処分庁は、滞納法人（Ｆ社）の滞納国税を徴収するため、平成23年３月15日付で、自動車の差押処分を行った。

　これに対し、請求人は、当該自動車は、請求人がＦ社に対して、平成20年２月29日に2,000万円を貸し付け、これを原資にＦ社が購入したものであるが、当該貸付債権の弁済ができなかった場合に備えて、同年３月５日に、請求人とＦ社との間で自動車を担保とする合意がなされ、その後、同年８月31日に担保権の実行の合意がなされ、自動車を請求人の自宅倉庫に引き上げた

から、原処分庁の差押えは請求人の所有権を侵害する旨主張した。

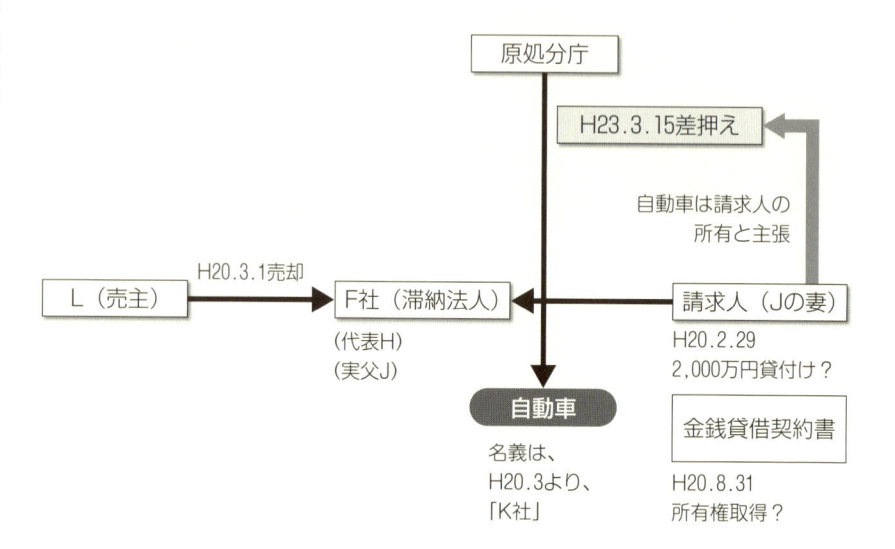

```
                              ┌──────────┐
                              │  原処分庁  │
                              └─────┬────┘
                                    │
                              ┌─────▼──────┐
                              │H23.3.15差押え│◄──────┐
                              └──────────────┘       │
                                                自動車は請求人の
                                                 所有と主張
┌────────┐  H20.3.1売却  ┌──────────────┐      ┌──────────────┐
│L（売主）│─────────────►│F社（滞納法人）│◄─────│請求人（Jの妻）│
└────────┘                └──────────────┘      └──────────────┘
                           （代表H）              H20.2.29
                           （実父J）              2,000万円貸付け？
                                │
                          ┌─────▼─────┐           ┌──────────────┐
                          │   自動車   │           │金銭貸借契約書│
                          └───────────┘           └──────────────┘
                          名義は、                  H20.8.31
                          H20.3より、              所有権取得？
                          「K社」
```

　原処分庁は、請求人とF社とが交わした「金銭貸借契約書」には、作成日や返済期日の記載がなく、自動車の特定もされておらず、確定日付がないため実際にその日に存在していたかも立証できない文書であり証拠能力がない、貸付金の原資も出所が不明確で貸付金がF社の元帳の借入金勘定に記載されていないなどと主張した。おそらく、原処分庁としては、請求人と滞納法人に親族関係があり、自動車の登録名義も請求人ではなくK社名義になっており、かつ、請求人の固定資産減価償却明細書に当該自動車が減価償却資産として記載されていたことから、滞納法人（F社）の執行を逃れるがために、請求人とF社が結託して架空の貸付金を理由に自動車所有権を主張した、という見立てを持っていたのではないかと思われる。

　審判所は、契約書作成の前後の事実を詳細に認定し、請求人の主張を認めて原処分を取り消した。審判所が認定した事実は、①契約書の作成経緯、②請求人の預金履歴とF社の元帳の記載、③F社の自動車購入の理由に係る請求人等の供述、④F社に自動車を販売した売主の代金決済状況等についての供述等であり、これらの事実等を踏まえると、請求人とF社との契約書に記

載された内容と異なる合意が請求人とＦ社との間でなされたとは認められないとしている。なお、原処分庁の主張については、契約の成立にあたって作成日や確定日付が必要であるとは解されないし、担保物の特定もなされている、契約書とＦ社との会計処理の相違については、金銭貸借の当事者等が、身内のものであって、会計帳簿の記載や勘定科目の記載については貸借関係が他人同士である場合のような厳格さを求められることもなく処理されることもありうると考えられる、Ｆ社の関与税理士が作成した書面にも貸付金が請求人のものであることが述べられているなどとして、すべて排斥している。

　親族関係も絡む滞納処分であり、原処分が行われたのもそれなりの理由があると思われるが、審判所としては、契約前後の事実からして、契約書の内容を否定できないとしたものである。おそらく、請求人の預金履歴が請求人主張と整合すること、専門職にある関与税理士が請求人主張に沿う説明をしていることが、審判所の事実認定において重要なポイントであったと思われる。

④ 当該契約書の作成経緯からして貸付けではないとされた事例

　事例４は、請求人が、中国の子会社に海外送金を行い、当該送金については金銭消費貸借契約書が作成されていたところ、原処分庁が、当該送金は契約書どおり金銭の貸付けに係るものであり、損金に計上されるべきものはない等として法人税の更正処分を行った事例である。

　請求人は、子会社との取引において値増しの合意をしたが、当該合意による送金が当局により不許可とされたから金銭消費貸借契約書を作成して送金したにすぎないと主張した。

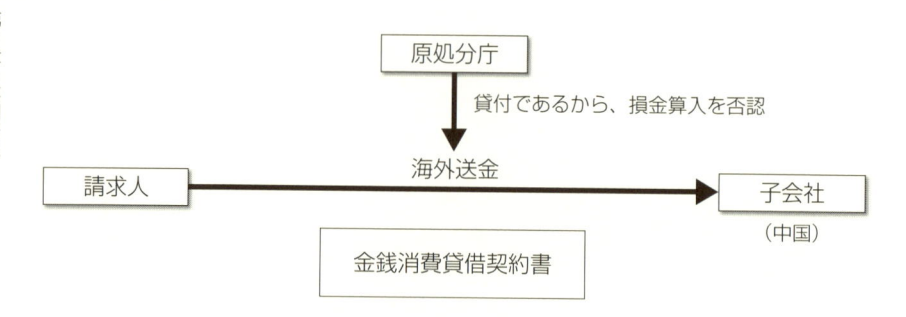

```
                    ┌──────────┐
                    │  原処分庁  │
                    └──────────┘
                         │    貸付であるから、損金算入を否認
                         ↓
┌──────────┐       海外送金        ┌──────────┐
│   請求人   │ ─────────────────→ │   子会社   │
└──────────┘                      └──────────┘
                                     (中国)
              ┌──────────────┐
              │ 金銭消費貸借契約書 │
              └──────────────┘
```

　審判所は、金銭消費貸借契約書の作成経緯として、請求人は、送金手続を行ったところ外貨管理局から返金を命じられたこと、子会社は、中国の会計師事務所から増資または貸借の形で解決できる旨のアドバイスを受けて、当該アドバイス後の送金にあたっては金銭消費貸借契約書を作成している等の事実を認定し、当該契約書は必要な資金を送金するために金銭消費貸借契約の形式を採用したにすぎないとして、貸付金であるとの原処分庁の主張を排斥した（ただし、結論としては寄附金であるとして損金算入を否定した）。

　当該事例では、原処分庁は、冒頭に紹介した処分証書の法理に従って、「金銭消費貸借契約書の記載内容が両者の意思を表しているといえるから、両者がその意思により選択した金銭消費貸借契約という法形式どおりの契約が私法上有効に成立していると認められるところ、請求人は、当該金銭消費貸借契約に基づき、金銭の授受を行っていたと認められる」と主張したが、外貨送金手続等のほかの事実関係からして、審判所はこれを認めなかったものである。このように、処分証書の法理というものは決して絶対的なものではないから、税務調査において「契約書に記載があるのだから、それ以外の事実は認めない」と主張されても、直ちに承服する必要はない。

⑤ 原処分庁が主張する契約書の証明力を否定した事例

　事例5は、土地の売買に係る契約書として売買代金が異なる3つの契約書がある場合の売買代金額が問題となった事例である。

請求人は、平成2年に、売買代金2,511万3,000円で不動産売買契約書（甲契約書）を作成の上、土地を譲渡し、分離短期譲渡所得の総収入金額を申告したと主張する。これに対し、原処分庁は、土地の売買にあたって、甲契約書だけでなく、乙契約書、丙契約書が作成され、これらすべてに請求人自ら押印等しているところ、真正なものは売買価額を4,518万円とする乙契約書であると主張した。請求人は、乙契約書、丙契約書は、銀行対策等のために作成したもので真実を表したものではないと主張している。

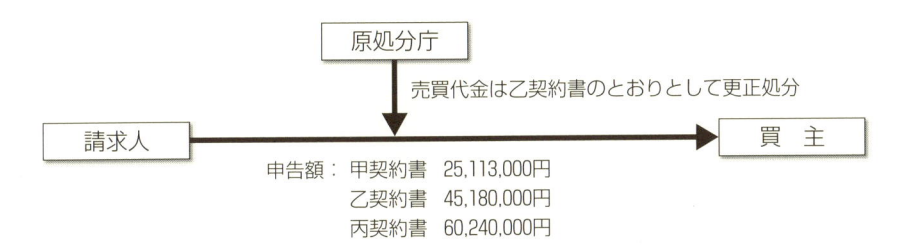

```
                    ┌──────────┐
                    │  原処分庁  │
                    └─────┬────┘
                          │売買代金は乙契約書のとおりとして更正処分
                          ▼
┌──────────┐                                    ┌──────────┐
│  請求人   │ ─────────────────────────────→   │   買主    │
└──────────┘                                    └──────────┘
             申告額： 甲契約書  25,113,000円
                    乙契約書  45,180,000円
                    丙契約書  60,240,000円
```

　審判所は、原処分庁が主張する乙契約書については、不自然な箇所があること、乙契約書の作成時期等についての関係者の答述等は変遷しており信用できないこと、請求人や請求人の親族名義の預金取引明細において、当該土地の譲渡代金の一部と推認されるような入金事実は認められないこと等の事実を認定し、請求人が、本件土地の売買に際し、甲契約書記載の売買代金以外の金銭を受領した事実は認められないとして、原処分を取り消した。

　以上の事例のように、契約書が存在しても、契約書記載の事実が認められたもの（事例3）とそうでないもの（事例1、事例2、事例4、事例5）の両者がある。いずれにせよ、これらの事例からは、審判所の事実認定においては、契約書の文言だけを形式的に捉えるのではなく、当該契約書の作成経緯、他の直接事実、間接事実、補助事実との整合性、全体としての事実のストーリーの自然さ等の種々のことから実質的に判断されていることがわかる。

3 ・ 契約書がない場合の事実認定

次に、契約書がない場合の事実認定が問題となった事例を取り上げる。

本来、契約書があってしかるべき契約、取引について、契約書がないということは、本当はそのような契約、取引はなかったのではないか、という推認が働く。

①事例6（国判大阪支部平成13年6月12日）、②事例7（国判大阪支部平成18年12月15日）は、契約書がない場合の請求人の主張が認められなかった事例である。一方で、③事例8（国判大阪支部平成25年3月4日、303頁参照）は、契約書がなくても、請求人の主張どおり、相続人の被相続人に対する生前の金銭消費貸借契約が認定された事例である。

① 契約書がない場合に、請求人の贈与の主張が認められなかったケース

事例6では、請求人は、自己の債務の返済に親族から受領した金員をあてたところ、税務調査時に贈与ではないかとの指摘を受け、その後、借用書等を作成し、原処分庁に提出して、贈与ではなく、返済期限のない貸借であると主張した。

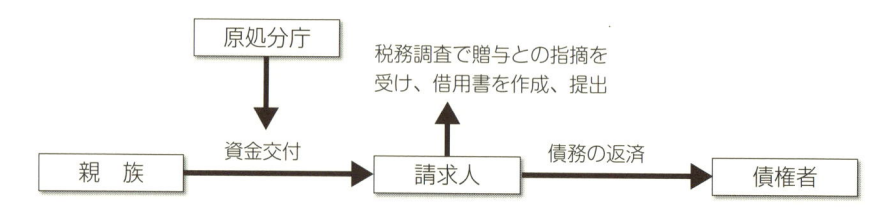

```
              ┌─────────┐
              │ 原処分庁 │
              └────┬────┘
                   │
                   ↓              税務調査で贈与との指摘を
                                  受け、借用書を作成、提出
                                        ↑
┌───────┐  資金交付   ┌───────┐  債務の返済   ┌───────┐
│ 親 族 │ ─────────→ │ 請求人 │ ─────────→ │ 債権者 │
└───────┘             └───────┘             └───────┘
```

審判所は、金員の授受から5年が経過した調査時点でも借用書が作成されておらず、具体的な返済計画もないことなどとして、原処分庁の主張どおり、贈与と認めている。

番号	裁決年月日	支部	裁決事例集等	裁決の要旨
6	平成13年6月12日	大阪	未登載	請求人は、自己の債務の返済に親族から受領した本件金員をあてたが、親族との間に、無償の意思はなく、返済期限の定めのない貸借であり、さらに、本件調査時に、原処分庁から贈与ではないかとの指摘を受けたため、借用書及び金銭消費貸借契約書を作成し、その後約定どおり返済しているから、本件金員の授受は金銭消費貸借である旨主張するが、次の理由から認められない。(1)本件金員の授受から5年を経過した本件調査時点においても、金銭消費貸借に係る借用書等の書面は作成されていない。(2)元本等が返済された事実もない上、返済期日や利息の取り決めなど、具体的な返済計画も立てられていない。(3)請求人は、平成2年に祖母が自己債務を肩代わりしたことに関し、原処分庁及び当審判所に対し、祖母からの贈与であると述べているが、本件金員について、本件調査時には、借用書等は存在しないが、一貫して貸借と主張しており、その点に関し全く相反する供述内容である。(4)実際に借用書等が作成され、元本の返済がされるに至っているのは、本件調査での贈与との指摘後である。以上のことから、請求人は、親族の固有財産である本件金員を受領し、これを、借入金の返済及び相続税の納付に充てており、請求人が経済的利益を享受し財産を取得したといえるから、借入金の返済の実行日及び相続税の納付の充当日をそれぞれ贈与の履行の時と認めるのが相当である。
7	平成18年12月15日	大阪	No.72 218頁	請求人は、父から土地及び建物の贈与を受け、住宅ローン債務残高を負担する負担付贈与契約を締結したが、請求人と父（以下、請求人ら）

第3節 ● 契約書がなくても主張が認められる場合

301

との間で、住宅ローン契約に係る連帯債務について、請求人の負担割合を零とする暗黙の合意（特約）があったことから、当該負担付贈与の贈与税の課税価格の計算上控除すべき債務負担額は、住宅ローンの残額全額である旨主張する。

　しかしながら、①住宅ローン契約には、連帯債務者である請求人らの負担割合に関する定めはないこと、②請求人は、連帯債務に関する負担割合について合意（特約）があったことを証する証拠はない旨答述し、当審判所の調査によっても、請求人の連帯債務の負担割合を零とすべき合意（特約）があったと認める証拠はないこと、③住宅ローンの借入金は本件土地の取得費に全額あてられ、その結果、請求人ら及び母は、土地の各持分を取得していること、④住宅ローン契約書に請求人自ら署名していること及び住宅ローン契約は請求人と父との連帯債務となっていることから、請求人は、住宅ローン契約の締結時点において請求人が連帯債務者となることを了知していたと認められること、⑤請求人は、少なくとも平成7年1月から平成9年6月までの間、自ら負担すべき持分に応じた金額を毎月父の口座に送金していたものと認められること等からすれば、請求人らの間で請求人の負担割合を零とする合意があったとは認められず、請求人らが実際に受ける利益の割合である本件土地の持分に相当する負担割合で連帯債務を負うことを認識していたと認めるのが相当であるから、本件負担付贈与の課税価格の計算上、控除すべき債務負担額は、負担付贈与契約締結時の住宅ローンの残債務に占める父の土地の持分に相当する割合とするのが相当である。

| 8 | 平成25年3月4日 | 大阪 | No.90 | 1　原処分庁は、請求人らが主張する、本件被相続人が負っていた請求人らを含む相続人らからの借入金債務(本件各借入金債務)は、相続開始日において存在していない旨主張する。しかしながら、本件各借入金債務の原資(本件各金員)は、相続人らが支出したものと認められることに加え、当該支出について、相続人らは、本件被相続人が同人の営む病院(本件病院)の建物建築資金等に係る銀行借入を返済するために本件被相続人へ貸し付けたものである旨答述するところ、本件病院は本件被相続人から建物を賃借して営業を行っていたこと、相続人らは本件病院の経営に関わるとともに、本件病院からの報酬で生計を維持していたこと、本件病院の収入は年々減収しており、当該建物の賃借料や当該報酬も引き下げていること、本件被相続人の法定相続人は同人の配偶者又は子である相続人らのみであり、相続人らが本件被相続人の財産及び債務を相続することが予定されていたこと並びに過去において、本件被相続人から相続人ら及び孫らに対し定期的に贈与がされていたことからすると、上記の銀行借入の返済が滞る事態が生じれば、本件病院の維持継続が困難となり、相続人らの生活に直接大きな影響を与えることとなることが容易に想定されることなどから、当該答述内容は相続人らが本件被相続人に対して本件各金員を支出するに至った経緯として自然なものということができる。なお、本件各金員は孫らの進学資金などとして積み立てていたものであること並びに上記の本件被相続人から相続人ら及び孫らに対する定期的な贈与は相続税対策のためのものと推認されることからすると、本件各 |

| | | | | 金員の支出が相続人らから本件被相続人への贈与であったとみるのは困難である。したがって、本件各金員は、相続人らから本件被相続人に貸し付けられたものと認めるのが相当である。 |
| | | | | 2　原処分庁は、請求人らが主張する、本件被相続人が負っていた請求人らを含む相続人らからの借入金債務（本件各借入金債務）は、仮に存在していたとしても、履行が確実な債務とは認められない旨主張する。しかしながら、本件各借入金債務については、貸主と借主とが相続人らと本件被相続人との関係にあること及び本件各借入金債務の原資に係る各金員の支出当時の本件被相続人の年齢などからすると、最終的には本件被相続人の死亡時に清算する旨の黙示の合意が成立していたと認めるのが相当であり、本件被相続人の相続開始時において同人には積極財産も存在していたことからすると、本件各借入金債務の返済（履行）は十分可能であり、本件各借入金債務は履行が確実な債務であったと認めるのが相当である。 |

　ただし、一般論としては、親族間の貸借で契約書がなく弁済もないことはまま見受けられることであり、金銭授受の当時、契約書がされていないこと等は事実認定の決め手にはならない。また、資金受領者が資金拠出者の推定相続人であるような場合には、将来的な相続の際に、当該資金分を清算するということも少なくなく、そのような場合には、①生前に贈与があり、当該贈与分を将来の遺産分割時において相続分の計算において考慮することとしているのか、②生前にはあくまでも金銭消費貸借であり、将来の遺産分割時で当該貸付金を資金受領者に帰属させることで清算する予定であったというべきものか、判断に迷うケースもあるだろう。本事例の詳細な事実関係は定

かではないが、裁決の要旨を見れば請求人に矛盾供述もあったようであり、請求人供述の全体が信用できないとされたものかもしれない。

② 契約書がない場合に、請求人の連帯債務の負担割合の合意が認められなかったケース

事例7は、請求人が、父Eから不動産の持分について負担付贈与を受けたとして、負担額を当時の銀行のローン残高の全額として控除すべきであると主張したが、原処分庁は、当該ローンはEと請求人が連帯債務者とされているから、負担付贈与で控除できるのはEの負担割合相当の債務のみであると主張した事例である。

請求人は、連帯債務の割合について、Eが10分の10、請求人が10分の0（零）であるとする暗黙の合意（特約）があったと主張した。

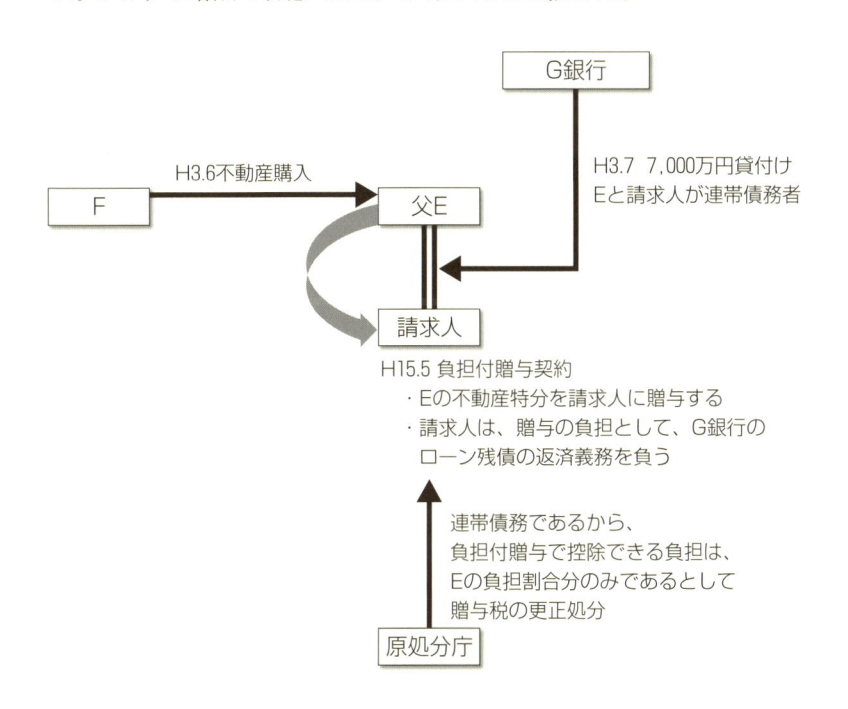

```
                                    G銀行
                                      │
          H3.6不動産購入              │ H3.7 7,000万円貸付け
    ┌───┐ ──────────→ ┌───┐ ←──── Eと請求人が連帯債務者
    │ F │              │父E │
    └───┘              └───┘
                         │
                         ↓
                       ┌─────┐
                       │請求人│
                       └─────┘
```

H15.5 負担付贈与契約
・Eの不動産特分を請求人に贈与する
・請求人は、贈与の負担として、G銀行のローン残債の返済義務を負う

連帯債務であるから、
負担付贈与で控除できる負担は、
Eの負担割合分のみであるとして
贈与税の更正処分

原処分庁

審判所は、請求人が主張するような負担割合についての合意を証明する書類はないとし、請求人は、平成3年の不動産購入時に自身の持分を取得していること、一定期間、自ら負担すべき金額をE名義の口座に送金していたこと等を認定し、請求人のいうような暗黙の合意は認められないとした。

当該事例では、請求人の主張する合意どおりの契約書がないことだけでなく、そのような合意があったとすれば説明のできない事実（請求人が、ローン契約後、E名義の口座に送金していたこと等）が存在したことが審判所の判断の肝であると考えられる。

③ 契約書がなくても、請求人の主張どおり貸付けに係る契約が認定されたケース

事例8は、平成20年に発生した相続において、相続人らが、平成10年に被相続人へ合計約1億2,000万円の貸付けをしたことがあるとして相続税の申告において債務控除を前提にしたのに対し、原処分庁が、貸付けを立証する書面がなく、当時贈与があったのみであるとして債務控除を認めずに更正処分をしたという事案である。

資金の移動の事実には争いがなく、この法的性質（貸付けか贈与か）が問題となったものであり、書面がないことからすれば表面的には原処分庁の主張も理解できないわけではないが、種々の間接事実からして貸付けである旨の相続人らの供述が信用できると認定されたものである。

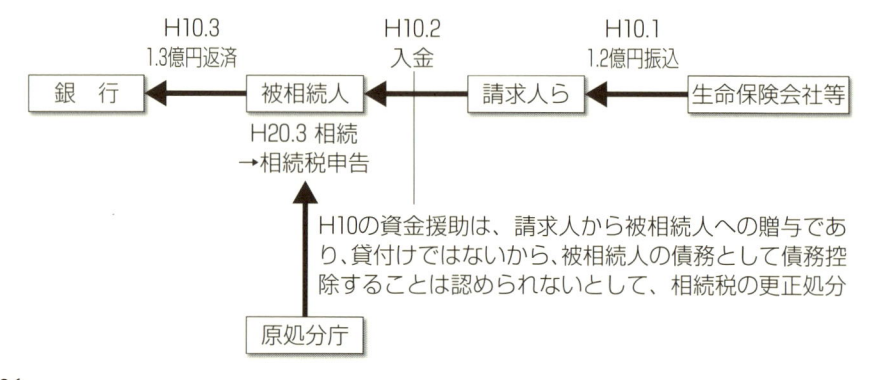

```
           H10.3              H10.2              H10.1
         1.3億円返済           入金              1.2億円振込
  ┌─────┐  ←  ┌───────┐  ←  ┌─────┐  ←  ┌──────────┐
  │ 銀行 │     │被相続人│     │請求人ら│     │生命保険会社等│
  └─────┘     └───────┘     └─────┘     └──────────┘
                   H20.3 相続
                   →相続税申告
                       ↑
              ┌────────────────────────────┐
              │H10の資金援助は、請求人から被相続人への贈与であ│
              │り、貸付けではないから、被相続人の債務として債務控│
              │除することは認められないとして、相続税の更正処分│
              └────────────────────────────┘
                       ↑
                  ┌───────┐
                  │ 原処分庁 │
                  └───────┘
```

審判所は、請求人の主張のとおり貸付けであると認めた。本件の資金移動が貸付けであったことを推認させる間接事実は、①もともとの資金移動の原資は、相続人（請求人）らの加入していた共済年金の解約返戻金等であり、返済を受ける意思がなかったとはにわかには考えがたいこと、②平成6年まで被相続人から相続人、孫らに対し定期的に贈与がなされており相続税対策のために長年相続財産を計画的に減少させようとしてきた様子がうかがえるのであって、これを逆効果となるような行為（贈与）をするとはにわかに考えがたいこと、③病院の経営困難等の資金拠出の動機等である。

これらを総合的に考えれば、裁決の認定は自然であり、原処分にはいささか無理があったといわざるを得ないと思われる。

なお、裁決では、借入金の履行の確実性について、被相続人と請求人らの間において、病院の業績の好転を待って返済するものとし、最終的には、本件被相続人の死亡時に相続人らが本件各借入金債務を相続することにより清算する旨の黙示の合意が成立していたこと等から、当該借入金債務は履行が確実な債務といえるという事実認定も行っている。

以上の事例からは、契約書が存在しない場合には、契約書が存在しないことに合理的な理由があるのか、当事者の主張する合意が、その他の事実と整合するのか、主張内容が全体として自然であるのかといったことを総合的に考慮して判断がなされていることがわかる。

特に親族間の取引である場合には、契約書が存在しなくても直ちに不自然とはいえないし、逆に、契約書があってもそのとおりに事実が認定されるわけではない。

4 ・結論にかえて

以上のように、審査請求では、必ずしも契約書の有無、内容といった形式

的な証拠の状況だけではなく、その他の事実関係も含めて実質的な判断がなされている。

　したがって、仮に納税者の主張を裏づける契約書がなくても、それだけで主張を断念する必要はない。そして、税務調査、異議申立、審査請求等で、契約書の有無内容と齟齬する事実関係を主張する場合には、そのほかの事実との整合性、ストーリーの自然さ等をあわせて主張、立証する必要があるのである。

第4節

国境をまたぐゲームソフトの役務提供取引契約

　本件は、国外におけるゲームソフトの開発費等に係る金員が開発委託契約（役務提供の対価）ではなく、著作権の譲渡対価として源泉所得税の課税対象となる国内源泉所得に該当すると認定し、課税庁処分を維持した裁決である。

> **事例** 国審平成21年12月11日（裁事No.78・208頁）
>
> 　請求人は、原処分庁がゲームソフトの開発委託契約（以下、本件開発委託契約）に基づいて請求人がＥ国法人Ｈ社に支払った金員は国内源泉所得となる（所得税法第161条第7号ロに規定する）著作権の使用料または譲渡の対価に該当するとして行った源泉所得税の納税告知処分等について、当該金員は開発委託に対する対価であるから源泉所得税の課税対象となる国内源泉所得に該当しない旨、主張する。
>
> 　しかしながら、本件開発委託契約の目的は、Ｅ国法人が保有する原著作物を基礎とした新たなゲームソフトの開発及び販売であり、その本体をなす合意は、Ｅ国法人から請求人に対する当該ゲームソフトの二次的著作物に係る著作権の譲渡または使用許諾であるといえるから、本件開発委託契約に基づいて支払った金員は、当該二次的著作物に係る著作権の譲渡または使用許諾の対価にほかならないから、源泉所得税の課税対象となる国内源泉所得にあたるとみるのが相当である。

　本件は、①ゲームソフトの開発における役務提供と無体財産権の帰属が一体となった開発委託契約について、租税条約を含む国境をまたぐ国際取引事

案であること、②無形資産取引か役務提供取引か契約内容の実質的な判断を税法以外の法令（著作権法）を基に審判所が扱った事例として参考になる。

1 国境を越えたソフト開発作業と課税関係

　ゲームソフト等プログラム開発の委託契約は、プログラム開発の役務提供と最終マスターROM等（成果物）の譲渡が組み合わされた契約である。このゲームソフトに著作物権が生じる場合には、著作権の使用許諾または譲渡が付随することになる。

　国内でゲームソフトを開発する場合、プログラム開発の役務提供とゲームソフトの著作権の使用許諾または譲渡について、法人間での取引については、著作権の権利関係の帰属について著作権の法律関係を明確にすることが重要である。しかしながら、税務上の配慮は特段考慮してきていないのが現状であろう。

　一方、国境を越えたソフト開発作業等の国外取引については、外国法人にソフト開発を委託する場合、ソフト開発の役務提供取引と成果物に著作権が伴う場合の著作権譲渡取引（または使用許諾取引）について、①国内法での課税関係が異なること、②外国法人所在国との租税条約での条項が優先されることから、①の国内法の課税関係が①の結論と変わることがある場合もあり、課税庁と課税関係の対立が生じやすい。

2 本件の対立する課税関係

　本件では、本件金員の性格を「開発委託業務の役務提供の対価」とみるか、「著作権の使用料又は譲渡の対価」とみるかで以下のように課税関係が変わるため対立が生じる。

> A．本件金員の性格を「開発委託業務の役務提供の対価」とみる場合 ⇒ 非課税

ゲームソフト開発は国外で行われているため、この開発業務は外国法人の国外での役務提供に係るものとなり、法人税法上の国内源泉所得に該当しない（法法138）。E国との租税条約においても、日本は国外源泉所得になるため、日本での課税関係は生じない。したがって、所得税の源泉徴収義務は生じないことになる。

> B．本件金員の性格を「著作権の使用料又は譲渡の対価」とみる場合 ⇒ 課税

国内法（所法161）及びE国と日本の租税条約により、支払者である請求人は源泉徴収義務が発生し、所得税を源泉徴収することになる。

3 本件開発委託契約に基づく金員の判断

　審判所は、本件開発委託契約に基づく金員につき、著作権法及び所得税法161条7号ロ、所得税基本通達161-23によって判断を行っている。
　「著作権の使用料とは、著作物の複製その他著作物の利用又は出版権の設定につき支払を受ける対価の一切をいい（所得税基本通達161-23）、著作権の譲渡による対価とは、著作権の全部又は一部が譲渡される場合の対価の額をいうものと解される。
　そして、その支払われる対価が国内源泉所得となる著作権の使用料又は譲渡による対価に当たるか否かの判断に当たっては、契約に基づいて支払われる金員が何の対価であるかを、当該金員の支払根拠となった契約における名目だけではなく、その目的や内容から契約意思を合理的に解釈し、その本体をなす合意を認定して判断すべきである」。
　上記のように、契約当事者でない第三者である課税庁そして審判所は、当事者間において締結した契約を課税の見地から明示された契約（名目）とは

異なった取引に基づく対価の支払いとみなすことが行われる場合があることに留意したい。

本件については、著作権法に基づき、本件開発委託契約から生じる著作権の原始的取得者について以下の判断を行っている。

「本件ソフトのシナリオ及びプログラムを具体的に表現し、また、キャラクターや背景のグラフィックなどを創作したのはH社と認められる」として、「本件著作権は、H社がその著作者として享有し原始的に取得したものとみるのが相当」とする。

一方で、「本件開発業務における、請求人のH社に対する作業指示の内容」は、「請求人において本件ソフトの開発に従事したのは従業員のKだけであり、従事内容も本件ソフトを日本で発売できる商品にするためにH社に対して指示を与えることであったと認められるから、請求人が思想、感情を創作的に表現したということはできない」とする。

続いて、「本件開発委託契約の目的、内容に照らし、その本体をなす合意に基づいて判断する」として、請求人とH社の当事者間では共同制作としているが、「本件著作権はH社が享有し原始的に取得したものというべきであるから、本件著作権は、その発生と同時にいったんH社に帰属し、直ちに、本件開発委託契約に基づき、その2分の1の持分がH社から請求人に譲渡されたとみるのが相当であるから」、本件開発委託費は「国内源泉所得となる著作権の使用料または譲渡の対価に該当するとみるのが相当であると」判断している。

本件に限らず、著作権に代表される無体財産権取引については契約の実態について、以下に示すとおり、棄却裁決、一部取消、全部取消裁決があるように、納税者と課税庁との間で課税関係を軸として契約の性格について対立が生じやすい。

棄却事案として次の裁決がある。

> **参考** 国審平成27年3月11日（争点番号：202399000）

　請求人は、内国法人である請求人がＡ国の法人であるＢ社に対して支払った金員（本件金員）について、①請求人とＢ社との間で締結された契約（本件契約）において、Ｂ社は、保有する著作物である広告物の改編に必要な素材を請求人に無償で提供する旨定められているから、当該著作物に対する使用料は無償である旨、また、②本件契約において、本件契約に基づく俳優Ｃの出演の承諾及び他の広告出演の制限の対価に係る請求人とＢ社の負担割合及び支払方法が定めてられていることからすると、本件金員は国外における人的役務の提供に該当し、国内源泉所得となる著作権の使用料には該当しない旨主張する。しかしながら、国内源泉所得となる著作権の使用料に当たるか否かの判断に当たっては、契約に基づいて支払われる金員が何の対価であるかを当該金員の支払根拠となった契約における名目だけではなく、その目的や内容から契約意思を合理的に解釈し、その本体をなす合意を認定して判断すべきであるところ、本件契約の定めからすれば、請求人にとって、本件契約の本体をなす合意は、Ｂ社に著作権が帰属する著作物を請求人が日本国内で利用するためにＢ社の許諾を求めたものと認めるのが相当であるから、当該合意に基づいて支払われた本件金員は、著作権者以外の内国法人である請求人が著作権者であるＢ社に支払われた対価であって、国内源泉所得となる著作権の使用料に該当する。

　一部取消事案の参考として次の裁決がある。

> **参考** 国審平成16年3月31日（争点番号：202305030）

　請求人は、外国法人からコンピュータ・プログラムの複製物であるパッケージソフトウェア製品を調達し、これを国内の顧客に供給する事業者であり、当該製

品の購入代金として外国法人に支払った金員（以下「本件金員」という。）について所得税の源泉徴収を行わなかったところ、原処分庁は、本件各金員が所得税法第161条第7号ロに規定する著作権の使用料に該当し、請求人には、所得税法第212条第1項の規定により所得税の源泉徴収義務が生ずるとして、源泉所得税の各納税告知処分及び不納付加算税の各賦課決定処分を行なった。これを、取引の実態等から検討すると、請求人は、外国法人に対して製品の調達本数に応じた対価を支払い、顧客から製品の供給本数に応じた対価を受領していること、顧客は使用許諾契約による使用制限はあるものの、使用期間に制限なく当該製品を使用できることなどから、当該取引は、請求人が、製品を外国法人から購入して顧客に売却する取引であり、本件各金員は製品の購入代金であって著作権の使用料には該当しないと認められるので、その支払に際して、請求人に所得税の源泉徴収義務は生じない。ただし、本件各金員には、顧客が製品を複製する本数に応じて支払われた対価及び顧客の使用期間に応じて支払われた対価が含まれており、これらの対価は、著作権法第21条が規定する複製権の利用について支払われた対価であり、著作権の使用料に該当すると認められるから、その支払いに際して、請求人に所得税の源泉徴収義務が生じている。したがって、原処分は、いずれもその一部を取り消すべきである。

全部取消事案の参考として次の裁決がある。

参考　国審平成21年6月26日（争点番号：202305020）

原処分庁は、請求人と海外子会社との契約が本件○○業務を履行して成果物を納入し、当該成果物の対価として請求人が本件委託料の総額を支払うことを約した請負契約であり、本件○○業務は、海外子会社自らの創意と工夫により行われたものであると認められることから、本件成果物は、二次的著作物であり、当該二次的著作物の著作権については、海外子会社が享有し、本件取引において、成

果物の納入とともに請求人に移転するのであることから、本件委託料の全額が著作権の譲渡の対価である旨、また、本件委託料を役務提供対価と著作権の対価に区分することは合理的でない旨主張する。しかしながら、本件○○業務については、基本的には創作性があるとは認められないものの、請求人が、本件○○業務の過程で海外子会社によりプログラム等に何らかの創意が加えられる可能性を想定し、本件著作権を独占的に自己に帰属させるために、本件個別契約書において、○○業務に係る対価とは別に二次的著作物に係る著作権の譲渡対価を800万円と規定したことにも一応の合理性が認められ、これを不相当とする理由はない。また、本件委託料については、契約当事者間において著作権の譲渡対価として合意された金額を除き作業の対価と言わざるを得ないことから、この点に関する原処分庁の主張には理由がない。よって、本件委託料の全額が著作権の譲渡の対価とは解されないことから、原処分は取り消すのが相当である。

4 本件からの留意点

① 著作権法等知的財産権法がからむ事案であっても、国税不服審判所では、著作権法に基づく事実関係の審査を行う（本件では、著作権の発生について著作権の「創作性」について、H社の原著作権の二次著作物として「創作性」の事実認定の判断を行っている）。

② 著作権の権利関係の帰属については、契約締結にあたり、以下の点に留意したい。

(1) 課税庁は、著作権に権利関係につき、契約における名目だけではなく、その目的や内容から契約意思を合理的に解釈し、その本体をなす合意を認定して判断を行う。したがって、共同制作の場合は特に、著作権の権利関係の帰属について、契約内容、役務提供内容、提供場所等の事前の協議を行い、作業における事実関係の記録を書面で残すことを行う必要がある。

(2) 税務上ソフト開発委託契約と著作権譲渡契約または使用許諾契約を分けた契約にしておく等、それぞれの契約内容、対価を明示すること。著作権譲渡等取引と役務提供取引が混然一体となった取引については、源泉課税の場合、課税の可否につき課税庁と対立する局面がでてくるため特に留意すべきである。

③ 国境を越えたソフト開発の課税関係は、以下の点で課税関係が変わることから、国内租税法及び租税条約を踏まえた事前に綿密な租税計画が必要となる。

(1) 役務提供取引と著作権譲渡または使用許諾取引につき、国内に恒久的施設（PE）があるかないかで課税関係が影響を受けること
(2) 租税条約の内容により、国内源泉所得の範囲が変わること
(3) 租税条約の内容により、著作権、著作権の使用料の範囲が変わること

日本国内法の取扱い

〈資産の譲渡の対価（1号所得）である場合〉

税目＼ケース	A	B	C	D
法人税	なし	なし	課税（全額）	課税（PEに帰属する所得のみ）
源泉所得税	なし	なし	なし	なし
消費税	不課税（輸入者が納付）	課税（全額）	課税（全額）	譲渡時に所在していた場所が国内の場合、課税

〈役務の提供の対価（2号所得）である場合〉

税目＼ケース	A	B	C	D
法人税	なし	なし（国内法では課税であるが、租税条約では一般に事業所得とされる	課税（全額）	課税（PEに帰属する所得のみ）

税目				
源泉所得税	なし	課税(租税条約に関する届出書の事前の提出により源泉徴収を免除される、あるいは源泉徴収されていれば税額の還付を受けることができる)	課税(申告により税額控除)であるが、源泉徴収免除の特例がある。	国内での役務提供の対価のみ課税(申告により税額控除)であるが、源泉徴収免除の特例がある。
消費税	不課税	課税(全額)	課税(全額)	国内での役務提供の対価のみ課税(役務の提供場所が明らかでない、あるいは、合理的に区分されていない場合は、事務所等の所在地により判断する)

(上の行の続き: のでPEがないことから免税となる)

〈著作権の使用または譲渡の対価(7号所得)である場合〉

ケース＼税目	A	B	C	D
法人税	なし	なし	課税(全額)	課税(PEに帰属する所得のみ)
源泉所得税	課税(源泉分離)。租税条約に関する届出書の提出により、制限税率あるいは免税が適用される。	同左。ただし、一般には職務著作となり、著作権は委託者に帰属するので、著作権の使用または譲渡は生じない。	課税(申告により税額控除)であるが、源泉徴収免除の特例がある。	同左
消費税	不課税	不課税	不課税	不課税

*1 　A：外国法人(支店等PEなし)の受託者が、国外でソフト開発を行う場合
　　 B：外国法人(支店等PEなし)の受託者が、技術者を内国法人(委託者)に派遣して国内でソフト開発を行う場合
　　 C：外国法人(支店等PEあり)の受託者が、国内の支店等の技術者にソフト開発を行う場合

D：外国法人（支店等PEあり）の受託者が、国内の支店等の技術者及び国外本店の技術者にそれぞれの国で共同でソフト開発を行う場合

＊2　出典：小島俊朗「プログラム開発を海外に委託する場合の手数料への課税とその所得区分について」税大ジャーナル8号より一部修正

租税条約の取扱い

〈役務の提供の対価（2号所得）である場合〉

米国、中国、韓国法人の場合	A	B	C	D
法人税	なし	なし	課税（全額）	課税（PEに帰属する所得のみ）
源泉所得税	なし	20%で課税（申告により還付）	20%で課税（申告により税額控除）であるが、源泉徴収免除の特例がある。	国内での役務提供の対価のみ 20%で課税（申告により税額控除）であるが、源泉徴収免除の特例がある。

インド法人の場合	A	B	C	D
法人税	課税（全額）	課税（全額）	課税（全額）	課税（PEに直接または間接に帰属する所得のみ。所得の帰属については交換公文6を適用）
源泉所得税	課税。租税条約に関する届出書の提出により制限税率10%が適用される。	同左	課税（申告により税額控除）。なお、源泉徴収免除の特例がある。	債務者主義により、インドでの役務提供に係る対価も含めて課税（申告により税額控除）。なお、源泉徴収免除の特例がある。

〈著作権の使用または譲渡の対価（7号所得）である場合〉

米国法人の場合	A	B	C	D
法人税	なし	なし	課税（全額）	課税（PEに帰属する所得のみ）
源泉所得税	租税条約に関する届出書の提出により免税	同左。ただし、一般には職務著作となり、著作権は委託者に帰属するので、著作権の使用または譲渡は生じない。	租税条約に関する届出書の提出により免税。また、源泉徴収免税の特例がある。	租税条約に関する届出書の提出により免税。また、源泉徴収免除の特例がある。

中国法人の場合	A	B	C	D
法人税	なし	なし	課税（全額）	課税（PEに帰属する所得のみ）
源泉所得税	課税。使用料については租税条約に関する届出書の提出により制限税率10％が適用されるが、譲渡の対価については20％の原則課税	同左。ただし、一般には職務著作となり、著作権は委託者に帰属するので、著作権の使用または譲渡は生じない。	課税（申告により税額控除）。使用料については租税条約に関する届出書の提出により制限税率10％が適用されるが、譲渡の対価については20％の原則課税。また、源泉徴収免除の特例がある。	同左

韓国法人の場合	A	B	C	D
法人税	なし	なし	課税（全額）	課税（PEに帰属する所得のみ）
源泉所得税	課税。租税条約に関する届出書の提出により制限税率10％が適用される。	同左。ただし、一般には職務著作となり、著作権は委託者に帰属するので、著作権の使用または譲渡は生じない。	課税（申告により税額控除）。租税条約に関する届出書の提出により制限税率10％が適用される。また、源泉徴収免除の特例がある。	同左

インド法人の場合	A	B	C	D
法人税	なし	なし	課税（全額。債務者主義により、使用の場所が国外でも課税）。著作権の譲渡は免税	課税（PEに帰属する所得のみ。債務者主義により、使用の場所が国外でも課税）。著作権の譲渡は免税
源泉所得税	課税。租税条約に関する届出書の提出により、使用料については制限税率10％が適用され、譲渡の対価については免税	同左	課税（申告により税額控除）。なお、源泉徴収免除の特例がある。	同左

＊1　上記表のA～Dは317頁の表の注「＊1」同様
＊2　出典：小島前掲論説を一部修正して掲載

第5節

不当の主張とその判断

1 処分の不当に係る審理

　「審査請求」は、違法または不当な処分によって権利利益を侵害された者の救済を図るものであるから、審判所では、処分の違法のみならず、処分の不当に係る主張についても争点として、審理の対象とする。この点において審査請求手続は、訴訟と異なる特質を有する。

　「不当」とは、違法とまではいえないが、法の趣旨目的からして適当でないことをいうと解される。そして、処分の不当の主張が法的に意味を持つのは、法令に規定される「不当に減少」（法法132ほか）といった不確定概念を争う場合のほか、法令上認められる行政裁量の当否を争う場合である。もっとも、実際の審査請求手続において不当の主張がなされる場面はこれらばかりではないのであるが、法的に意味をなさない審査請求人による不当の主張は、争点とすべき論点がほかにない事案を除けば争点として取り上げることなく、裁決書の中では「その他の主張」として扱われ、ひとまとめに排斥される。

　なお、裁量権の行使が、範囲逸脱または濫用に至る場合は、行政行為は違法とされ、この場合、不服申立及び行政訴訟の対象となる。

2 ・ 裁量不当の主張と審判所の判断の概観

　裁量不当の主張は、滞納国税を徴収するために行われた処分についてなされるケースが多く見受けられる。

　滞納処分は、国税が納期限までに完納されないときに、国税債権の履行を強制的に実現するための一連の手続であって、納税者の財産をもって国税に充てることを目的とするところ、国税債権が金銭債権であることから、その目的を達成するためには、納税者の財産を換価し、その換価代金を国税に充てることが必要である。そして、この換価の前提として、納税者の財産を保全するため、納税者の特定の財産について、処分を禁止するのが差押処分であり、当該処分は納税者の意思にかかわりなく強制的に行われる。同時に、納税者の権利及び利益の保護ならびに生計及び事業の維持のため、滞納処分を一定の範囲で制限し、これらとの調整を図る趣旨の規定が設けられている（徴収法46、48、75から79まで、105、153）。

　差押処分にあたり、滞納者が複数の財産を有する場合において、差押禁止財産を除いた財産のうち、いかなる財産を差し押さえるかについては、差押処分が制限されることのない範囲内において、徴収職員の合理的な裁量に委ねられていると解されており、また、差押処分を行う時期についても、「滞納者が督促を受け、その督促に係る国税をその督促状を発した日から起算して10日を経過した日までに完納しないときは、徴収職員は滞納者の国税につき、その財産を差し押さえなければならない」旨規定されており（徴収法47①一）、これについては差押処分の直後に滞納国税が完納されることが確実であったなどの特段の事情がない限り、国税債権を確実に徴収するために、徴収職員に対して早期に滞納者の財産を保全することを求めたものであると解されている。

　このように、広く税務職員の裁量が認められている一連の手続において、例えば、「審査請求人は、店舗数を整理して所得が増える努力をし、滞納を整理しようとしているにもかかわらず、これを無視して行われた本件差押処

分は、営業の継続に支障を来し、納税を困難にする不当な処分である」といった主張は、裁量不当に係る主張として争点とされる場合であっても、処分が不当であることの理由として認められることはないといえよう[7-17]。

　これに対し、課税庁側に明らかに事務運営指針に反する扱いがあった場合には、手続的瑕疵のある処分として不当と判断し、取り消されるべきであろう（事務運営指針に反する扱いがあったとの主張を受け、原処分庁自ら処分を取り消したケースはある）。

　同様に、税務職員の質問検査権の行使に関し、調査方法等について不当の主張が違法の主張とともになされるケースが見られる。

　調査の要否や方法等についての判断は、税務職員の合理的裁量に委ねられていると解されるが、調査方法等が違法として取り消される場合について、裁判例は、税務調査の手続が刑罰法規に触れ、公序良俗に反しまたは社会通念上相当の限度を超えて濫用にわたる等重大な違法を帯び、なんらの調査なしに更正処分をしたに等しいものとの評価を受ける場合に限り、この調査に基づく課税処分に取消原因があるものと解されるとしていること[7-18]、そして不当について、裁決事例においては、日税連税制審議会答申にもかかわらず[7-19]、税務調査が税務職員の権限を背景とした威圧や誘導があったとの認定が審判所によってなされたケースであっても、これを不当として更正処分等を取り消すことはできないと判断している[7-20]。

[7-17]　国審平成21年5月11日裁事77・593頁
[7-18]　東高判平成3年6月6日訟月38巻5号878頁
[7-19]　税務職員による質問検査権の行使については、日税連税制審議会において以下の答申がなされている。
　　「税務職員の質問検査について」に対する答申（昭和45年12月3日）
　　税務調査の執行について
　　　税務調査は、税務官庁が行なう税務相談等とともに、税務官庁と納税者がじかに接触する税務行政上も重要な場面の一つであり、税務調査のあり方いかんによって納税者の税務官庁に対する意識を大きく左右し、ひいては納税思想に重大な影響を及ぼすものであることにかえりみて、その執行にあたっては次の点に特に留意するよう希望する。

これらのことからすれば、調査方法等の不当が処分取消の理由として認められるケースは、相当、限定的であるといえよう。

3 処分の不当が認容された事例

処分は違法でないとしても、不当として取り消された事例として、青色申告の承認取消処分を取り消した、国税不服審判所平成22年12月1日裁決事例をレビューする。

① 事案の概要

本件は、原処分庁が、審査請求人（個人）に対し、①事業に関する帳簿書類の提示を求めたところ、作成していないとの理由で提示されなかったなどとして、青色申告の承認の取消処分をし、②請求人と請求人が株主である同

---

(1) 任意調査の限界をこえるような態様で質問検査権が行使されることのないよう配慮すること。
　税務職員が質問検査を行なうにあたり、たとえば納税者の同意を得ないで金庫や書庫、抽出し、筆筒等を開き、現金や預金通帳、さらには個人的な書簡等の検査を行なうなど、税務行政の執行上好ましくない調査方法をとる場合も見受けられるので、各税法所定の質問検査権は強制調査ではない旨を調査にあたる税務職員に周知徹底させ、職権の濫用にわたらないよう十分注意する必要がある。
(2) 調査の目的、その必要性等を納税者に明示してその協力を得られるよう努力すること。
　納税調査の運用においては、納税者に不必要な威圧感や恐怖感を与えないよう特に配慮されるべきであり、納税者と税務官庁との間に無用の摩擦や紛争をひきおこすことなく調査を順調に進めるためには、税務官庁は、調査にあたり、納税者にその調査の目的、その必要性等をできる限り、明示するよう努力することが望ましい。そうすることによって納税者と税務官庁との間に相互信頼の精神が培われ、納税者は自己の申告が正当であることを証明するために進んで調査に協力するという健全な慣行が除々につくり出されるものと期待される。

族会社との間の不動産の賃貸借に係る取引が、請求人の所得税の負担を不当に減少させる結果となるとして、所得税法157条《同族会社等の行為又は計算の否認等》を適用して所得税の各更正処分及び過少申告加算税の各賦課決定処分をしたことから、請求人が、これらの処分の全部の取消しを求めた事案である。

② 争　点

本件の争点は、次のとおりである。

【争点1】　原処分庁が、現金出納帳などの帳簿が一切作成されていないとして青色申告の承認を取り消したこと及び更正通知書に更正の理由が附記されていないことは、違法または不当か否か。

【争点2】　争点1について、違法または不当といえない場合、請求人と請求人が株主である同族会社との不動産の賃貸借に係る行為または計算が、請求人の所得税の負担を不当に減少させる結果となると認められるか否か。

---

(3) 調査にあたっては納税者の意思を尊重すること。
　各税法に定められている質問検査権は、納税者に受忍義務があり、納税者がこれを拒否し、あるいは調査を妨害した場合等には罰則の適用があるという点において、純粋の任意調査であるとはいえないが、強制調査ではないので、その調査権を行使するにあたっては、相手方の承諾を必要とするものであることはいうまでもない。したがって、税務調査にあたっては、納税者の意思を十分尊重し、基本的人権の侵害にわたらないよう、納税者のプライバシー等その立場を十分に配慮することに留意すべきである。

7-20　平23.12.14　大裁（法）平23-27。ただし、これとは別の理由により処分取消とされた裁決事例である

本件において、争点2は、争点1についての予備的主張であると位置づけられていること、そして、争点1について審査請求人の主張が認容されたことから、争点2についての審判所の判断は示されていない。

③ 主　張

　争点1の青色申告の承認を取り消したことについての原処分庁及び請求人の主張は、それぞれ次のとおりである。

(1) 原処分庁
　本件取消処分は、次の理由により適法である。
- 帳簿書類の備付けの不備について

　　請求人は、原処分庁の不動産所得の調査の際、原処分庁所属の調査担当職員に、不動産所得に係る帳簿は作成していないとして、現金出納に関する事項（現金取引の年月日、必要経費に係る取引ごとの事由、出納先及び金額ならびに日々の残高）を記載した帳簿（以下「現金出納帳」という）を提示しなかったことから、現金出納帳を備え付けていないものと認められ、この事実は、請求人の不動産所得に係る帳簿書類の備付けが所得税法148条1項に規定する財務省令で定めるところに従って行われていない場合に該当する。

　　また、請求人は、不動産所得に係る取引を記載した伝票を作成し保存していたから、帳簿書類の備付けはされていた旨主張するが、原処分に係る調査の際、請求人は、当該伝票を提示しなかっただけでなく、その存在を明らかにしなかったことから、原処分庁において、当該伝票について確認することができず、帳簿書類の備付け、記録及び保存が正しく行われているか否かを判断することができなかったのであり、このことは、所得税法150条1項1号に規定する青色申告の承認の取消事由に該当する事実があるものと解される。

（2）請求人

本件取消処分は、次の理由により違法または不当である。

- 帳簿書類の備付けについて

　　請求人は、不動産所得については伝票式会計によっており、一切の取引を伝票に記帳し、つづって保管するとともに、収入集計表等も常時備えており、所得税法が要求する不動産所得の金額を正確に計算するのに必要な帳簿を備え付けていた。また、請求人は、固有の現金出納帳（ノート状の帳簿に現金取引を独立して記載したもの）は作成していないものの、現金出納に関しても、伝票に現金取引の年月日、必要経費に係る取引ごとの事由、出納先及び金額などを記載して、それらをつづって保管することにより、現金出納に関する事項を記載した帳簿書類も備え付けていた。したがって、請求人の不動産所得に係る帳簿書類の備付けは、所得税法148条1項に規定する財務省令で定めるところに従って行われていたと認められ、青色申告の承認の取消し事由にあたる事実はない。

　　原処分庁は、請求人が当該伝票を提示しなかったとして帳簿書類の備付けがなされていなかった旨主張するが、帳簿の提示がないことを帳簿の備付けがないことと同視するのは、税務当局の再三の提示要求にもかかわらず提示しなかった場合であるところ、請求人は、伝票の提示を求められたことは一切なく、具体的に提示を求められた申告書作成のための集計表等はすべて提示してきており、調査において請求人が帳簿書類の提示を拒否した事実はない。また、原処分庁所属の調査担当職員は、請求人の経理処理方法を確認するという通常調査でなされる努力をすれば、伝票の存在は容易に把握できたにもかかわらず、現金出納帳の有無にこだわり、固有の現金出納帳の不存在をもって直ちに帳簿書類が不存在であると認定しており、その事実認定には誤りがある。

④ 審判所の判断

　争点1の青色申告の承認を取り消したことについての審判所の判断は、それぞれ次のとおりである。

（イ）　青色申告制度は、誠実かつ信頼性のある記帳をすることを約束した納税義務者が、これに基づき所得額を正しく算出して申告納税することを期待し、かかる納税義務者に特典を付与するものであり、青色申告の承認の取消しは、この期待を裏切った納税義務者に対しては、いったん与えた特典をはく奪すべきものとすることによって青色申告制度の適正な運用を図ろうとすることにあるものと解されるところ（東京地判昭和38年10月30日）、この青色申告の承認の取消しは、形式上所得税法第150条第1項各号に該当する事実があれば必ず行われるものではなく、現実に取り消すかどうかは、個々の場合の事情に応じ、処分庁が合理的裁量によって決すべきである（最判一小昭和49年4月25日）。

（ロ）　この点、青色申告の承認の取消処分に係る処理の統一を図るため、国税庁長官が定めた平成12年7月3日付課所4-17ほか3課共同「個人の青色申告承認の取消しについて（事務運営指針）」は、「個人の青色申告の承認の取消しは、所得税法第150条第1項各号に掲げる事実及びその程度、記帳状況等を総合勘案の上、真に青色申告書を提出するにふさわしくない場合について行うこと」としているところ、当審判所も、同事務運営指針は、青色申告制度の趣旨及び青色申告の承認の取消しの意義に照らし、相当であると解する。

（ハ）　ところで、所得税法148条1項所定の備付け等の義務とは、ただ単に帳簿書類が存すればよいというものではなく、これに対する調査がなされた場合、税務職員においてこれを閲覧検討し、帳簿書類が青色申告の基礎として適正性を有するものか否かを判断しうる状態にしておくことを意味し、青色申告者が上記帳簿書類の調査に正当な理由なくこれに応じないため、その備付け、記録及び保存が正しく行われていることを税

務署長が確認することができないときは、同法150条1項1号が定める青色申告承認の取消事由に該当するものと解すべきである（東京高判平成7年12月11日）。

(ニ) したがって、青色申告の承認取消処分を行うか否かの判断にあたっては、所得税法150条1項1号に該当する事実が形式的に存在するか否かだけでなく、請求人の業種業態、事業規模に応じた帳簿書類の備付け及び記録の状況、帳簿書類の提示の状況等の個々の事情をも総合的に勘案し、真に青色申告を維持するにふさわしくない場合に、取消処分を行うべきである。

(ホ) 本件取消処分の違法性の有無について

　本件伝票には、昭和42年8月31日大蔵省告示112号に定める事項がおおむね記載されており、取引の記録は一応なされていたと認められる。しかしながら、一般的に「伝票」は、取引事実を記載する一定の様式を備えた紙片で、本来記帳の資料として用いられるものであり、帳簿そのものではない。請求人は、伝票式会計を採用しており、本件伝票に取引を記載して日付順につづって保管していることが、帳簿の備付けにあたる旨主張するが、いわゆる伝票式会計において伝票を帳簿として利用する場合には、単に伝票を起票するだけではなく、勘定科目ごとに伝票を整理、集計し、日計表その他の諸表票を付加することにより、伝票に帳簿としての機能をもたせているのであって、単なる伝票のつづりと、伝票式会計における帳簿とは、同義ではない。本件伝票のつづりは、単に取引の発生順に取引事実を記載したもので、勘定科目ごとに整理、集計されておらず、告示の別表第一各号の表の区分（現金出納、収入及び費用に関する事項等）にも分けられていないことから、組織的に整理集合されているとは認められず、本件伝票のつづりをもって、請求人が、告示にいう「必要な帳簿を備え、その取引を同表の第二欄に定めるところにより、整然と、かつ、明りょうに記録している」状況にあったとは認め難く、請求人の帳簿書類の備付け、記録及び保存は、財務省令に従って

行われていないものというべきであり、所得税法150条1項1号の青色申告の承認の取消し事由に該当する事実があると認められるから、本件取消処分は違法とはいえない。

(ヘ)　本件取消処分の不当性の有無について

　　もっとも、青色申告の承認の取消しは、所得税法150条1項各号に該当する事実及びその程度、記帳状況等を総合勘案の上、真に青色申告書を提出するにふさわしくない場合について行うべきであるところ、これを本件についてみると、請求人は、不動産所得及び農業所得に係る取引のほとんどを本件伝票に記載しており、取引そのものの記録は行っている。そして、請求人の記帳状況からすると、所得税法施行規則56条1項但書に規定する簡易な記録の方法及び記載事項によって記帳を行おうとしているものと認められるから、仕訳帳、総勘定元帳及び貸借対照表等の作成は要しないものであり、請求人が、本件伝票を収入、経費及び現金出納等の区分ごとに整理、集計し、残高等の記載を追記するなど、整然と、かつ、明りょうに整理していれば、財務省令で定める要件を充足したといえることに照らすと、請求人の帳簿書類の備付け及び記録の不備の程度は、甚だ軽微なものと認められる。請求人は、不動産所得に係る事業のほとんどを不動産管理業者等を介して行っており、その収入及び費用は若干の取引を除き定額であり、かつ、賃貸料収入の大部分が銀行口座への振込みであることから、請求人が本件伝票のほか、通帳及び領収書等を集計して計算した本件各年分の所得金額は、十分正確性が担保されていると認められ、帳簿書類の備付け及び記録の不備により請求人の申告納税に対する信頼性が損なわれているとまではいえない。そうすると、請求人が自発的に本件伝票の存在を主張しなかった、または提示しなかったからといって、直ちに原処分庁が請求人の記帳状況を確認できない状態であったとは認められず、青色申告者が帳簿書類の調査に正当な理由なくこれに応じないため、その備付け、記録及び保存が正しく行われていることを税務署長が確認することができないときに該当す

るとまではいえない。以上の事情を総合勘案すれば、本件は、真に青色申告を維持するにふさわしくない場合とまでは認められないから、本件取消処分は、不当な処分と評価せざるを得ず、これに反する原処分庁の主張には理由がない。

以上のとおり、本件取消処分は、不当であるから取り消すべきである。

⑤ 本件裁決について

所得税法150条1項（青色申告の承認の取消）は、青色申告の承認を受けた居住者につき、同項各号に該当する一定の事実がある場合には、「納税地の所轄税務署長は、……その承認を取り消すことができる。……」と規定し、青色申告の承認の取消しについて、税務署長の裁量を認めることから、この場合の取扱基準の整備等を図ることを目的として、事務運営指針において、①帳簿書類を提示しない場合における青色申告の承認の取消し、②税務署長の指示に従わない場合における青色申告の承認の取消し、③隠ぺい、仮装等の場合における青色申告の承認の取消し、④相当の事情がある場合の個別的な取扱い、⑤電子帳簿保存の承認の取消しと青色申告の承認の取消しについて、定めている。

なお、当該事務運営指針の趣旨は、「個人の青色申告の承認の取消しは、法第150条第1項各号に掲げる事実及びその程度、記帳状況等を総合勘案の上、真に青色申告書を提出するにふさわしくない場合について行うこととし、この場合の取扱基準の整備等を図ったものである」旨定められている。

本件裁決においては、①所得税法150条1項の趣旨を示した上、②審査請求人の記帳の状況と原処分調査の状況に係る事実関係を認定し、③処分の違法性、不当性について、それぞれ判断している。そして、結論として、処分に違法性はないものの、①請求人による伝票への記録状況や帳簿書類の備付けの状況、記録の不備の程度に鑑み、請求人の所得金額は、十分正確性が担

保されていると認められること、請求人の申告納税に対する信頼性が損なわれているとまではいえないこと、②原処分庁の調査の状況によれば直ちに原処分庁が請求人の記帳状況を確認できない状態であったとは認められず、青色申告者が帳簿書類の調査に正当な理由なくこれに応じないため、その備付け、記録及び保存が正しく行われていることを税務署長が確認することができないときに該当するとまではいえないこと、とし、事情を総合勘案すれば、本件は、真に青色申告を維持するにふさわしくない場合とまでは認められないと判断して、処分の不当を理由としてこれを取り消したものである。

＊　　　＊　　　＊

　以上のとおり、不服申立においては、違法のみならず不当についても審理の対象とされ、行政裁量権の行使が不当であるか否かについては、それぞれの行為を規定する法令の趣旨目的や、裁量権行使の基準を明らかにした事務運営指針の定めに照らし、事実関係を総合勘案して判断される。

第6節

隠ぺい仮装

　法人の代表者以外の者が隠ぺい仮装行為を行った場合、それが納税者本人の行為と同視することができるのか。請求人の使用人の搾取行為における隠ぺい、仮装行為について請求人自身の行為と同視することはできないとした事例（平成23年7月6日裁決）を見ながら、このテーマを考えてみたい。

　法人の組織内部の者による不正は、残念ながら、少なからず生じるところである。この場合、当該不正が法人の代表者自身によって行われた場合はさておき、従業員等により行われた場合、重加算税は賦課されるのか、という問題が生じる。つまり、重加算税の賦課において、隠ぺいまたは仮装を行った者（＝行為の主体）の範囲の問題である。

　重加算税は、過少申告加算税（通則法65①）もしくは無申告加算税（通則法66①）が課税される場合、または不納付加算税（通則法67①）が徴収される場合に、納税者が課税標準または税額等の計算の基礎となる事実の全部または一部を隠ぺいし、または仮装し、その隠ぺいまたは仮装したところに基づき納税申告書を提出等していたときに課される（通則法68①②③）附帯税である。

　そして、重加算税の課税要件は、過少申告加算税もしくは無申告加算税が課される要件、または不納付加算税が徴収される要件をそれぞれ満たしていることを前提とし、次に、①納税者が、②課税標準または税額等の計算の基礎となる事実の全部または一部を隠ぺいし、または仮装し、③その隠ぺいまたは仮装したところに基づき納税申告書を提出等した、というそれぞれの要件を満たすことが必要となる。

　本稿では、重加算税の課税要件である「納税者」を概観し、従業員等が不

正を行った場合の裁決例を基に、法人の組織内の者が隠ぺいまたは仮装の行為を行った場合の重加算税の適用について検討する。

1 国税通則法68条の納税者

① 納税者とは

　国税通則法68条における行為主体は、「納税者」である。ここにいう「納税者」とは、国税通則法2条5項において「国税に関する法律の規定により国税（源泉徴収による国税を除く）を納める義務のある者」と定義されている。したがって、これらの条文の文理にそって解釈すると、隠ぺいまたは仮装の行為の主体である「納税者」とは、納税者本人（法人の場合はその代表者）に限られることになる。

　しかし、一般に、隠ぺいまたは仮装の行為の主体は、納税者本人に限定されないと解されている。この点、裁判例も数多く存在するところであるが、例えば最高裁平成18年4月20日判決は、次のとおり判示している。すなわち、まず、重加算税の制度の趣旨につき、「重加算税の制度は、納税者が過少申告をするにつき隠ぺいまたは仮装という不正手段を用いていた場合に、過少申告加算税よりも重い行政上の制裁を課すことによって、悪質な納税義務違反の発生を防止し、もって申告納税制度による適正な徴税の実現を確保しようとするものである」と述べ、次に、納税者は本来的には納税者自身を示すものの、「納税者以外の者が隠ぺい仮装行為を行った場合であっても、それが納税者本人の行為と同視することができるときには、形式的にそれが納税者自身の行為でないというだけで重加算税の賦課が許されないとすると、重加算税制度の趣旨及び目的を没却することになる」[7-21]として「納税者」には、

7-21　最判平成18年4月20日民集60巻4号1611頁（TAINS Z256-10374）

納税者本人の行為と同視できる者も含まれる。

② 法人における「納税者」について

　現代における企業活動等は、組織的活動として複数の人間が有機的にかかわっている。特に相応の規模の法人の場合、その代表者が、その事業活動の細部にわたるまで逐一把握し、直接管理することは、困難である。このような法人では、組織に所属する複数の者がそれぞれの部署において一定の権限を与えられ、その権限と裁量に基づき、法人としての有機的な事業活動を担っているのが常態と考えられる。

　法人における「納税者」は、基本的には「法人の代表者」とされるものの、上記のような法人の常態を踏まえ、裁判例は、「法人が納税義務者である場合、その「納税者」とは、いうまでもなく代表者個人ではなく、代表者を頂点とする有機的な組織体としての法人そのものであるから、法人の意思決定機関である代表者自身が仮装行為を行った場合に限らず、法人内部において相応の地位と権限を有する者が、その権限に基づき、法人の業務として行った仮装行為であって、全体として、納税者たる法人の行為と評価できるものについては、納税者自身が行った行為と同視され、……重加算税の対象となるものと解するのが相当である」[7-22]と判示している。

　上記裁判例は、「法人内部において相応の地位と権限を有する者」とは、「代

7-22　広島高判平成26年1月29日（上告・上告受理申立中）裁判所ホームページ行政事件裁判例集）（TAINS Z888-1860)。
　　　静岡地判昭和44年11月28日（TAINS Z057-2492)「ところで問題は、原告代表者が右隠ぺいの事実を知らない場合にも、重加算税の規定の適用があるかどうかである。この点に関しては重加算税の制度の趣旨が隠ぺい、又は、仮装したところに基づく過少申告、若しくは、無申告による納税義務違反の発生を防止し、それにより申告納税制度の信用を維持するところにあるところからして、仮装若しくは隠ぺいの行為を納税者個人の行為に限定すべきではなく、その従業員や家族等が右の行為をした場合にも納税義務者がそれを知っているかどうかにかかわりなく重加算税が賦課せられるものと解するのが相当である。」

表者に準ずるような包括的な権限を有する者」であるとし、「その権限内において行った行為については、代表者自身がこれを認識し、あるいは認識する可能性があったか否かにかかわらず、法人自身の行為と評価される」としている。

また、代表者自身が認識していたか否かを問わない理由は、「代表者自身がこれを現実に把握することが不可能であったことを理由に重加算税の賦課を免れるとすれば、規模が大きく、事業内容が多岐にわたるような大規模法人ほど重加算税の賦課を免れる可能性が大きくなるといえ、課税の公平性に反する不合理な結果となるから」としている。

上記を踏まえて検討すると、法人、特に法人の組織内における「納税者」とは、法人の代表者及び法人内部において相応の地位と権限、すなわち、代表者に準ずるような包括的な権限を有する者であるといえる。

③ 裁判・裁決例における納税者の例示[7-23]

裁判例や近年の裁決例において、「法人の代表者及び法人内部において相応の地位と権限、すなわち、代表者に準ずるような包括的な権限を有する者」につき、具体的には、次に掲げる者が挙げられる。

(1) 役 員

① 専務取締役
　実質的に経営の主催者である場合の専務取締役[7-24]
② 常務取締役
　控訴人の代表権は有していないが、社長、専務に次ぐ有力役員であり、同族企業の創業者一族の一員として、控訴人の経営に大きな影響力を有

7-23　以下に掲げる裁判例のほか、有益な裁判例が記載されている書籍として、品川芳宣『附帯税の事例研究〈第4版〉』（財務詳報社、2012年）328頁以下参照
7-24　国審平成2年8月23日（TAINS J46-1-03）

している場合[7-25]や、経営に参画し、担当部門に係る取引全般を総括的に委任されている場合[7-26]の常務取締役

③　取締役

会社の取締役であり、かつ代表者が入院中においては全面的に会社業務を行っていた取締役[7-27]

（2）経理責任者

法人税申告書の経理責任者自署押印欄に記名、押印している者で、経理業務を任され、広範な経理業務に従事している者[7-28]や、経理責任者として請求人の経営に参画している者[7-29]や、経理業務の責任者として総勘定元帳作成の基礎となる実務上の処理一切を行っていた者[7-30・7-31]

[7-25]　注7-23参照
[7-26]　国審平成5年10月12日（TAINS J40-1-03）
[7-27]　東京地判昭和55年12月22日（TAINS Z115-4724）
[7-28]　国審平成15年12月16日（TAINS J66-1-06）
[7-29]　国審平成11年7月1日（TAINS J58-1-02）
[7-30]　東京高判平成21年2月18日（裁判所ホームページ行政事件裁判例集）（TAINS Z259-11144）
　　　　最高裁決定（（第二小法廷）平成21年（行ツ）第138号、平成21年（行ヒ）第159号）平成21年7月10日（棄却、不受理）（TAINS Z259-11243）
[7-31]　東京高判平成21年2月18日（TAINS Z259-11144）は、入社と同時に経理課長に就任し、その後経理部長に就任し、同人は、被控訴人の経理業務の責任者として総勘定元帳作成の基礎となる実務上の処理一切を行い、特に、外注費の支出書類の作成及びその支払手続業務を一任されていた経理部長乙が行った搾取行為につき次のように判示した。「……乙が隠ぺい、仮装行為をし、被控訴人は、それに基づき架空外注費を計上して確定申告を行ったものである。……乙は、被控訴人の経理業務の責任者で実務上の処理を任されていた者であり、かつ、被控訴人としても、容易に乙の隠ぺい、仮装行為を認識することができ、認識すればこれを防止もしくは是正するか、または過少申告しないように措置することが十分可能であったのであるから、乙の隠ぺい、仮装行為をもって被控訴人の行為と同視するのが相当である。」

(3) まとめ

　上記の各裁判例等を鑑みると、次のことがいえる。すなわち、①法人の役員または、②経理責任者というような法人内部における地位を有しており、③経営に参画している者は、「法人内部において相応の地位と権限、すなわち、代表者に準ずるような包括的な権限を有する者」に該当し、これらの者が行った隠ぺい、仮装行為は、納税者自身が行った行為と同視される。

2 平成23年7月6日裁決事例

① 概　要

　平成23年7月6日裁決（以下、本件裁決）は、審査請求人（以下、本件請求人）の使用人（以下、本件使用人）が、金員を搾取する目的で行った架空取引について、本件請求人の行為と同視できるか否かを争った事案である。

　法人、特に法人内部における者が行った隠ぺい仮装行為が、納税者の行為と同視できるかについては、上記で検討してきたとおりであるが、本件は、単なる使用人である者が行った隠ぺい仮装行為が、納税者の行為と同視できるかについて争われた事案である。

　そこで、本件裁決において、国税不服審判所が、上記 **1** ③に掲げた者以外の者が行った行為について、どのような事実を認定し、判断したかにつき検討する。

② 概略図

　概略は次頁のとおりである。

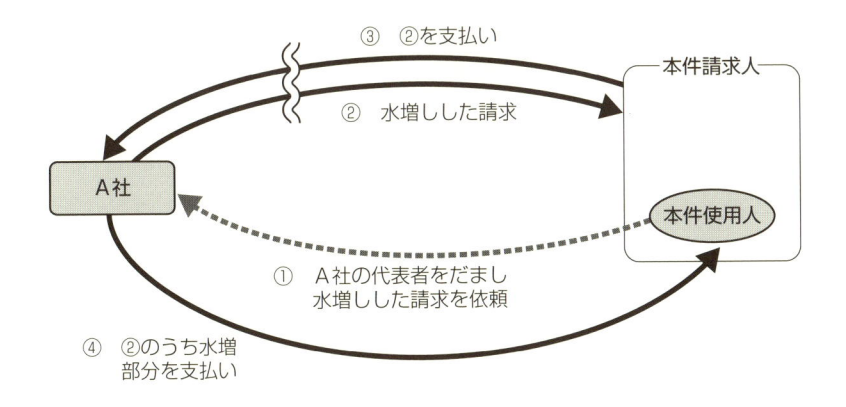

```
        ③  ②を支払い
   ┌─────────────────────┐     ┌─────────┐
   │   ②  水増しした請求  │     │ 本件請求人│
   │←────────────────────│────→│         │
   │ A社 │                     │         │
   │     │←┈┈┈┈┈┈┈┈┈┈┈┈┈┈┈┈┈┈┈ │ 本件使用人│
   │     │                     │         │
   └─────────────────────┘     └─────────┘
        ①  A社の代表者をだまし
            水増しした請求を依頼
        ④  ②のうち水増
            部分を支払い
```

③ 本件使用人について

　本件裁決の基礎事実及び認定事実によれば、本件使用人が審査請求において有して地位と権限は次のとおりである。

① 本件使用人は、入社後、約1年工場資材課係長を経て、依願退職するまで工場資材課に一般職として所属していた。

② 本件使用人は、配送料等の支払先である概略図A社の代表者をだまし、本件請求人に対し、実際の仕事以上の請求をさせ、実際の仕事と本件請求人に対する請求額との差額を、審査請求人より搾取した。

③ 本件使用人は、本件請求人における消耗品の発注等の一担当者として従事していた。

④ 本件使用人は、本件請求人の役員ではなく、職制上の重要な地位や権限を与えられた事実もない。また、経理課に勤務していたこともなく、会社の重要な経理帳簿の作成等を任されていた事実もない。

④ 国税不服審判所の判断

　国税不服審判所は、上記③の各事実より、本件使用人が本件請求人の職制上の重要な地位に従事したことがなかったこと及び、本件請求人の経理帳簿

の作成等に係る職務に従事したこともなかったこと、及び本件使用人は一使用人にすぎず、隠ぺい仮装行為が審査請求人の認識の下に行われたとは認められない旨認定している。

　法人の代表者以外の者が行った隠ぺい、仮装行為につき、当該法人の行為と同視できるとするためには、上記１③で検討したとおり、その者が、①法人の役員または、②経理責任者というような法人内部における地位を有しており、③経営に参画している者である必要がある。

　この点、上記の認定から、本件使用人は、法人の役員または経理責任者の地位を有しておらず、また経営に参画していたともいえないことは明らかである。したがって、本件使用人の行為を本件請求人自身による行為と同視することは相当でないとしたのである[7-32]。

＊　　　＊　　　＊

　最初に述べたように、法人の組織内部の者による不正は、少なからず生じる。不正を行った者が代表者自身と同等の経営に参画している役員である場合は、納税者自身が行った行為と同視することに一定の理解が得られるだろう。しかし、これが単なる使用人の場合、その者の行為を納税者自身が行った行為と同視できるか否かは、多分に問題がある。

　代表者にとっては、不正が起きたことに加えて重加算税までも賦課された場合、まさに泣きっ面に蜂である。単なる使用人の不正行為に対し、重加算税が賦課決定された場合には、同人の職制や権限及び事実関係をよくよく検討し、対処する必要がある。

[7-32] 本件裁決は、本件使用人による隠ぺい、仮装の行為が請求人の行為と同視できないとしたものの、同行為が通則法70条5項にいう偽りその他不正の行為には該当するとした。

索　引

あ

新たに得られた情報等　116
併せ審理　40
異議申立前置　133
意見書　186
一の調査　89
一部取消し　214
偽りその他不正の行為　34

か

課税要件　42
　——事実　45
換価　54
間接推認型　46
棄却　217
議決　197
期限後申告　29
期限内申告　28
却下　218
行政指導　95, 98
形式審査　178
決定　31
合議　190
合議体　170
更正　31
　——の期間制限　34
　——の請求　29, 38, 107
更正決定等　107
広大地　268, 272
口頭意見陳述　191
公表裁決　230

国税審判官　169
国税不服審判所　167
個人の白色申告者に対する理由附記の見直し　124
固定資産の価格についての不服申立　19
固定資産評価審査委員会　19

さ

裁決　198, 211
　——固有の瑕疵　234
　——の効力　220
裁決書　221
再更正　31
財産評価基本通達　270
再調査　80
錯誤無効　30
差押え　54
参加審判官　170
参加人　141
時価　269
事実認定　46
事前通知　78, 118
　——の手続　85
実地の調査　89
質問検査権　92, 182
自動確定方式　27
釈明権の行使　187
修正申告　29, 107
　——等の勧奨　112
証明　46
職権主義　130
職権探知主義　185

341

職権調査　185
処分証書の法理　287
書面主義　130
申告内容の誤りの有無　111
申告納税方式　27
申告納入　61
申告納付　61, 66
審査請求期間　171
審査請求書　173
審理の状況・予定表　195
推計課税　51
推定　48
正当な理由　145
税務代理人　117
税務調査　75, 78
全部取消し　212
総額主義　183
総代　141, 178
争点　45, 225
　——主義的運営　183
　——の確認表　195
疎明　46

た

第三者の名義でされた申告　30
滞納処分　52
代理人　140, 178
担当審判官　170
地方税の税務調査　80
調査結果の説明等　119
調査終了　79
　——の手続　106
調査　94
　——の意義　94
　——の再開・再調査　114
直接認定型　46

通達　219
同席主張説明　193
答弁書　186
督促　54
特別徴収　61, 67
特別徴収義務者　61
留置き　103

な

納税義務の確定　27
納税義務の成立　25
納税申告　28
　——の瑕疵　30
納付　52

は

配当　54
発問権　191
反論書　186
評価の原則　269
広大地の評価　271
賦課課税方式　27
普通徴収　61, 66
物件の閲覧・謄写　187
不服申立の前置等　235
文書の証明力　287
変更　217
法規・審査　197
法定申告期限　29
法令解釈　227

ら

立証責任　48
理由の附記　32
理由附記　122
連帯納付義務　28

■執筆者紹介（五十音順）

石井 亮（いしい・りょう）

税理士・弁護士（東京税理士会所属）

2005年　　　　　弁護士登録

2010年〜2013年　国税不服審判所広島支部 勤務

2014年　　　　　税理士登録

* 現在、鳥飼総合事務所に所属し、タックス・プランニング、税務調査、税務争訟などの業務を中心に活躍。

加藤 悦子（かとう・えつこ）

税理士（東京税理士会所属）

2004年　　　　　税理士登録

2010年〜2013年　国税不服審判所東京支部 勤務

* 現在、スリー・エー・コンサルティング・グループに所属し、一般社団法人・SPCの税務申告に従事、損害保険金額査定等のコンサルティング業務を中心に活躍。

菅納 敏恭（かんの・としやす）

税理士（東京税理士会所属）

1981年　　　　　税理士登録

2007年〜2010年　国税不服審判所東京支部 勤務

* 現在、東京税理士会副会長。東京神田にて菅納会計事務所自営。

坂田 真吾（さかた・しんご）

税理士・弁護士（東京税理士会所属）

2004年　　　　　弁護士登録

2009年〜2012年　国税不服審判所大阪支部 勤務

2012年〜2013年　同東京支部勤務

2014年　　　　　税理士登録

* 現在、本間合同法律事務所に所属し、税務紛争に法的・裁判所的な視点を取り込み、理論的に正当な解決を図るべく、異議申立・審査請求・税務訴訟等に注力している。

清水　鏡雄（しみず・あきお）

　　税理士（東京税理士会所属）

　　1993年　　　　　　税理士登録

　　2007年〜2010年　　国税不服審判所東京支部　勤務

　　＊　清水鏡雄税理士事務所代表。無形資産取引、海外取引の税務リスク削減支援、国外財産の資産税業務を中心に活躍。東京税理士会会員相談員（外国税制・国際業務担当）。

朴木　直子（ほおのき・なおこ）

　　税理士（東京税理士会所属）

　　2001年　　　　　　税理士登録

　　2011年〜2014年　　国税不服審判所東京支部　勤務

　　＊　キャストコンサルティング㈱国際税務戦略室運営。国際税務争訟を中心業務として活躍。「訟務税理士朴木直子の国際税務Now!」（http://hohnoki.jugem.jp/）

松沼　謙一（まつぬま・けんいち）

　　税理士（東京税理士会所属）

　　1999年　　　　　　税理士登録

　　2011年〜2014年　　国税不服審判所関東信越支部　勤務

　　＊　現在、東京世田谷にて松沼謙一税理士事務所自営。

納税者の権利を守るための
税理士が使いこなす改正国税通則法

2016年3月25日　初版発行
2016年5月23日　第2刷発行

監修者	東京税理士会　調査研究部
著　者	石井 亮／加藤 悦子／菅納 敏恭／坂田 真吾 清水 鏡雄／朴木 直子／松沼 謙一
発行者	小泉 定裕
発行所	株式会社 清文社 東京都千代田区内神田1-6-6（MIFビル） 〒101-0047　電話 03(6273)7946　FAX 03(3518)0299 大阪市北区天神橋2丁目北2-6（大和南森町ビル） 〒530-0041　電話 06(6135)4050　FAX 06(6135)4059 URL http://www.skattsei.co.jp/

印刷：大村印刷㈱

■著作権法により無断複写複製は禁止されています。落丁本・乱丁本はお取り替えします。
■本書の内容に関するお問い合わせは編集部までFAX（03-3518-8864）でお願いします。

ISBN978-4-433-63596-1

税務調査でそこが問われる！
相続税・贈与税における 名義預金・名義株の税務判断

税理士法人チェスター
風岡 範哉 著

是否認の線引きはどこにあるのか――？
グレーゾーンにするどく斬りこんだ実務家待望の書！

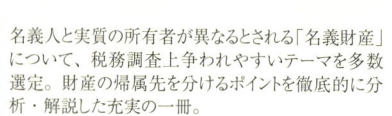

名義人と実質の所有者が異なるとされる「名義財産」について、税務調査上争われやすいテーマを多数選定。財産の帰属先を分けるポイントを徹底的に分析・解説した充実の一冊。

■Ａ５判248頁／定価：本体2,500円＋税

主要目次
第1章　名義預金とは何か
- 名義預金に該当するかどうかの判定はどのように行うのか
- 原資が被相続人のものであるか否か（資金源は何か）
- 名義人に財産を有するだけの所得があったか 他

第2章　名義預金と生前贈与
- 生前贈与か名義預金か（暦年贈与の注意点）
- 贈与税の申告をしていれば贈与が成立したといえるのか 他

第3章　相続直前の現金引出し
- 相続直前に引き出された現金は相続財産か（使途不明のお金の行方）
- 相続人が被相続人の資金を管理している場合の留意点とは

第4章　名義株とは何か
- 同族会社の株式の名義性の判断はどのように行うか 他

第5章　名義預金と重加算税

相続実務における雑種地評価

税理士法人チェスター 編

多岐にわたる論点から最適解をどう導き出すか――。通達でカバーできない評価上のポイントを個別具体に整理。29のケーススタディで実際の評価業務の流れを把握できるようにした実務家待望の一冊！

■Ｂ５判216頁／定価：本体2,200円＋税

プロの実務をサポートする［週刊］税務・会計Web情報誌

Profession Journal
プロフェッションジャーナル

- 税務・会計
- 労務・法務・経営
- 読み物
- 速報解説
- 新着情報

税務・会計を中心に、労務・法務・経営といった幅広いジャンルの最新情報・実務に役立つ情報をお届けする［週刊］Web情報誌です。

発行元　株式会社プロフェッションネットワーク
販売代理店　株式会社 清文社

■年間購読料／15,000円＋税

お申し込み方法・詳細は清文社ホームページよりご確認ください。
http://www.skattsei.co.jp/